La soie chinoise et la route de la soie

Zhao Feng

La soie chinoise
et la route de la soie

Une histoire d'âme et d'armure

Zhao Feng

ATF FRANCE
Adelaide
2023

978-1-923006-88-1 Soft
978-1-923006-89-8 Hard
978-1-923006-90-4 Epub
978-1-923006-91-1 PDF

SCANNE MOI

Publié et édité par

ATF France est une filiale de ATF (Australia) Ltd
PO Box 234
Brompton, SA 5007
Australie
ABN 90 116 359 963
www.atfpress.com

Index

Préface xi

Chapitre 1 La soie et la culture de la soie : les origines de la soie et son importance dans l'Antiquité 1

Les origines de la soie 2
L'Empereur Jaune et Leizu 2
Le conte du Cheval et du Ver à Soie 5
Les plus anciens vestiges archéologiques de soie 10
Le cycle de vie du ver à soie 15
Champs de mûriers et arbres *fusang* 19
La consécration d'êtres surnaturels 22
La soie : trois phases, trois usages 26
Notes 32

Chapitre 2 La traversée de l'Altaï : l'ancienne route de la soie à travers les steppes 35

La soie sous la dynastie Zhou de l'Est 35
Trouvailles dans les cairns gelés 38
Le tombeau du Soleil et autres sites 44
Textiles du nord et du sud de l'Altaï 47
Motifs de steppe 55
Légendes autour de la soie en Europe 57
Notes 60

Chapitre 3 Au-delà du col de Yangguan : les soies chinoises des dynasties Han et Jin se propagent vers l'ouest 63

La gestion officielle de la production de soie tissée 63
Ateliers de tissage orientaux et occidentaux à Chang'an 63

	Ateliers de tissage à Shandong	64
	Ateliers de tissage de soie jin au Sichuan	64
	Vestiges archéologiques de soie de la dynastie Han de l'Ouest	65
	Soieries du tombeau de Mawangdui 1, dynastie Han de l'Ouest	66
	Soieries des tombeaux de Fenghuangshan et Xiejiaqiao, à Jingzhou (Hubei)	68
	Soieries du mausolée du roi de l'Etat de Yue du Sud, à Guangzhou (Guangdong)	69
	Soieries des tombeaux Han de Mancheng (Hebei), Dabaotai et Laoshan (Beijing)	69
	Soieries des tertres funéraires des rois Huns, à Noin Ula, en Mongolie	70
	De Loulan à Palmyre	70
	Motifs des soies *jin* de Han	78
	Les cinq éléments et les cinq couleurs	86
	Broderies au motif de l'oiseau à deux têtes	89
	Notes	92
Chapitre 4	**Un vent d'ouest souffle : l'influence de l'art hellénistique sur les textiles**	**95**
	L'expédition d'Alexandre le Grand vers l'est	95
	Etoffes de coton teintes par réserve à la cire, mises au jour à Niya	97
	L'identité du guerrier représenté sur une tapisserie	105
	Eros représenté sur un vêtement	108
	Hélios, dieu du Soleil	113
	Notes	118
Chapitre 5	**Soieries de style occidental : leurs origines au Xinjiang et à Ferghana**	**121**
	Les débuts de l'expansion de la soie	121
	L'histoire de la princesse qui introduisit la sériciculture depuis la Chine	121
	Anciens mûriers	124
	Soies façonnées à chaînes multiples, tissées avec des fils de soie filée, au Xinjiang	126
	Imitations locales de soies *jin* de Han et de textiles de laine occidentaux	130

	Taffetas façonné à trames multiples, tissé avec des fils de filaments de soie	134
	Soieries mises au jour dans les tombes de Munchak-Tepa, à Ferghana	135
	Soie de vers à soie sauvages sur la route de la soie	140
	Notes	142
Chapitre 6	**Recherches sur le *zandaniji* : débat autour du samit de Sogdiane**	**145**
	Motifs de samit observés dans des peintures murales	145
	Identification d'un tissu *zandaniji*	149
	Samit centre-asiatique découvert à Turfan et Dulan	153
	Samit sogdien découvert dans la grotte de la bibliothèque, à Dunhuang	156
	En visite au village de Zandana	162
	Notes	164
Chapitre 7	**He Chou et Dou Shilun : deux noms-clé pour le samit de la dynastie Tang**	**167**
	L'influence occidentale sous les dynasties du Nord	167
	Biographie de He Chou	174
	Samit de style persan fabriqué en Chine centrale	178
	Biographie de Dou Shilun	181
	Le style du duc de Lingyang de la dynastie Tang	183
	Adaptation et développement du médaillon de perles	184
	Médaillons de fleurs	184
	Textiles aux motifs d'animaux teints par réserve par ligature	186
	Médaillons floraux	187
	Notes	189
Chapitre 8	**Textiles de « style nouveau » sous la dynastie Tang : soieries de Dunhuang et du Famensi**	**191**
	Textiles de « style nouveau » dans les poèmes de style Tang	192
	Soieries des grottes de Mogao, à Dunhuang	195
	Soieries de Dunhuang	201
	Le dépôt souterrain du Famensi	207
	Notes	212

Chapitre 9 Vers l'est et par-delà les mers : la diffusion des soies chinoises au Japon 215

Du prince Shotoku à l'empereur Shomu 215
Emissaires impériaux envoyés aux Sui et aux Tang 217
Le Horyu-ji et le Todai-ji 219
Les trésors du Shoso-in 222
Conservation et recherche 228
L'influence occidentale 229
Textiles colorés, teints par réserve par ligature 234
Notes 238

Chapitre 10 Le paysage du nord : échanges de soie entre Khitans, Toungouses et Ouïghours 239

Grandes puissances au nord 239
Un pays, deux systèmes 242
Robe dragon 243
Robe phénix 244
Robe de samit avec des oies sauvages tenant des rubans dans leur bec 244
Découvertes archéologiques de la dynastie Liao 246
Styles de soie khitane 250
Le style de Chine centrale 251
Le style du nord 254
Styles du nord et du sud combinés 258
Les monts Helan 259
Ouïghours occidentalisés 262
Les derniers jours du Khotan 265
Notes 266

Chapitre 11 Mongolie et Goryeo : échanges de soie entre la Chine et la péninsule coréenne, sous les dynasties Jin et Yuan 269

La dynastie Jin, la dynastie mongol Yuan et le royaume de Goryeo 269
Dictionnaires marchands : le *Laoqida* (Nogeoldae) et le *Piaotongshi* 271
Bokjang de Goryeo (dépôts de trésors dans des statues bouddhistes de Goryeo) 275
Soies tissées de fils d'or en Orient 280
Vêtements dans la peinture *A la chasse* 282
L'écusson *xiongbei* se répand vers l'ouest 285
Notes 291

Chapitre 12 ***Nasij*** **doré : échanges entre tisserands chinois et perses, sous la dynastie Yuan** **295**

Les cinq khanats et Marco Polo 295
Le bureau du *nasij* 301
Le *nasij* et d'autres textiles tissés de fils d'or 304
Vestiges archéologiques de *nasij* 307
Motifs sur *nasij* 313
Le *zandaniji* 320
Notes 323

Chapitre 13 Motifs floraux étrangers : échanges de soie entre l'Orient et l'Occident, sous les dynasties Ming et Qing **325**

L'ère des missionnaires 325
Le velours 331
Broché occidental au palais 337
Chinoiseries 342
Motifs floraux étrangers sur brochés chinois 344
Notes 352

Préface

J'ai rencontré Zhao Feng il y a une dizaine d'années. Il avait alors tout juste trente ans. C'était un homme franc et séduisant. Lorsqu'il parlait, il s'emballait un peu, vibrant de l'excitation propre aux jeunes intellectuels passionnés par leurs études supérieures. Quand il abordait son domaine de prédilection, l'histoire de la soie chinoise, et tout particulièrement celle des étoffes de soie découvertes sur la légendaire route du même nom, il rougissait un peu, à l'instar d'un fan de football décrivant comment son équipe préférée a lancé une offensive par une passe longue, brisé les lignes de défense adverses et marqué un but depuis un angle improbable, lors du championnat de la dernière saison. J'ai été particulièrement marqué par l'enthousiasme de Zhao à l'évocation de ses recherches universitaires. Son visage rayonnait de bonheur dès qu'il parlait de soie, comme s'il s'était agi de son amante. Je l'ai donc invité, à maintes et maintes reprises, au Centre de la civilisation chinoise de l'Université municipale de Hong Kong. Il y a donné plus de dix conférences sur l'histoire de la soie chinoise ainsi que la manière dont elle s'est propagée à travers le monde comme un vecteur de civilisation, afin de promouvoir les progrès de l'humanité et d'améliorer les conditions de vie des peuples.

Zhao a grandi dans le milieu de la soie, puisque ses parents travaillaient dans une usine de moulinage. A l'université, il s'est d'abord spécialisé en technologie de production de la soie, puis son intérêt s'est porté sur l'histoire de la soie chinoise. Il est ainsi devenu un expert, tant en fabrication de soie qu'en civilisation matérielle, aussi doué en sciences et en technologies qu'en culture et en histoire, ce qui est assez exceptionnel. Lors de ma visite à son musée, je me souviens de sa tirade sur le bobinage, la filature et le tissage, ainsi que de son idée de reconstruire d'anciens métiers à tisser en se basant sur des écrits littéraires et des découvertes archéologiques. Il m'a expliqué que les subtiles variations entre différentes étoffes - soie, satin, brocart, damas, etc. - sont dues aux modifications complexes des méthodes de tissage. Me trouvant déconcerté par certaines références implicites à des soieries dans des livres anciens, il m'a éclairé de son analyse technique de tissus naturels. J'ai invité de nombreux historiens et archéologues, dont Wang Binghua, Fan Jinshi, Lin Meicun, Rong Xinjiang et Qi Dongfang, à s'exprimer sur les découvertes archéologiques le long de la route de la soie et sur la manière dont des caravanes sont parvenues à relier l'Orient et l'Occident, encore plutôt isolés. Zhao Feng fut convié à parler de l'histoire de la soie chinoise. En illustrant ses propos à l'aide de soieries et de différentes techniques de tissage, il nous a démontré le dur labeur et l'ingéniosité des anciens tisserands. Il nous a permis de mieux comprendre que chaque pièce de soie révélée par les déserts peut receler de véritables trésors de la civilisation.

Zhao a compilé ses conférences données au Centre de la civilisation chinoise dans un recueil intitulé La soie chinoise et la route de la soie. Il y présente les superbes travaux effectués au long de cet axe historique et les brillantes perspectives de recherches universitaires sur le sujet. Dans ce livre, Zhao aborde l'origine de la soie chinoise. A ses débuts, celle-ci était une rareté associée aux cérémonies sacrificielles, reflétant la représentation imaginaire que nos ancêtres se faisaient de l'au-delà. En voyant des chenilles se changer en nymphes et en papillons, ils supposèrent qu'il s'agissait là du cycle de la vie et de la mort. Ils croyaient que la fibre des cocons détenait le pouvoir magique de transformer un ver mort en papillon capable de monter vers le ciel, et donc que si les défunts portaient des habits de soie, leurs âmes rejoindraient les cieux. L'explication de Zhao sur l'origine des produits de soie, combinée à l'histoire du cycle de vie du papillon dans la littérature ancienne, ouvre la porte à des approches mythologiques pour comprendre l'acharnement de nos ancêtres à inventer des techniques de fabrication de soie d'une complexité sidérante.

Le livre de Zhao évoque de nombreux textiles mis au jour lors de fouilles archéologiques. En examinant en détail des soieries jusqu'alors difficiles à manipuler, il enrichit les connaissances disponibles sur la soie dans le cadre des études sur la route de la soie. Il explique aussi les techniques employées pour fabriquer diverses broderies ou étoffes de laine et de lin, offrant aux lecteurs un panorama complet de l'évolution des vêtements à travers les âges. Il mentionne par ailleurs la découverte de vestiges culturels Kurgan, des étoffes mises au jour dans des tombes des dynasties Han et Jin, l'impact des ornements occidentaux sur les motifs des soieries chinoises, des objets de soie en Asie centrale et de splendides réalisations de soie sous la dynastie Tang. Ce livre donne également des explications détaillées sur la façon dont la culture séricicole post-Tang a affecté le Japon, comment elle a prospéré sous les dynasties Liao et Jin, qui étaient principalement basées dans le nord de la Chine, comment elle a impacté la péninsule coréenne par le biais de l'ascension des Jurchen, ancêtres des Mandchous, et des Mongols, comment elle a interagi avec les techniques de fabrication de soie perses, avec l'expansion de l'empire mongol, et comment de la soie provenant de pays occidentaux fut introduite en Chine sous les dynasties Ming et Qing.

C'est un excellent récit historique de la civilisation humaine et je suis ravi d'en écrire la préface.

Cheng Pei-kai

Remerciements

Dans la tradition chinoise, tout le monde souhaite vivre une existence aussi douce et belle que de la soie. Pour ma part, j'ai eu la chance d'en être entouré depuis l'enfance.

Je suis né dans un bourg appelé Chang'an, rattaché à Haining, dans la province du Zhejiang, au sud-est de la Chine. En dépit de sa petite taille, Chang'an était la première étape sur le Grand Canal de Beijing-Hangzhou et sur le chemin de fer de Shanghai-Hangzhou, en partant de Hangzhou. Lorsque les eaux du fleuve Qiantang sont montées, il a fallu construire la digue et le barrage de Chang'an. Ces constructions ont en commun avec le barrage de Gezhouba et la digue de Dujiangyan d'être dotées d'écluses en bas, au milieu et en haut. A proximité de l'écluse du bas se situait la plus grande usine de moulinage de soie de la province du Zhejiang. Ce moulin, que l'on appelait alors l'usine à soie n°1 du Zhejiang, c'était le coeur du bourg, auquel quasiment chaque habitant était connecté d'une manière ou d'une autre. Ma mère était ouvrière en moulinage ; elle travaillait si bien qu'elle fut chargée d'enseigner son métier à d'autres. Mon père était mécanicien à l'usine et il inventait des choses, de temps en temps. J'ai vu le jour dans l'infirmerie du site. A trois ans, on m'envoya à la garderie dédiée aux enfants des ouvriers, puis, à six ans, à l'école primaire de l'usine. Après les cours, je faisais mes devoirs sur une chaise, derrière ma mère, et je lui donnais parfois un coup de main quand elle déplaçait la soie d'une bobine à l'autre. Notre école avait jadis été une église catholique, construite par des pasteurs chinois qui prêchaient parmi les ouvriers séricicoles dans les années 1920. Juste à côté se trouvait un hangar à cocons, bâti à l'époque où les envahisseurs japonais occupaient le bourg. Non loin du hangar, de l'autre côté de la voie ferrée Shanghai-Hangzhou, se trouvait la seule et unique longue rue du bourg. En réalité, la petite ville s'était construite autour de cette rue, qui courait parallèle au canal. Nous avons d'abord vécu à son extrémité orientale, puis nous avons déménagé à l'autre bout, et j'ai ainsi passé toute mon enfance dans cette petite ville réputée pour son industrie de la soie. Après le lycée, en 1977, j'ai quitté Chang'an pour m'installer comme membre d'une équipe de production agricole à Qiliting, un autre village de Haining connu pour la sériciculture. Six mois plus tard, j'ai passé le premier examen d'entrée à l'université (le fameux Gaokao) après la «Révolution culturelle» et j'ai été admis à l'Institut d'ingénierie de la soie du Zhejiang, à Hangzhou. Diplômé en 1982, je me suis mis à étudier l'histoire de la soie dans le même institut avec mes tuteurs, les professeurs Zhu Xinyu et Jiang Youlong, tous deux experts dans le domaine de la soie et de la sériciculture. En 1995, j'ai continué à étudier l'histoire des textiles sous la direction du professeur Zhou Qichen, à l'Université des textiles de Chine, à Shanghai. Dès lors, mon attention s'est focalisée sur les vestiges de soie mis au jour aux abords de la route de la soie et je me suis impliqué dans un projet de recherche intitulé «Textiles de la route de la soie». On peut donc bien dire que la soie m'accompagne depuis toujours !

La route de la soie et ses étoffes ont été l'obsession de ma vie, et elles le resteront. En raison des conditions requises pour la préservation des tissus, c'est généralement au nord-ouest de la Chine que l'on en découvre et cela m'amène à visiter fréquemment ces régions faiblement peuplées. Ma première expédition dans le nord-ouest remonte à l'été 1985. Ayant été chargé d'écrire les chapitres sur les dynasties Wei and Tang (du IIIème au IXème siècle) pour l'Histoire de la soie chinoise, je me suis mis en route avec mon sac-à-dos pour un voyage de deux mois. Depuis Xi'an, ma première escale, j'ai rejoint Lanzhou puis

Xining. Je me suis alors dirigé vers le passe de Jiayu, en suivant le corridor du Gansu, et j'ai atteint Dunhuang. Après avoir visité les grottes de Mogao, je me suis rendu au Xinjiang. Cependant, en raison de l'immensité de cette province, je n'ai pas pu terminer toutes mes investigations en un seul voyage. Je me suis arrêté à Urumqi et Turpan pendant quelques jours avant de remonter dans le train pour Xining, espérant trouver l'opportunité d'étudier des textiles mis au jour dans le district de Dulan, au Qinghai. Hélas, mon argent m'a été dérobé dans un bus et mon rendez-vous à l'institut d'archéologie local a dû être repoussé à l'année suivante. J'ai effectué un second grand voyage au Xinjiang en 1989 : j'ai été envoyé à Khotan et à Kashgar pour rassembler des artefacts pour le Musée de la soie, alors que je ne faisais pas partie de l'équipe du musée. En 2006, j'ai participé à une expédition encore plus importante. En tant que chef de mission adjoint chargé d'étudier des textiles et des costumes anciens, et accompagné de mes collègues de l'Université de Donghua et de l'Institut d'archéologie du Xinjiang, j'ai embarqué pour un périple autour du désert du Taklamakan. En à peu près un mois, nous avons fait le tour complet de ce désert, visitant en chemin les sites de Loulan, Khotan, Kashgar, Kuche et Turfan. Grosso modo, j'ai été au Xinjiang au moins une fois par an depuis 1985. En 2011, nous avons établi au Musée du Xinjiang une station de travail spécialisée en recherche textile. Celle-ci est devenue la base de recherche scientifique clef pour la conservation du textile de l'Administration nationale du patrimoine culturel. Nous la considérons comme notre bastion sur la route de la soie.

Les vingt dernières années composent la majeure partie de ma carrière universitaire. Au cours de cette période, je me suis rendu plus de dix fois sur la section de la route de la soie située en Mongolie intérieure. J'ai aussi voyagé dans des pays et des régions qui bordent la route de la soie, comme la Russie, le Japon, la Corée du Sud, l'Ouzbékistan, le Tadjikistan, l'Iran, l'Inde et Israël. J'ai visité de nombreux musées et instituts de recherche qui collectionnent et exposent des textiles de soie. Je suis allé voir l'exposition Quand la soie était de l'or et j'ai travaillé sur l'exposition Han-Tang L'aube de l'âge d'or, au Metropolitan Museum of Art de New York. J'ai assisté au symposium sur la route de la soie en Asie centrale, tenu à la fondation Abegg, en Suisse ; j'ai examiné des pièces de soie au British Museum, au Musée V&A, au Musée Guimet et au Musée de l'Hermitage, à Saint-Pétersbourg ; j'ai compilé le livre intitulé Textiles de Dunhuang.

Ceci dit, parmi tous ces souvenirs, les plus mémorables sont mes deux voyages à Ferghana, en Ouzbékistan, et des séjours inopinés à Yerevan, capitale d'Arménie. Ces vastes terres, réputées pour leurs marchands qui commerçaient avec la Chine, dans les livres d'histoire chinois, je les ai explorées en tous sens en suivant les vers du poème de James Elroy Flecker, Le voyage d'or à Samarkand:

> Par désir de connaître ce qui ne devrait pas être connu
> Nous faisons le voyage d'or à Samarkand.

Je n'ai donc jamais cessé de fouler la route de la soie et de vagabonder en suivant le parcours de textiles de soie, jusqu'à ce livre, La soie chinoise et la route de la soie, qui résume mes intérêts personnels et mon parcours universitaire.

Je souhaite en premier lieu exprimer ma gratitude envers le professeur Cheng Pei-kai, du Centre de la civilisation chinoise à l'Université municipale de Hong-Kong, et son équipe, pour la publication complète. Il m'a invité à parler de la soie et la route de la soie à 17 reprises en octobre 2003, février 2006, juillet 2009 et 2010. Pendant ces conférences, j'ai abordé le développement de la route de la soie, son art, son artisanat. Finalement, j'en ai choisi 13 pour les compiler dans ce recueil et j'ai eu l'honneur d'inviter Cheng Pei-kai à en écrire la préface. L'Université municipale de Hong-Kong a d'abord publié l'édition chinoise en 2012 et la maison d'édition Huang Shan est en charge de la seconde édition. La version chinoise a remporté de nombreux prix, dont celui du Meilleur Livre de 2016. A l'heure actuelle, la version anglaise est en cours de préparation, grâce à la maison d'édition Huang Shan.

Pour cela, je souhaite également exprimer ma gratitude envers l'équipe en charge de la publication de la version anglaise. Ma reconnaissance la plus sincère va à Gao Yang et aux responsables de la maison. Je voudrais aussi remercier mes amis: Helen Wang, qui travaille au British Museum, pour avoir relu et édité ce livre ; le professeur Roderick Whitfield de l'Université de Londres et le professeur Rong Xinjiang de l'Université de Beijing, pour avoir révisé sa couverture. Les éditeurs anglais ont aussi beaucoup contribué à cette publication.

Je voudrais encore remercier les instituts détenteurs de collections, en particulier les musées sur la route de la soie, comme ceux du Xinjiang, Gansu, Qinghai, Shaanxi et Mongolie intérieure, ainsi que des institutions étrangères telles que le British Museum, le Musée V&A, le Musée Guimet, le Musée de l'Hermitage, le Metropolitan Museum et la fondation Abegg, pour leur soutien considérable en acceptant de fournir des images et des informations sur leurs vestiges culturels. Certains collectionneurs privés ont également généreusement montré leurs collections. Le Musée national de la soie de Chine, où je travaille, a fourni 450 informations pertinentes. Je tiens à remercier tout le monde !

Chapitre 1
La soie et la culture de la soie : les origines de la soie et son importance dans l'Antiquité

Quand on parle de soie, on pense avant tout à la Chine. C'est le premier pays au monde à avoir élevé des vers à soie et développé le tissage de la soie. Il y a plus de 5000 ans, les Chinois domestiquèrent le ver à soie sauvage et se mirent à tisser des étoffes avec les fibres de soie naturelle produites par le *Bombyx mori*. Il y a environ 2000 ans, la soie chinoise commença à circuler sur terre et sur mer, en empruntant des voies commerciales connues sous le nom de « routes de la soie ». Elle se répandit d'abord vers l'est, sur la péninsule coréenne et au Japon, puis vers l'ouest, en Asie centrale et occidentale, et enfin en Europe.

La soie est un élément fondamental de la civilisation chinoise. La laque, le jade, le riz et la soie sont tous représentatifs des débuts de la civilisation matérielle en Chine. Des siècles plus tard, en Chine impériale, la soie demeura l'un des principaux produits d'exportation, au même titre que le thé et la porcelaine. Au XXème siècle, elle était encore considérée comme un produit incontournable sur les marchés du commerce extérieur.

De surcroît, la soie est associée de près à l'étiquette chinoise, à sa culture et son art, ainsi qu'à la science et la technologie. La Chine est le pays natal de la sériciculture, qui est tout-à-fait caractéristique de sa civilisation et qui a aussi largement contribué au développement de la civilisation humaine.

En Chine, la soie a depuis toujours joué un rôle important dans la vie quotidienne. Historiquement, les vêtements sont placés au premier rang des quatre besoins fondamentaux de l'être humain : vêtements, nourriture, logement, et transport. En Chine ancienne, la soie était l'une des matières essentielles pour confectionner les vêtements, elle bénéficiait de ce fait d'un statut remarquable. Lorsque l'on parle du partage des tâches en ce temps-là et que l'on évoque des hommes qui labouraient la terre et des femmes qui tissaient, c'est de la soie qu'elles travaillaient.

Etant donnée la place prépondérante de la soie dans l'histoire chinoise, commençons par nous intéresser à ses origines. Comment les Chinois l'ont-ils découverte ? Pourquoi ont-ils inventé le tissage de la soie ? Et comment ont-ils développé cette industrie ?

I. Les origines de la soie

Si l'on veut se pencher sur les références textuelles des origines de la soie, on doit à la fois prendre en considération les récits officiels et les légendes populaires. Les histoires essentielles sont rapportées ci-dessous.

1. L'Empereur Jaune et Leizu

Parmi les sources officielles, le récit le plus célèbre sur l'origine de la soie s'intitule « Leizu fonda la sériciculture ». Il rapporte comment Leizu, la première épouse du légendaire Empereur Jaune, inventa l'élevage des vers à soie et la production de soie. Les recherches textuelles de Jiang Youlong (expert en sériciculture et tuteur de l'auteur) ont démontré que ce récit apparaît pour la première fois dans le *Lushi* de Luo Mi (une histoire non-officielle de la Chine, mêlant faits historiques et légendaires, compilée sous la dynastie Song, au XIIème siècle). Selon lui, c'est Leizu, la première femme de l'Empereur Jaune, qui mit en place la sériciculture. Cela donna lieu à des rituels de bonne fortune, où elle était vénérée comme une déesse des vers à soie. Un témoignage similaire nous parvient de la dynastie Yuan, dans *An Early Chapter to the Comprehensive Mirror*, de Zhang Lüxiang : « Une femme nommée Leizu de Xiling était la première épouse de l'Empereur Jaune. C'est elle qui apprit aux gens comment élever des vers à soie et produire de la soie pour satisfaire leurs besoins en vêtements. Ainsi, le peuple ne souffrit plus d'engelures et les générations suivantes lui offrirent des sacrifices en tant que déesse des vers à soie. » (voir Figure 1) L'histoire du mariage de l'Empereur Jaune avec une femme du Xiling est documentée dans de nombreuses archives historiques, la plus importante étant la division des *Récits fondamentaux* du *Shiji* (ou *Mémoires du Grand Historien*) : « L'Empereur Jaune vivait à *Xuanyuanqiu* (dans l'actuelle province du Henan), mais il épousa une femme du Xiling, dont le nom était Leizu. Elle fut sa première femme. » Ce sont quelques exemples des références qui attribuent l'invention de la sériciculture à Leizu, qui était originaire du Xiling[1].

Figure 1 Déesse des vers à soie dans Le Livre d'Agriculture de Wang Zhen

Néanmoins, un nuage de controverse plane sur la localisation exacte de Xiling. Certains pensent que Xiling se trouvait dans l'actuelle province du Sichuan. Une des Trois Gorges du fleuve Yangzi s'appelle la Gorge de Xiling et les habitants de la région de la Gorge de Xiling constituent le peuple de Xiling. Toutefois, ce n'est pas le seul endroit que l'on nomme ainsi. Le district de Yanting, sous la juridiction de la ville de Mianyang, au Sichuan, se considère également comme le lieu de naissance de Leizu, du fait des montagnes Xiling, du col de Xiling, des rochers de Xiling, du village de Xiling. Le gouvernement local a récemment construit un temple pour Leizu (dans les montagnes Denggan), ainsi qu'un mausolée. La légende veut que, lorsque Leizu initia la plantation de mûriers pour l'alimentation des vers à soie, elle installa des poteaux avec des lumières recouvertes de colophane, pour éloigner les rats des montagnes. Cette histoire intégra le folklore et, chaque année, les communautés locales organisent un festival en l'honneur de Leizu dans son nouveau mausolée, le dixième jour du deuxième mois du calendrier lunaire.

Une autre version, peut-être plus probable, raconte que Leizu est née dans le district de Xiping, dans la province du Henan. L'Empereur Jaune vivait à *Xuanyuanqiu* (colline de Xuanyuan), ce qui correspond exactement à la ville de Xinzheng, au Henan. A cette époque, Xiling était un petit pays, guère plus qu'une tribu, en réalité. L'Empereur Jaune, surnommé Xuanyuan, était chef de l'alliance tribale, avec des milliers de tribus sous ses ordres. Par conséquent, on est en droit d'imaginer que Xiling était l'une des tribus situées dans un rayon de 100 à 200 kilomètres autour de la résidence de l'Empereur Jaune. Et en effet, le district de Xiping d'aujourd'hui se trouve à 120 kilomètres de la ville de Xinzheng. Au temps de la dynastie des Han de l'Ouest, il était connu sous le nom de Xiling (et renommé Xiping par la suite). Il existe à Xiping de nombreux sanctuaires et temples dédiés à Leizu ; la population locale revendique qu'il s'agit bien de son lieu de naissance. Cette hypothèse paraît plus crédible que celle de Yanting, au Sichuan.[2]

Il semble aussi que l'Empereur Jaune lui-même ait pu être considéré comme l'inventeur de la sériciculture, avant Leizu. Sous la dynastie des Qi du Nord (550-577), les établissements à vers à soie étaient construits en-dehors du Palais impérial. Au sein de ces établissements se trouvait un palais à vers à soie et, à l'intérieur de ce palais, il y avait une pièce destinée à l'élevage des vers. L'autel de la déesse des vers à soie se dressait à l'ouest de la route et celui du dieu des vers à soie était érigé à l'est. Chaque printemps, après la « pluie de céréales » (Guyu, la 6ème période solaire), les gens choisissaient un jour de bon augure pour vénérer ce dieu (c.-à-d. l'Empereur Jaune Xuanyuan). Cependant, sous la dynastie des Zhou du Nord (557-581), la dame de Xiling (c.-à-d. Leizu) était considérée comme la déesse des vers à soie et vénérée comme telle par le peuple.[3] Ceci marque la première occurrence d'une association entre le titre « inventeur de la sériciculture » et une femme. Donc, il semblerait que l'idée que « Leizu fonda la sériciculture » ne soit pas issue d'un folklore transmis depuis les anciens temps, mais plutôt de la pensée orthodoxe selon laquelle les classes dirigeantes devaient l'invention de la sériciculture à la concubine impériale. Au long des dynasties successives, l'impératrice participait aux rituels de la cour, pour vénérer Leizu au pied de l'autel dédié à la déesse des vers à soie. Des cérémonies avaient lieu dans les temples de cette déesse à travers tout le pays, sous l'égide des gouvernements locaux à tous les niveaux. Les sériciculteurs ordinaires se tenaient à une distance respectable de Leizu et la traitaient comme un objet d'adoration.

2. Le conte du Cheval et du Ver à Soie

Dans les sources folkloriques qui abordent les origines de la sériciculture, l'histoire la plus célèbre est la légende de *Matouniang*, déesse des vers à soie dotée d'une tête de cheval et d'un corps humain (voir Figure 2). La légende est aussi connue sous le nom de « Conte du Cheval et du Ver à Soie », qui apparaît pour la première fois dans la collection *A la recherche des esprits,* de Gan Bao, sous la dynastie Jin de l'Est, au IVème siècle de notre ère:

Figure 2 Frottage de Matouniang au temple Huangze, Guangyuan, Sichuan

> Il y a fort longtemps vivait une famille, dont le père partit en expédition, laissant sa fille seule à la maison avec son cheval. La fille se sentait esseulée et son père lui manquait tellement qu'un jour, elle dit en plaisantant à son cheval: « Si seulement tu pouvais ramener mon père à la maison, je t'épouserais! ». Sur ce, le cheval brisa son harnais et courut rejoindre le père à son poste. Celui-ci fut agréablement surpris de voir

> arriver le cheval et l'enfourcha. L'animal ne cessait de hennir lamentablement et de se tourner dans la direction d'où il était venu, ce qui inquiéta le patriarche. « Ce cheval se lamente sans raison apparente, peut-être quelque chose est-il arrivé à ma famille? » Alors, il rentra chez lui au galop. Pour remercier le cheval, le père en prit grand soin et le nourrit abondamment avec de l'herbe. Mais le cheval refusait de manger et, chaque fois qu'il apercevait la jeune fille, il devenait tout excité et hennissait bruyamment. Le père trouvait ce comportement étrange. Il questionna tranquillement sa fille, qui lui confia la promesse qu'elle avait faite à l'animal sur le ton de la plaisanterie. Son père lui demanda de garder pour elle cette histoire dégradante, puis il décocha une flèche et abattit le cheval. Il suspendit sa peau dans la cour, puis il partit. Un jour, alors que la fille jouait avec les voisines dans la cour, elle donna un coup de pied à la peau de cheval et dit: « Tu n'es rien de plus qu'un animal domestique, comment aurais-tu pu prendre une femme pour épouse? Tu n'as eu que ce que tu méritais. » Avant qu'elle ait pu finir sa phrase, la peau se souleva, enveloppa la fille et l'emporta au loin en la faisant rouler. Les voisines étaient trop effrayées pour la sauver, mais elles coururent avertir le père. Lorsqu'il revint, il était trop tard. Quelques jours plus tard, la fille et la peau de cheval furent retrouvés dans les branches d'un grand arbre, mais tous deux s'étaient transformés en vers à soie et avaient tissé des cocons de soie sur l'écorce. Les cocons étaient grands et épais, et assez différents des cocons normaux. La femme qui vivait à côté les éleva et récolta une soie bien plus abondante que celle produite par d'autres vers à soie. Ainsi, les gens appelèrent l'arbre « *sang* » (mûrier), ce qui, en chinois, est un homophone du mot « deuil », et ils se mirent à planter des mûriers.[4]

Le conte du cheval et du ver à soie a évolué depuis le IVème siècle et on le raconte encore aujourd'hui, en particulier dans les zones séricicoles telles que le Sichuan et les régions au sud du fleuve Yangzi. Ceci dit, malgré des variantes locales, les trois éléments de base – le cheval, la fille et le ver à soie – demeurent inchangés. L'association de ces trois éléments peut avoir des origines très anciennes : dans *Ode au Ver à Soie,* le philosophe Xun Kuang (313-238 av. J.-C.), de la période des Royaumes combattants, décrit ainsi le ver à soie : « Il y a une chose ici, elle a la forme nue, se transforme magiquement à plusieurs reprises, ses vertus sont connues dans le monde entier. . . Moi, je suis stupide et ne la connais pas, je demande donc l'avis des cinq empereurs qui la jugent avant de déclarer : «N'est-ce pas une créature avec le corps d'une femme et la tête d'un cheval ?» » Dans cet ouvrage, Xun Kuang décrit ainsi le ver à soie comme ayant « le corps d'une femme et la tête d'un cheval », en référence à la douceur d'un corps féminin et la tête haute d'un équidé. Peut-être que cette façon de voir et de décrire les liens entre le ver à soie, la femme et le cheval se trouve aux origines du conte en question.

A la recherche des esprits de Gan Bao est un ouvrage très ancien, mais le conte reste toujours vivant. De nos jours, on constate que dans la plaine de Hangjiahu, Zhejiang (une région séricicole), toutes les chansons des peuples indigènes qui évoquent la sériciculture racontent l'histoire du cheval et du ver à soie, avec des remaniements et des embellissements du conte originel. Dans ces nouvelles versions, *Matouniang* est connue sous le nom de bodhisattva *Mamingwang* (voir Figure 3). Il existe dans la campagne du district Haiyan une longue chanson populaire narrative appelée « Bodhisattva *Mamingwang* », ainsi qu'une ballade intitulée le « Livre de Dame Ver à Soie »,[5] qui rapporte l'origine du bodhisattva *Mamingwang* au long des 226 vers de la chanson. Dans cette histoire, un homme du nom de Zheng Baiwan est assiégé pour avoir offert son soutien à l'empereur lors d'une révolte des Xifan (tribus de l'ouest). Son épouse prie pour son retour, promettant la main de leur troisième fille à quiconque parviendra à sauver son mari. Le cheval blanc de la famille part à la rescousse de Zheng Baiwan et, à son retour, il demande la main de la fille en mariage. Zheng Baiwan refuse et tue le cheval blanc avec un piquet de bronze. Lorsque la fille en question entre dans la cour et voit la peau du cheval qui y est suspendue, un vent féroce se met à souffler et la peau de cheval s'envole jusqu'à Nanzhuang avec la troisième fille enveloppée dedans. Elle meurt dans un champ de mûriers et devient dès lors la « Dame du Ver à Soie ». Lorsque cet événement est rapporté à l'Empereur de Jade, il confère à cette troisième fille le titre de « Maming Ver à Soie » (Ver à Soie à hennissements). Il existe aussi un dicton, apparu en 1024 (2ème année du règne de Tiansheng) mais toujours en vigueur aujourd'hui, selon lequel les populations des 23 districts de la région de Hangjiahu compteraient sur cette déesse des vers à soie pour pouvoir mener leur existence. Un extrait de ladite chanson populaire est cité ci-dessous:

Figure 3 Bodhisattva Mamingwang dans un théâtre d'ombres de Haining

Les Xifan (tribus de l'ouest) ont de nouveau rassemblé leur soldats et déclenché une guerre,
Ils ont conquis la préfecture de Wuzhou et occupé le district de Dongyang,
Les ennemis ont couru en tous sens, hissant leurs étendards et criant à la victoire.
Lorsque Chen Gong retourna à Wuzhou, il fut capturé, comme un poisson dans un filet.
Sa femme fut choquée et peinée quand elle entendit qu'il était piégé à Dongyang.
Elle commença par offrir de l'encens à Bouddha et elle pria en ces termes :
Quiconque saura sauver mon mari pourra épouser notre troisième fille.
Le cheval blanc entendit ceci et bondit hors de l'étable.
Il partit en mission de sauvetage, hennissant parmi les nuages.
Il arriva aux baraquements et, avec ses sabots magiques, il assomma à mort des milliers de soldats.
Peu importait le nombre d'ennemis, le cheval était déterminé à sauver son maître.
Chen Gong revint sain et sauf, et sa femme, ravie, remercia les dieux.
Comme le dit le vieil adage, le temps fila, et la troisième fille grandit.
Il arriva qu'elle sortît par un jour de Balayage des Tombeaux.
Lorsqu'elle passa devant l'étable, le cheval lui parla:
« On m'a promis un mariage, pourquoi n'a-t-il pas encore eu lieu? »
Chen Gong, empli de fureur, réprimanda l'animal domestique pour être si effronté.
Les hommes et les chevaux sont différents, comment pourraient-il se marier?
Ecartant la malédiction, Chen Gong sortit le cheval de l'étable.
Il le tua et suspendit sa peau dans la cour.
Cette peau possédait des pouvoirs magiques et pouvait se balancer dans les airs.
Lorsque la troisième fille sortit pour la contempler, elle demeura fascinée.
Et lorsqu'un vent furieux se leva, la peau de cheval enveloppa la magnifique jeune fille.

La chanson continue et décrit comment la fille se transforme en ver à soie, tissant dans un cocon. Sa situation est pathétique, mais sans échappatoire. Même si elle parvenait à finir son tissage et à se changer en nymphe, elle demeurerait enfermée dans la peau du cheval blanc.

II. Les plus anciens vestiges archéologiques de soie

Les archives officielles, tout comme les sources folkloriques, mettent en évidence un lien étroit entre la soie chinoise et la culture chinoise. Pour déterminer les origines exactes de la soie, soit les lieux et les époques de ses premières apparitions, nous devons chercher des preuves dans les découvertes archéologiques des temps modernes.

En 1926, les premiers archéologues de terrain chinois menèrent des fouilles sur un site de la culture Yangshao (env. 3500 av. J.-C.) au village de Xiyin, dans le district de Xia, au Shanxi. Ils y déterrèrent « un demi cocon de ver à soie » (voir Figure 4), ainsi nommé car la coque du cocon mesurait 1,36 centimètre de long sur 1,04 centimètre de large et qu'une de ses extrémités avait été découpée. Cette trouvaille suscita un certain émoi dans les milieux académiques chinois et étrangers, parce qu'elle confirmait la théorie d'une sériciculture antique dans la ville natale de l'Empereur Jaune. Toutefois, de nombreuses controverses furent soulevées au sujet de ses propriétés. L'archéologue en charge de l'excavation était Li Ji (1896-1979), qui appartenait à la première génération d'archéologues de Chine moderne et que l'on surnomma « le père de l'archéologie en Chine ». Il écrivit le rapport suivant:

> La découverte la plus intéressante fut la coque d'un cocon filamenteux à demi découpée. Observée au microscope, la coque du cocon était à moitié corrodée mais toujours brillante. Le bord découpé était très droit. Liu Chongle, professeur de biologie à l'Université Tsinghua, procéda à plusieurs vérifications et conclut que, même s'il ne pouvait affirmer qu'il s'agissait d'un cocon de ver à soie, rien ne prouvait le contraire non-plus. Comparé aux vers à soie élevés de nos jours dans le village de Xiyin, celui-ci était plus petit que le plus petit d'entre eux. Le cocon n'était pas enterré au fond du trou. Il ne semblait pas avoir été ajouté a posteriori, car le sol ne révélait aucun indice d'avoir été dérangé. On ne pouvait pas non-plus arguer qu'il ait été tissé au hasard par un ver à soie sauvage puisqu'il avait été artificiellement découpé. . .[6]

Figure 4 Le demi cocon de ver à soie mis au jour au village de Xiyin, Xiaxian, Shanxi

Les fouilles du site de la culture Yangshao au village de Xiyin furent les premières à avoir été menées par des archéologues chinois. Par conséquent, le processus archéologique et les résultats doivent être traités avec précaution. Li Ji envoya le demi cocon de ver à soie à Liu Chongle (1901-1969) pour une investigation préliminaire et Liu l'identifia comme étant un cocon de *Bombyx mori*. Liu Chongle fut l'un des fondateurs de l'entomologie en Chine. Il étudia dans ses jeunes années à l'Université Tsinghua, puis il continua sa formation aux Etats-Unis, où il reçut son doctorat en entomologie de l'Université Cornell en 1926. Une fois rentré en Chine, il travailla comme professeur et doyen du département de biologie à l'Université Tsinghua. Connu pour son approche rigoureuse, Professeur Liu n'était pas certain d'avoir affaire à un cocon de ver à soie, mais il n'avait pas non-plus trouvé de preuve du contraire. Il tira donc la conclusion préliminaire qu'il s'agissait d'un cocon de *Bombyx mori* et que la surface coupée avait résulté d'une lame tranchante. En 1928, Li Ji retourna aux Etats-Unis en emportant le vestige, afin de consulter les spécialistes du Smithsonian Institution, à Washington D.C. Ceux-ci confirmèrent l'identification du demi cocon, bel et bien créé par l'ancêtre du *Bombyx mori*.

Malgré cela, cette découverte déclencha une dispute de longue haleine au sein du monde universitaire : il subsistait des désaccords quant à l'identification du demi cocon de ver à soie. Puisque la civilisation Yangshao pourrait dater d'environ 5000 ans, le cocon devrait, en toute logique, appartenir à cette même période. Ceux qui désapprouvaient soulevèrent l'hypothèse inquiétante que les fouilles n'avaient pas été menées avec la rigueur scientifique nécessaire et que le cocon avait pu être mêlé au reste à une date ultérieure. En attendant, il n'y avait pas non-plus de consensus au sujet des propriétés du cocon. Les recherches du spécialiste japonais Ume Shunro comprenaient une reconstitution, qui indiquait que la longueur totale du cocon original était de 1,52 cm, sa largeur de 0,71 cm, et qu'une portion d'environ 17% du cocon d'origine avait été ôtée par lame. Il déduisit que c'était un cocon de *Rondotia menciana.*[7] Un autre érudit japonais, Kenji Ikeda, fut amené à croire, après maintes recherches, qu'il s'agissait bien d'un cocon de *Bombyx mori,* sauf que le *Bombyx mori* de cette époque n'avait pas encore pleinement évolué et n'était pas assez grand.[8] Il existait en parallèle des controverses au sujet de l'utilité du cocon. Certes, il avait été découpé avec une lame tranchante, mais pourquoi ? Certaines études conclurent qu'on l'avait coupé pour le manger. . . Avec tous les doutes qui planaient autour de lui, ce demi cocon ne pouvait pas jouer de rôle direct dans la détermination des origines de la soie. Néanmoins, il reste considéré comme un trésor national et fait partie de la collection du Musée national du Palais, à Taipei.

En 1958, des membres de l'équipe archéologique de Zhejiang qui travaillaient sur le site de Qianshanyang, dans la ville de Huzhou, trouvèrent un panier en bambou contenant quelques textiles et des fils. Ces trouvailles furent analysées par l'Institut scientifique textile de Zhejiang et l'Ecole du génie de la soie de Zhejiang (connus aujourd'hui sous le nom d'Université Sci-Tech de Zhejiang) : ils identifièrent certaines fibres comme étant de la ramie et d'autres comme étant de la soie. Les sections transversales de certaines fibres avaient la forme d'un triangle obtus, caractéristique de la soie, et il fut confirmé que l'assemblage comprenait des fragments de soie à armure toile, aussi appelée taffetas de soie (voir Figure 5), du fil de soie et du ruban de soie.[9] C'était une découverte remarquable et excitante. La datation au Carbone-14 indiquait que le site de Qianshanyang remontait à 4750 ans, faisant de ceci l'une des plus anciennes apparitions de la soie. De nombreux spécialistes en sériciculture et en soie avaient hâte

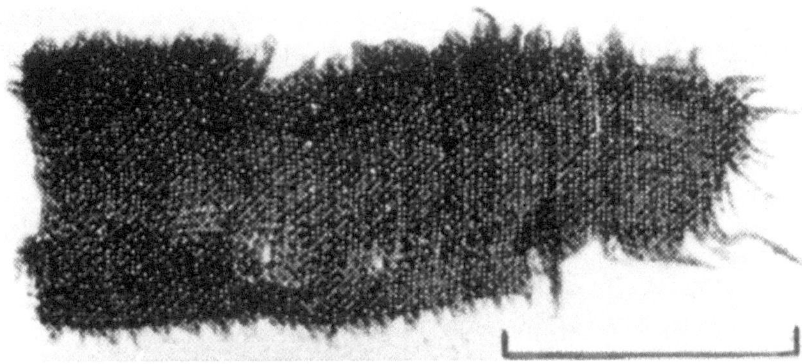

Figure 5 Fragment de taffetas de soie mis au jour sur le site de Qianshanyang, Huzhou, Zhejiang

d'établir les faits. Xu Hui, Ou Qiuming et d'autres re-confirmèrent les propriétés de la fibre en menant de nouvelles expériences. Dans leur rapport sur la validation des tissus de soie mis au jour à Qianshanyang, ils écrivirent que « le fragment de soie est une sorte d'étoffe à armure toile dont les fils de chaîne et de trame sont faits de soie grège, alors que le ruban de soie est un ruban long et fin, courant à travers la toile et tressé avec des fils de soie tordus. »[10] Le fragment de taffetas de soie du site de Qianshanyang fut donc conjointement reconnu par les milieux du textile et de l'archéologie, fixant ainsi les origines de la soie dans le sud de la Chine à environ 5000 ans avant nos jours. Plus récemment, les archéologues du Zhejiang ont mené d'autres fouilles sur le site de Qianshanyang. Ils y ont trouvé des tissus et des rubans, mais les tests n'ont confirmé aucune nouvelle fibre de soie. Ils ont aussi découvert que le site de Qianshanyang pouvait dater de 4000 à 4200 ans, et ils ont nommé sa culture « culture Qianshanyang ».[11]

La découverte de l'ancien fragment de soie de Qianshanyang prit les spécialistes au dépourvu car, en raison de la légende qui voulait que l'inventeur de la soie fût Leizu, la première femme de l'Empereur Jaune, ils s'attendaient à ce que la première apparition de soie se situe dans le bassin du Fleuve Jaune, or le fragment de soie de Qianshanyang fut déterré dans le bassin du Fleuve Yangzi. Depuis les fouilles de Qianshanyang en 1958, des travaux archéologiques plus poussés furent effectués dans la région du Fleuve Jaune, et ceux-ci confirmèrent les preuves de soie ancienne à Qianshanyang. Un groupe de travail du département d'archéologie de Zhengzhou mena des fouilles à grande échelle sur le site néolithique du village de Qingtai, dans la ville de Xingyang, dans les années 1980. Dans la septième strate, il mit au jour des fragments de soie et de chanvre datant d'environ 5500 ans. Zhang Songlin, éminent archéologue chinois, et Gao Hanyu, spécialiste réputé en histoire du textile, observèrent que les fils de soie des fragments découverts dans les champs d'urnes W164 et W486, qui avaient une surface de 36 à 38 micromètres carrés, n'étaient pas torsadés et que la section transversale des filaments était triangulaire. Ces deux caractéristiques sont typiques de la soie de mûrier. En termes de structure de tissage, les étoffes du village de Qingtai comprennent du taffetas de soie et de la soie tissée avec deux bouts croisés, identifiée par Zhang Songlin et Gao Hanyu comme étant de la « gaze ». Cette « gaze » de soie étant d'une couleur cramoisie claire, ils conclurent qu'elle avait été frottée avant d'être teinte, peut-être avec de l'hématite en guise de teinture.[12]

Non seulement ces découvertes fixent la date des origines de la soie à environ 5000 ans, mais elles donnent aussi de la crédibilité au demi cocon du village de Xiyin.

En plus des trois exemples de soie et de cocon de ver à soie susmentionnés, d'autres vestiges du Néolithique offrent des illustrations ou des sculptures de ver à soie ou de chrysalide. Ceux-ci sont importants pour nos recherches sur les origines de la soie chinoise. Le plus significatif de tous est une sculpture en ivoire du site de Hemudu, dans la ville de Yuyao, au Zhejiang (voir Figure 6), gravée de quatre paires d'images assimilables à des vers. Considérées par plusieurs universitaires comme des illustrations morphologiques de vers à soie, ce sont les plus anciennes sculptures présentant des motifs de vers à soie. A l'instar d'autres objets en forme de papillon de nuit (ou de papillon) découverts sur le même site, cette pièce d'ivoire reflète, dans une certaine mesure, l'attention portée par le peuple de Hemudu à l'écologie du ver à soie il y a environ 7000 ans.[13] C'est extrêmement tôt ; il est plus habituel de faire des trouvailles liées au ver à soie au sud et au nord de la Chine dans des sites néolithiques datant d'environ 5000 ans. Par exemple, en 1921, sur le site de la culture Yangshao de Shaguotun, au Liaoning, Johan Gunnar Andersson (1874-1960) mit au jour un objet décoratif en marbre ressemblant à un ver à soie, mesurant seulement quelques centimètres de long. Plusieurs autres pièces significatives furent révélées depuis les années 1960. En 1960, l'Institut d'Archéologie de la CAS (Académie des Sciences Chinoise) découvrit un objet décoratif en céramique en forme de chrysalide de ver à soie, sur le site de la culture Yangshao tardive, dans le village de Xiwang, district de Ruicheng, Shanxi. Un autre ornement en céramique rappelant une forme de chrysalide fut déterré sur un site de culture Yangshao à Nanyangzhuang, district de Zhengding, Hebei. Une poterie noire gravée d'une illustration morphologique de ver à soie fut mise au jour sur un site néolithique à Meiyan, au Jiangsu, en 1963. L'image d'un ver à soie dans son cocon apparaît à la base d'un pot découvert sur un site néolithique à Wuying, dans la ville de Bengbu, Anhui. Sur le site de culture Qijia à Fengjiaping, district de Lintao, Gansu, une jarre en terre cuite en deux parties était gravée de nombreux insectes semblables à des vers à soie (datant d'environ 4200 ans), témoignant d'une activité séricicole ancienne dans les régions frontalières. Ces exemples sont quelques uns des témoignages archéologiques existants.

Figure 6 Sculpture d'ivoire avec un motif de ver à soie, du site Hemudu, Zhejiang

III. Le cycle de vie du ver à soie

Plusieurs conditions fondamentales étaient indispensables pour permettre le développement de la sériciculture en Chine. Premièrement, il fallait d'abondantes ressources de qualité. Les mûriers sauvages et les vers à soie sauvages étaient présents dans la plupart des régions de Chine, rendant ainsi possible la domestication massive. Deuxièmement, le processus de domestication ne pouvait se faire ailleurs que dans une culture ancienne très avancée, en ayant recours à des individus qualifiés. Entre 10 000 et 5 000 ans avant nos jours, nos ancêtres néolithiques vivant dans des zones diverses jouissaient de cultures relativement complètes, ainsi que le démontrent notamment l'habillement, la nourriture, le logement, le transport, la production, la religion, les arts et les techniques martiales. C'est dans ce contexte culturel riche que naquit la soie. La troisième condition requise était l'opportunité. Une hypothèse veut que nos ancêtres aient initialement déchiré des cocons pour manger les chrysalides de vers à soie qui se trouvaient à l'intérieur et que, ce faisant, ils aient découvert la fibre de soie par hasard. Ou peut-être qu'ils découvrirent les fibres de soie en remarquant la désintégration spontanée de certains cocons sauvages. Ceci dit, si l'on s'en réfère à la masse de données collectées dans les milieux de l'archéologie, de l'ethnologie et de l'anthropologie, la naissance de la sériciculture en Chine est totalement tributaire du cadre culturel chinois, unique en son genre.[14] La compréhension approfondie qu'avaient nos ancêtres des mûriers, des vers à soie, des cocons et de la soie, notamment de leurs divers procédés, formes et produits intermédiaires, est une indication claire du statut de la sériciculture dans la civilisation chinoise.

L'image ci-dessous montre les étapes du cycle de vie du *Bombyx mori :* oeuf, chenille (du premier au cinquième âge), cocon, chrysalide et papillon. Le ver à soie du mûrier, ou *Bombyx mori*, est une créature incroyable, fascinante à toutes les étapes de sa transformation. Les insectes sont classés dans trois catégories selon leurs processus de développement : amétabole (pas de stade ailé), hémimétabole (trois étapes : de l'oeuf à la nymphe à l'adulte) et holométabole (quatre étapes : de l'œuf à la larve/chenille à la nymphe/chrysalide au papillon) (voir Figure 7). Le *Bombyx mori* (comme d'autres papillons, papillons de nuit, moustiques et mouches) est holométabole et le cocon est filé pour protéger la larve lorsqu'elle se transforme en nymphe. C'est pour cela que les papillons de nuit sont aussi connus sous le nom d' « insectes fileurs de soie ». Les *Bombycidae* tout comme les *Saturnidae* tissent des cocons et peuvent être appelés « vers à soie », mais seul le *Bombyx mori* a été domestiqué. Bien que les cocons d'autres vers à soie puissent aussi être utilisés comme matière première pour des textiles, on les appelle *Bombyx mandarina,* parce qu'ils vivent à l'état sauvage.

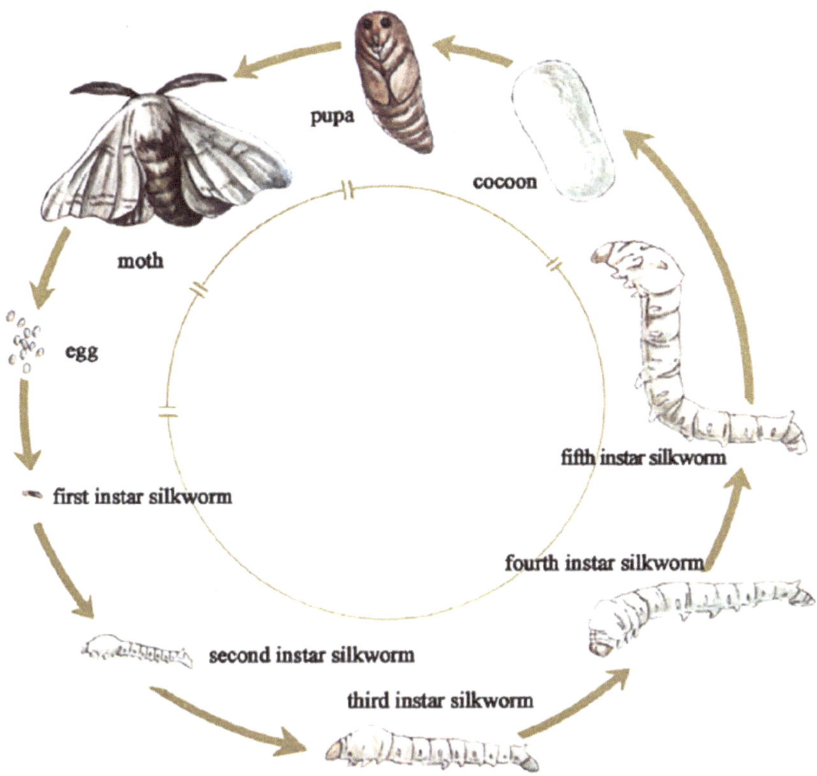

Figure 7 Le cycle de vie du Bombyx mori - les quatre étapes

La soie que nous connaissons provient principalement du *Bombyx mori* qui, depuis sa domestication, est une sorte d'insecte économique. Il se nourrit de feuilles de mûrier et file des cocons, d'où son nom « ver à soie du mûrier ». Appartenant à l'ordre des *Lepidoptera* et à la famille des *Bombycidae,* son nom scientifique est *Bombyx mori L.* Cet animal à la métamorphose complète traverse quatre étapes de transformation au cours de son existence : œuf, chenille, nymphe et papillon. L'oeuf est l'embryon ; l'éclosion fait apparaître une chenille. Cette chenille, généralement appelée « ver à soie », correspond à l'étape de croissance, lorsque l'insecte s'alimente. Normalement, il y a quatre mues, précédées chacune par un jour ou deux de dormance pendant lesquels le ver à soie ne mange pas. La chenille du *Bombyx mori* connaît 4 dormances et passe par cinq stades de développement : le premier va jusqu'à la première mue – à cette étape, le corps du *Bombyx mori* est noir et ressemble à celui d'une fourmi, d'où le surnom « ver à soie fourmi ». Le second stade a lieu entre la première et la deuxième mue, le troisième stade, entre la troisième et la quatrième mue, et ainsi de suite. Lorsqu'il en arrive au cinquième stade, le ver à soie parvenu à maturité mesure environ 10 cm de long et possède un corps transparent. Il cesse alors de se nourrir et se met à filer son cocon. Une fois terminé, il mue et devient une nymphe dans son cocon. Il durcit progressivement et sa couleur vire au marron foncé. Le processus entier dure environ un mois. Sept jours plus tard, la nymphe se change en papillon, ce qui correspond à l'étape reproductive au cours de laquelle l'insecte peut s'accoupler et pondre, afin de donner naissance à la future génération. La nymphe sécrète une enzyme pour dissoudre la séricine sur la coque du cocon, afin que celui-ci s'atrophie dès que la pupation est terminée. Après l'éclosion, les mâles et les femelles s'accouplent ; une femelle pond environ 500 œufs en moyenne. Les papillons meurent immédiatement après l'accouplement ou la ponte, et les œufs donneront de nouveaux vers à soie lors de la saison prochaine ou au printemps suivant.

Le développement du ver à soie, qui va de l'oeuf au papillon en passant par la chenille et la chrysalide, ainsi que la transformation du statique au dynamique, nous rappellent le processus de la vie en général, de « la vie et la mort dans l'univers ». L'oeuf représente le commencement de la vie. L'éclosion est comme une naissance. Les mues et les dormances sont comme les étapes de la vie. La nymphe peut être vue comme la mort du corps. Le papillon qui émerge et qui déploie ses ailes pour s'envoler peut être identifié à l'âme qui quitte l'enveloppe charnelle après la mort. Dans son *Histoire Naturelle,* Zhang Hua évoque « la nymphe, à savoir l'âme », soit l'esprit qui est immortel. Les idéogrammes chinois pour « nymphe » (蛹 *yong*) et « figurine de tombeau » (俑 *yong*) ont des formes semblables et sont des homophones. Dans l'ancienne écriture chinoise, les caractères homophones partageaient souvent des éléments phonétiques, même s'ils avaient un radical différent (comme ici), et il existait souvent une association d'idées sous-jacente entre eux. Ainsi, les caractères « nymphe » et « figurine de tombeau » ne présentaient pas la même forme, le premier faisant référence à l'insecte et le second, à l'homme, mais ils avaient autre chose en commun. Les figurines de tombeau – faites de bois ou de glaise et enterrées avec les défunts – étaient destinées à la vie après la mort. Comme les chrysalides, elles représentaient les corps après la mort. Environ la moitié des tombes de la culture Yangshao, dans le bassin du fleuve Jaune, contenaient des corps dans des cercueils en forme d'urne, enterrés près des fondations des maisons. La plupart de ces contenants étaient percés de trous, probablement dans le but de laisser l'âme s'échapper, pour lui permettre de monter au ciel. Cette idée n'est pas sans rappeler la chrysalide qui brise son cocon pour s'en extirper après une période de sept jours. Ces cercueils étaient souvent utilisés pour des enfants qui mourraient jeunes ; les trous devaient être faits à l'avance. Plus tard, le terme « éclosion » fut employé pour décrire l'ascension au ciel et le passage vers l'immortalité. Là encore, on peut faire le lien avec la pupation.

IV. Champs de mûriers et arbres *fusang*

Si la métamorphose des vers à soie est vue comme un grand miracle de la vie, un événement d'une importance capitale, la variété de mûriers dont ils dépendent pour exister est tout aussi sacrée. Selon d'anciennes légendes, les champs de mûriers n'étaient pas seulement l'habitat des vers à soie, mais servaient aussi de cadre pour des activités rituelles. Les actions et les activités des peuples anciens peuvent être classées en deux catégories. Avant tout, les humains sont motivés par leur propre survie : ils ont besoin de nourriture et de vêtements, et ils travaillent pour obtenir une bonne récolte. En second lieu, les individus contribuent à la famille ou au groupe, ce qui inclut le fait de procréer. Par conséquent, deux sortes d'activités étaient mises en place dans les champs de mûriers : d'un côté, l'adoration du divin, accompagnée de prières pour la pluie et l'abondance des récoltes ; de l'autre, les sacrifices à la divinité de la fertilité, Gaomei, à qui les anciens demandaient des enfants, de la même manière que les peuples plus tardifs adressaient leurs prières à Guanyin. Ces deux types d'activité humaine essentielle avaient lieu dans les champs de mûriers, indiquant ainsi l'importance décisive que revêtaient ces arbres pour les ancêtres.

De nombreuses sources historiques attestent que les champs de mûriers étaient des lieux propices aux rendez-vous galants. On trouve le plus grand nombre de descriptions abondant dans ce sens dans le *Classique des Vers*. Par exemple : « Le mûrier dans la plaine est si gracieux avec ses feuilles tendres et luxuriantes, vous ne pouvez imaginer mon bonheur depuis que j'ai rencontré le galant homme », dans le poème intitulé « Mûriers dans la plaine ». On trouve un autre exemple dans le poème « Réunion dans les champs de mûriers » : « Sur dix *mu* de champs de mûriers, tous les planteurs sont libres et paisibles. Je ramène mon amant chez moi ». Dix *mu* correspondent à 0,67 hectares et l'image de ramener son amant à la maison rappelle des fêtes telles que le festival Sanyuesan (qui a lieu le 3ème jour du 3ème mois du calendrier lunaire), dans certaines régions de minorités ethniques non-Han de Chine, et le festival Shangsi, célébré par certains peuples Han. Un autre exemple, dans « Parmi les mûriers » : « M'attendra-t-elle parmi les mûriers, m'offrira-t-elle sa douce compagnie à Shanggong (où vivait cette beauté) et me laissera-t-elle repartir vers la Rivière Chishui ? ». On trouve également dans d'anciennes œuvres d'art des preuves que les amants se rencontraient dans les champs de mûriers. On peut citer la scène conviviale de la récolte de feuilles de mûriers sur des artefacts de bronze de la période des Royaumes combattants, représentant des amants qui se retrouvent dans les champs de mûriers et offrent un sacrifice à Gaomei (voir Figure 8). Ces scènes semblent toutes avoir en commun la facilité de Gaomei de communiquer avec les humains dans les champs de mûriers, ce qui explique pourquoi, lorsque des amoureux s'y retrouvaient, ils offraient généralement un sacrifice à cette divinité.

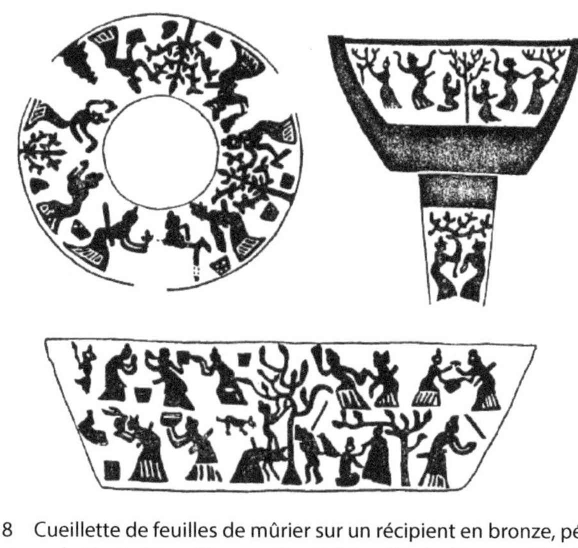

Figure 8 Cueillette de feuilles de mûrier sur un récipient en bronze, période des Royaumes combattants (Ume Shunro : The Origin of Sericulture and the Ancient Silk. Yusankaku Press, 1979)

Les champs de mûriers étaient aussi des endroits propices à prier pour la pluie, l'exemple le plus renommé étant celui du « Roi Tang de la dynastie Shang priant pour la pluie dans un champ de mûrier », qui fut archivé dans de nombreux documents. Ainsi, par exemple, dans *les Printemps et automnes de Lü Buwei* : « Dans le passé, le roi Tang de la dynastie Shang conquit l'empire de Xia et commença à gouverner le pays. Cependant, à cause de la sécheresse et de cinq années sans récolte, le roi Tang entreprit de prier lui-même pour la pluie dans les champs de mûriers ». Jadis, on pensait que « prier lui-même pour la pluie dans les champs de mûriers » voulait dire prier pour la récolte de vers à soie et de mûres, mais étant donné le contexte, en l'absence de récolte depuis cinq ans, le peuple avait davantage besoin de grain que de soie. Donc le champ de mûriers était vu comme un lieu de prière et non pas seulement comme un lieu de production de mûres. L'annotation de Gao You dans le *Huainanzi* abonde dans ce sens : « Le champ de mûriers est la forêt dans la montagne, qui peut rassembler les nuages et faire tomber la pluie ». Puisqu'il existait un accès direct au ciel depuis les champs de mûriers, ceux-ci pouvaient servir à prier pour la pluie.

Du fait de l'importance attribuée aux champs de mûriers, les gens imaginèrent ensuite un arbre sacré basé sur le mûrier, connu comme le *fusang* (grand mûrier), où le soleil venait se reposer. De nombreux érudits considèrent aussi le *kongsang* (mûrier du vide) comme un *fusang*. Dans le *Classique des Montagnes et des Mers*, on trouve la description d'un « fusang à Tanggu, baigné par dix soleils », Tanggu étant un lieu légendaire où se lève le soleil. Le concept d'arbre sacré, ou *fusang*, apparut entre la période du roi Pangeng et la période du roi Wuding, sous la dynastie Shang. Deux arbres en bronze mis au jour dans les ruines de la dynastie Shang au site Sanxingdui de Guanghan, au Sichuan, ont été identifiés comme des *fusang*. Chacun de ces arbres possède un siège en forme de trompette et un tronc droit avec neuf branches qui en partent. Des oiseaux sont perchés sur les branches et, au sommet, on voit des éléments décoratifs tels qu'un dragon de cuivre, des cloches, des feuilles et des fleurs. L'image du *fusang* était très populaire pendant la période des Royaumes combattants et au cours des dynasties Qin et Han. A titre d'exemple, un *fusang* est représenté sur un boîtier en laque découvert dans la tombe du marquis Yi de l'Etat de Zeng, à Leigudun, Hubei (voir Figure 9). Il s'agit d'un arbre gigantesque avec neuf soleils : un au bout de chaque branche, et un au sommet du tronc. En réalité, il y avait dix soleils, mais l'archer Hou Yi visa l'un d'eux, qui tomba au sol et se changea en oiseau. L'image est communément appelée « Hou Yi tirant sur le soleil » et ne laisse aucune place au doute quant à son identification comme *fusang*.[15] On trouve aussi de nombreuses illustrations de *fusang* parmi les bas-reliefs en pierre de la dynastie Han. Ils montrent, par exemple, des images de charriot, d'oiseau (c.-à-d. du soleil), de Hou Yi auprès du *fusang* – tout comme les reliefs de pierre de Wuliangci (le sanctuaire de Wu Liang) à Shandong, Gusishui, dans le district de Peixian, Jiangsu, et d'Anqiu à Shandong, où l'on distingue parfois aussi un panier et une femme sous l'arbre, cueillant des feuilles de mûrier.

Figure 9 Etui en laque de la tombe du Marquis Yi de Zeng, dans la province du Hubei (Shu Zhimei, Zhang Xuqiu. Chu Culture : the Mysterious Legendary Kingdom on the South : Shanghai Far East Publishing House, 1998)

V. La consécration d'êtres surnaturels

Comme nous l'avons vu plus haut, nos ancêtres étaient intrigués par le ver à soie et sa métamorphose, ils vénéraient le mûrier et voyaient les champs de mûriers comme des endroits sacrés, dotés d'une communication directe avec les cieux. Le champ de mûriers devint un lieu de prière pour faire venir les enfants, la pluie et d'autres événements majeurs. Le concept du *fusang* apparut comme une des manières de se connecter avec l'au-delà.[16] Par extension, la soie ne pouvait être un tissu ordinaire et porter des vêtements de soie facilitait la communication avec les sphères divines. A l'origine, l'expression populaire « s'enfermer dans un cocon de sa propre fabrication » (ce qui n'est pas toujours une mauvaise chose) faisait référence à la seule manière pour l'âme de monter au ciel. Dans la même veine, une coutume consistait à envelopper les défunts de soie juste après leur mort, ce qui équivalait à leur fabriquer un cocon artificiel avec des matériaux de soie pour faciliter la libération de leur âme.

Au début, la soie servait donc à fabriquer des linceuls, les habits des défunts. Cette matière était de bon augure et son utilisation était nécessaire pour permettre l'ascension des âmes vers l'au-delà, à l'image d'un vaisseau spatial pour la Lune de nos jours. Les plus anciennes traces d'étoffes de soie furent découvertes dans les urnes funéraires du site de la culture Yangshao, au village de Qingtai, dans le district de Xingyang, au Henan, où ces textiles servaient à envelopper les corps d'enfants décédés. Des témoignages de rites d'inhumation ultérieurs vont dans le même sens. Dans le *Livre des Rites*, il est écrit que « les gens faisaient de la toile de chanvre et de l'étoffe de soie, respectivement pour les vivants et les morts, et pour servir les êtres surnaturels ». En fabriquant de la toile pour les vivants et en produisant de la soie pour les défunts, les anciens séparaient clairement les fonctions de ces deux textiles, l'un servant à faire des vêtements, l'autre des linceuls. Un autre essai dans le *Livre des Rites* précise que le processus de mise en bière devait commencer par le recouvrement du défunt, « d'un édredon de soie *jin* pour le monarque, d'un édredon de soie blanche tissée pour le *dafu* (un officier supérieur) et d'un édredon de soie noire pour les personnes ordinaires ». Cette citation fait référence à des soies de trois catégories. L'édredon était constitué de plusieurs parties : le corps était enveloppé dans deux sacs (*mao*), une partie supérieure (*zhi*) et une partie inférieure (*sha*). Les sacs étaient cousus sur trois bords, laissant le quatrième ouvert, avec un lien pour le fermer – peut-être pour faciliter la tâche d'envelopper le corps ou bien pour laisser de la place, afin de permettre à l'âme de s'envoler. A l'intérieur des sacs, les défunts portaient des robes ou des habits, mais on n'avait « pas le droit d'utiliser pour des funérailles des textiles non faits de soie, tels que l'étoffe rugueuse de ramie ou de chanvre ; seule la soie pouvait servir à faire des linceuls ». Cette description s'accorde avec les coutumes d'inhumation observées dans la tombe de Chu, découverte à Mashan, Jiangling, Hubei. Apparemment, à mesure que la production de soie se développait, il devenait de plus en plus acceptable pour des personnes âgées de se vêtir de soie. Ainsi, on pouvait lire que « si cinq *mu* de terre sont plantés de mûriers, les personnes de plus de 50 ans peuvent porter des habits de soie » (« Mencius-Roi Lianghui »). En plantant des mûriers à proximité de sa maison, on pouvait élever des vers à soie et obtenir de la soie pour en faire des vêtements pour les membres les plus âgés de la communauté. Cela constituait une preuve de respect envers eux et facilitait aussi leur communication avec l'au-delà – ce qui pouvait s'avérer rassurant, passé un certain âge. Cette notion rappelle celle de l'expression « s'enfermer dans un cocon de sa propre fabrication ».

La soie ne servait pas seulement à fabriquer des linceuls : on en confectionnait aussi des tenues de sacrifice. L'affirmation « lorsque les vers à soie filaient et construisaient des cocons, les cocons et la soie étaient offerts à des temples pour en faire des habits de sacrifice » est extraite de l'essai « Rites mensuels » dans le *Classique des Rites*. Elle confirme que la soie produite à partir de l'élevage de vers à soie et de la plantation de mûriers servait essentiellement à faire des tenues de sacrifice, utilisées dans les temples. Un essai dans la section « Sur le sacrifice » du *Classique des Rites* décrit en détail la cérémonie consistant à élever des vers à soie pour en sacrifier les cocons et explique précisément pourquoi et comment ils étaient utilisés pour fabriquer des vêtements, notant que les habits de soie étaient destinés à être portés pour faire des offrandes à des empereurs passés ou à des pères défunts. Dans l'essai intitulé « Traditions sacrificielles », extrait du *Classique des Rites*, « l'impératrice élevait des vers à soie dans la périphérie septentrionale de la ville (où les empereurs des anciens temps offraient des sacrifices à la terre et au ciel), fournissant ainsi la matière nécessaire à la fabrication du *chunfu* (une sorte de vêtement noir réservé aux empereurs). Les concubines faisaient de même, au même endroit, fournissant de la matière pour le *mianfu* (une sorte de robe de cérémonie). Même des femmes (haut placées) comme elles s'engageaient personnellement dans la sériciculture ! En effet, le fait de s'engager personnellement dans la sériciculture était une preuve d'intégrité et de dévotion, et c'était précisément le but des rites sacrificiels ». A partir de là, on comprend que les habits pour les rites sacrificiels destinés aux dieux ne pouvaient être faits que de soie. Afin d'exprimer un respect et une vénération absolus, il était indispensable de fabriquer ces habits à partir de soie provenant des vers qu'on avait élevés et dont on avait dévidé les cocons de ses propres mains.

Le troisième usage de la soie était celui d'offrande sacrificielle. Il en existait principalement deux sortes : les manuscrits de soie ou peintures sur soie, et les vaisseaux sacrificiels de soie, d'un statut égal à ceux faits de bronze ou de jade. L'intention était que la soie saurait porter vers un autre monde tout ce qui s'y trouvait peint ou en était enveloppé. Le manuscrit de soie le plus célèbre fut mis au jour à Zidanku, Changsha, Hunan. Ses caractères sont écrits au centre et entourés d'images magiques. Il existe d'autres exemples : des peintures sur soie avec des images de dragons, de phénix et de dames ; la peinture représentant un homme chevauchant un dragon, mise au jour dans divers secteurs des provinces du Hubei et du Hunan ; deux peintures sur soie des tombes Han n°1 et n°3 à Mawangdui, etc. Toutes ces pièces étaient destinées à guider l'âme du défunt dans l'au-delà et à consacrer des êtres surnaturels. Il est également digne d'intérêt que la soie ait été utilisée comme support d'écriture pour les serments d'alliance entre deux pays, tel que l'indique le rapport sur « la 7ème année du duc Ai » dans le *Commentaire de Zuo Qiuming*. Il y est écrit que « lorsque Yu rencontra ses vassaux au Mont Tu, des milliers d'hommes arrivèrent avec des objets de jade (*yu*) et des tissus de soie (*bo*) ». Cela témoigne aussi d'un dicton chinois qui a traversé les âges : « Transformer les armes de la guerre (*gan* et *ge*) en jade (*yu*) et en soie (*bo*) » – version chinoise de l'expression « de leurs épées ils forgeront des socs ». Ici, le jade et la soie étaient des matériaux d'écriture que l'on enterrait dans le sol ou que l'on brûlait, afin d'ouvrir un passage vers les cieux. De manière similaire, certains vaisseaux sacrificiels de bronze de la dynastie Shang portent des traces d'une enveloppe de soie – non en guise de protection, mais bel et bien parce que la soie servait de support à la communication entre les vaisseaux de bronze et l'au-delà.

Voilà pourquoi, dans les premiers temps, la soie ne fut pas utilisée pour l'habillement quotidien, mais plutôt pour la consécration, avec des implications particulières pour les êtres surnaturels. Il était important d'avoir un coeur pieux pour cultiver des mûriers et élever des vers à soie. Le ver à soie est une créature délicate, extrêmement vulnérable face à des conditions naturelles rudes. Par conséquent, afin de garantir un mouvement fluide entre la terre et le ciel, ainsi qu'une production de soie ininterrompue, nos ancêtres se mirent à construire des magnaneries pour offrir aux vers à soie toute l'attention méticuleuse qu'ils requièrent. A mon avis, le premier objectif de l'élevage de vers à soie fut de les protéger. Quel meilleur moyen de les protéger que de construire un espace dédié à eux, où ils seraient à l'abri des chaleurs de l'été, de la pluie battante et des oiseaux prédateurs ? Dans la section « Sur le sacrifice » du *Classique des Rites*, il est écrit que « pour les empereurs et les ducs des anciens temps, les champs de mûriers et les magnaneries étaient indispensables ». En hommage à leur statut, les magnaneries impériales étaient appelés « palais à vers à soie », elles mesuraient trois pieds de haut et étaient entourées de murs. Le *Xiaxiaozheng* (un calendrier chinois pour les activités agricoles) consigne qu'en mars « les femmes commencent à élever des vers à soie et à gérer les affaires des palais des vers à soie ». Aux temps les plus reculés, notamment sous les dynasties Shang et Zhou, il était courant d'utiliser la soie pour consacrer des êtres surnaturels. Mais au fil du temps, et en particulier grâce à une productivité améliorée, à l'émancipation idéologique et à un assouplissement de la hiérarchie, la soie devint de plus en plus populaire et entra ainsi dans une nouvelle phase.

VI. La soie : trois phases, trois usages

Comme il est mentionné ci-dessus, la soie fut d'abord utilisée pour les défunts. Ceci était dû en partie à la religion primitive et ses croyances rudimentaires, et en partie à la rareté de la soie à ses débuts. Les dynasties Shang tardive et Zhou, et en particulier la période des Printemps et Automnes et la période des Royaumes combattants, sont réputées pour leur activité mentale et leur philosophie : "Que cent écoles rivalisent". Cet éveil intellectuel entraîna de nouvelles façons de concevoir l'utilisation de la soie. Celle-ci se diversifia progressivement et des soies de qualité supérieure, telles que les soies *jin* et les broderies, commencèrent à être offertes en cadeaux. La soie devint peu à peu un symbole de rang social, non seulement pour les linceuls mais aussi pour l'habillement dans la vie quotidienne. Le système rituel prenait de l'importance dans la société chinoise et les vêtements de soie en faisaient partie. Les tissus de soie étaient des marques de noblesse, alors que les gens ordinaires utilisaient des tissus de lin et de coton. Avec leurs motifs élaborés et leurs couleurs chatoyantes, les habits de soie devinrent des symboles qui indiquaient le rang et, de fait, ceci marqua la seconde phase de l'utilisation de la soie.

Bien entendu, les vêtements portés par les empereurs étaient ceux du plus haut standing. Déjà dans le *Classique des Documents*, on trouve des témoignages faisant référence aux *mianfu* (robes de cérémonie) avec les douze motifs symboliques de l'autorité impériale. Shun dit : « Je veux voir les anciennes images : soleil, lune, étoiles, montagnes, dragon et faisan doivent être peints sur le vêtement supérieur, alors que *zongyi* (une paire de tasses utilisées pour les sacrifices, avec un motif de tigre et de singe), plantes aquatiques, feu, riz blanc, *fu* (semblable à une hache) et *fu* (semblable à deux caractères chinois *gong* 弓, placés dos à dos) doivent être brodés sur le vêtement inférieur. Je veux que vous en fassiez de cinq couleurs, sur ce modèle » (voir Figure 10). Ce récit fur paraphrasé plus tard, suggérant les implications suivantes pour les douze éléments : le soleil, la lune et les étoiles indiquent l'éclat ; le dragon est changeant et pourrait, de ce fait, être lié à une divinité ; les montagnes représentent la stabilité ; le faisan est un gage de grâce littéraire ; le *zongyi*, avec le motif du tigre et du singe, symbolise la bravoure et la sagesse ; les plantes aquatiques sont le signe d'une moralité noble et pure ; le feu indique

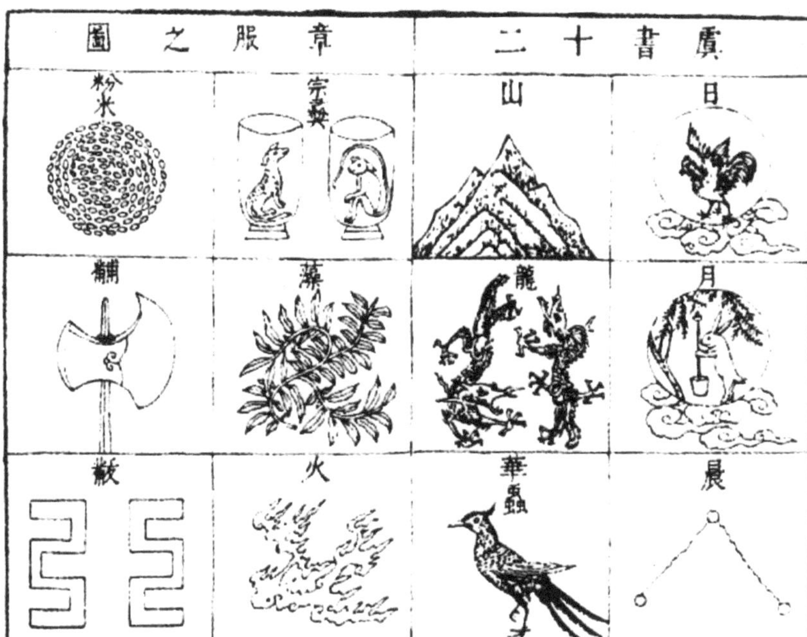

Figure 10 Les douze symboles de l'autorité impériale dans une encyclopédie Ming

la lumière ; le riz blanc, les ressources alimentaires ; le *fu*-hache, la capacité de décider ; et le second *fu* veut dire que le seigneur féodal écarte le Mal et œuvre en faveur du Bien.[17] Le grade d'un officiel définissait combien de ces douze symboles il avait le droit de porter. En l'occurence, en l'an 59, l'Empereur Xiaoming de la dynastie Han de l'Est avança les stipulations suivantes : seul l'empereur pouvait porter les douze symboles ; les *Sangong* (trois officiels importants) et les vassaux pouvaient utiliser neuf motifs (mais ni le soleil, ni la lune, ni les étoiles) ; les officiels en-dessous du rang de *Jiuqing* pouvaient, quant à eux, faire usage de sept motifs (excluant le soleil, la lune, les étoiles, les montagnes et le dragon). Aucune image de ces douze symboles n'a survécu au temps ; l'exemple le plus ancien dont nous disposons est la robe portée par un empereur dans une fresque murale de Dunhuang, mais elle est incomplète. Le plus ancien artefact qui rassemble les douze motifs et existe encore aujourd'hui est l'habit cérémonial (robes royales) fait de tapisserie de soie pour l'empereur Wanli de la dynastie Ming, mis au jour au mausolée Ding, à Beijing.

Le motif du dragon était réservé aux vêtements de l'empereur. La plus ancienne et la plus belle robe de dragon est sans doute celle trouvée sur la statue de bronze plus grande que nature, découverte sur le site de Sanxingdui, au Guanghan, Sichuan. Le style du costume et les motifs de la robe, avec le dragon comme thème central, sont clairement visibles. A l'aide de Huang Nengfu, spécialiste en textiles, une entreprise de Beijing a recréé la robe et l'a présentée au public dans le Palais de l'Assemblée du Peuple comme étant une reconstitution de la « première robe de dragon de Chine ».[18]

Néanmoins, selon des objets trouvés lors de fouilles archéologiques ou transmis depuis une époque ancienne, la première robe de dragon apparut sous la dynastie Liao (907-1225) en tant que costume impérial. Sous la dynastie Yuan, il y eut davantage de robes avec différentes Figures de dragon : certains étaient dotés de cinq griffes, d'autres de trois. Le motif du dragon à cinq griffes fut réservé à l'empereur alors que le dragon à trois griffes, plus petit, pouvait être repris par des gens plus communs. A partir de la dynastie Ming, l'image du dragon commença progressivement à être formatée. En général, il y a des dragons (à cinq griffes) et des boas (à quatre griffes), les dragons étant réservés à l'empereur et les boas aux autres. Mais en réalité, vus de loin, il n'y a que peu de différence entre dragons et boas. Il existait aussi un motif appelé « Feiyu » (poisson volant) et un autre « Douniu » (animal mythique qui a la tête d'un bœuf et le corps d'un dragon), tous deux très semblables au motif du dragon. A l'exception du dragon à cinq griffes, les autres dessins – boa, poisson volant et douniu – étaient tous repris pour des costumes accordés par l'empereur.[19]

La couleur était un autre facteur important de distinction. Selon les archives historiques, on préférait le noir sous la dynastie Qin, le jaune sous la dynastie des Han de l'Ouest, et le rouge sous la dynastie des Han de l'Est. Mais les couleurs sous la dynastie Han variaient aussi en fonction des saisons. Selon les rapports du *Livre des Han postérieurs*, les cinq couleurs des tenues de la cour étaient le bleu au printemps, le vermeil en été, le jaune à la fin de l'été, le blanc en automne et le noir en hiver. Pour ce qui était de la garde-robe quotidienne, le violet était d'usage pour la noblesse et le vert pour le peuple. Les sections « Chars et vêtements » de *La Nouvelle Histoire des Tang* et de *L'Ancienne Histoire des Tang* mettent en lumière les pratiques de cette dynastie. Elles nous racontent que l'ocre était la couleur portée par l'empereur Gaozu et qu'il était interdit à d'autres de la porter. Elles décrivent aussi la hiérarchie des robes de soie officielles : les princes et les nobles au-dessus du troisième rang portaient du violet ; ceux au-dessus du cinquième rang portaient du vermeil ; ceux au-dessus du sixième, du jaune ; et les sixième et septième rangs portaient du vert. Au cours du règne de l'empereur Taizong sous la dynastie Tang, il fut commandé que des robes vertes à motifs soient destinées aux officiels du septième rang et des robes bleues sans motif à ceux du neuvième rang. De manière générale, depuis les dynasties Sui et Tang, le violet, le vermeil, le vert et le bleu étaient les quatre couleurs utilisées symboliquement pour distinguer les rangs officiels. Selon la section « Chars et vêtements » de *L'Histoire des Song*, les couleurs des vêtements officiels de la dynastie Song étaient les mêmes que pour la dynastie Tang, et les *shifu* (les vêtements accordés aux officiels de manière saisonnière) se distinguaient également par leurs motifs. Ainsi, *tian xia le yun* (un motif en forme de lanterne) était pour le premier rang ; *cu si pan diao* (un motif composé de quatre médaillons rappelant des faucons) pour le second rang ; *huangshizi* (un motif de lions jaunes) pour le troisième rang ; un motif de plume de martin-pêcheur pour le quatrième rang ; un broché rouge sans motif pour le cinquième rang. Les robes *Zhaijin,* offertes à d'autres officiers haut placés, étaient ornées de différents motifs représentant les sept rangs.

Sous les dynasties Ming et Qing, il était d'usage d'employer le *buzi* (un panneau d'étoffe brodé de motifs magnifiques, cousu sur les vêtements officiels, généralement sur la poitrine et sur le dos) comme symbole du rang officiel chez les civils et les militaires. Selon les *Règlementations administratives sous la dynastie Ming*, en 1391, les stipulations concernant le *buzi* sur les vêtements de tous les jours étaient les suivantes :

- pour les ducs, marquis, comtes et princes consorts (les gendres de l'empereur), un *qilin* ou un *baizhe* (créatures mythiques) ;
- - pour les officiels civils, une grue à couronne rouge pour le premier rang, un faisan doré pour le second, un paon pour le troisième, une oie sauvage pour le quatrième, un faisan argenté pour le cinquième, une aigrette pour le sixième, un *xichi* (une sorte de poule d'eau) pour le septième, un loriot pour le huitième, et une caille pour le neuvième ;
- pour les officiels militaires, un lion pour le premier et le second rang, un tigre et un léopard pour le troisième et le quatrième rang, un ours pour le cinquième, un *biao* (petit tigre) pour le sixième et le septième, un rhinocéros pour le huitième, et un hippocampe pour le neuvième ;
- pour les autres officiels, un *lianque* (oiseau gobe-mouches) ;
- pour les officiers *fengxian* (gardiens des coutumes et des lois), un *xiezhi* (haetae, une créature qui connaît la différence entre le bien et le mal).[20]

Selon les *Règlementations administratives sous la dynastie Qing*, les *buzi* de la dynastie Qing pouvaient être ronds ou carrés. Les ronds représentaient généralement un dragon ou un boa et distinguaient les rois, les princes et les aristocrates. Les carrés convenaient aux officiels de tous rangs. Pour les officiels civils, le système était comme suit : une grue pour le premier rang, un paon pour le second et le troisième, une oie sauvage pour le quatrième, un faisan argenté pour le cinquième, une aigrette pour le sixième, un *xichi* pour le septième, une caille pour le huitième, et un *lianque* (gobe-mouches) pour le neuvième. Pour les officiels militaires : un *qilin* pour le premier rang, un lion pour le second, un léopard pour le troisième, un tigre pour le quatrième, un ours pour le cinquième, un *biao* pour le sixième, un rhinocéros pour le septième et le huitième, et un hippocampe pour le neuvième (voir Figure 11).

Figure 11 Officiel de la dynastie Ming portant une robe rituelle

La soie était aussi largement utilisée pour les événements religieux. Dans les temples bouddhistes et les abbayes taoïstes, il y avait de la soie colorée partout. Selon le *Mémoire sur les monastères bouddhiques de Luoyang*, lorsque Song Yun et Huisheng furent envoyés en mission diplomatique dans la région occidentale, ils constatèrent que les enceintes bouddhistes au long de la route de la soie étaient ornées de « millions de banderoles et de dais de couleurs vives ». A l'époque, les banderoles et les dais représentant la Figure de Bouddha étaient appelés « portraits de soie ». Dans le bouddhisme tibétain, ces portraits s'appellent *Thangka*. Il en existe encore de nombreux exemples dans les temples bouddhistes tibétains du Tibet et du Qinghai.

La troisième phase de l'utilisation de la soie eut lieu parmi les gens ordinaires, selon la tradition populaire. Grâce au développement de la production, la soie commença à être utilisée pour les vêtements de tous les jours de gens ordinaires. De même que les robes officielles distinguaient les différents rangs et comportaient divers motifs et couleurs dans le respect de l'étiquette, il existait aussi des tenues spécifiques pour les personnes travaillant dans l'agriculture, l'artisanat et le commerce, ainsi que dans des contextes bouddhistes, taoïstes et confucéens. A travers les âges, la représentation de l'étiquette s'est vue diluée et les emblèmes ont plutôt pris une valeur de porte-bonheurs ou de voeux. Bien que les souhaits aient pu varier selon les personnes, ils étaient généralement centrés sur la chance, la richesse, la longévité et le bonheur. C'est ainsi que de nombreux motifs de bon augure sont encore visibles sur des soieries actuelles et d'innombrables soieries ont servi en diverses occasions festives.

Notes

[1] Jiang Youlong. *The Origin and Differentiation of the Bombyx Mori*. Nanjing : Jiangsu Science and Technology Press, 1982.

[2] Wei Songshan. *Analysing Xiling As the Native Place of Leizu*. Zhengzhou : Henan Cultural Industry Network, January 11th, 2010, http://wenhua.hn.henanci.com/Show_Xp.aspx?id=15324

[3] "Etiquette" in *History of the Sui Dynasty*.

[4] Ganbao (Jin Dynasty), annotated by Wang Shaoying. *In Search of the Supernatural*. Beijing : Zhonghua Book Company, 1979 : Vol. 14, P.172.

[5] Zhejiang Branch of China Folk Literature and Art Research Society. *Collection of Folk Songs from Haiyan* (internal data version). 1981.

[6] Li Ji. *The Prehistoric Remains of Xiyin Village*. Beijing : Tsinghua Institute, 1927.

[7] Ume Shunro. *The Origin of Sericulture and the Ancient Silk*. Tokyo : Yusankaku Press, 1979 : 165.

[8] Kenji Ikeda. "The Charm of a Cocoon" in *The China Quarterly*, 1987(10).

[9] Zhou Kuangming. "Preliminary Thoughts on the Silk Tabby Fragment Unearthed at Qianshanyang" in *Cultural Relics*, 1980(1).

[10] Xu Hui, Ou Qiuming et al. "Validation of Silk Fabrics Unearthed at Qianshanyang" in *Silk*, 1981(2).

[11] Zhou Ying. "The Origin of Silk : Qianshanyang in Huzhou" in *Silk*, 2006(6).

[12] Zhang Songlin and Gao Hanyu. "Examination and Investigation of the Silk Fabrics Unearthed at the Qingtai Site in Xingyang" in *Cultural Relics of Central China*, 1999(3).

[13] Zhejiang Institute of Archaeology. "Hemudu : the Archaeological Excavation Report of the Neolithic Site". Beijing : Cultural Relics Publishing House, 2003.

[14] Zhao Feng. "Cultural Opportunities of the Origins of Silk" in *Southeast Culture*, 1996(1) : 67-74.

[15] Zhao Feng."Mulberry Fields and Fusang" in *Zhejiang Silk Industry Institute Journal*, 1993(3).

[16] Zhou Xibao. *History of Chinese Costume*. Beijing : China Drama Press, 1984 : 15.

[17] Zhao Feng. *A History of Chinese Silk Art*. Beijing : Cultural Relics Publishing House, 2005.

[18] Image restaurée de la première robe de dragon chinoise, Mount & Blade China Clan BBS, October 27, 2009, http://bbs.mountblade.com.cn/viewthread.php?tid=88647.

[19] Voir note 17.

[20] Voir note 17.

Chapitre 2
La traversée de l'Altaï : l'ancienne route de la soie des steppes

Le massif montagneux de l'Altaï se situe dans le nord du Xinjiang. L'ancienne route de la soie des steppes courait au nord de ces montagnes et la route de la soie chinoise, au sud. Ces deux routes communiquaient entre elles, en passant par ces montagnes. Dans ce chapitre nous verrons quel rôle les textiles de soie ont joué dans les échanges culturels à travers l'Altaï, dans les premiers temps.

I. La soie sous la dynastie Zhou de l'Est

La plupart des plus anciens tissus de soie datent de la dynastie Zhou de l'Est (couvrant la période des Printemps et Automnes et la période des Royaumes combattants) et ont été découverts dans les provinces du Hunan et du Hubei. Leur confection est d'un raffinement extrême et leur état de conservation est correct. La pièce la plus précieuse et enchanteresse, appelée « soie *jin* avec danseurs et animaux » (voir Figure 1), provient d'un tombeau de l'Etat de Chu, découvert à Mashan, Jiangling, Hubei.[1] La pièce est décorée d'un motif en zigzag dessinant une sorte de cadre et des motifs symétriques au sein des cadres, dont des paires de dragons, de *qilin*, de phénix et de danseurs. Sur cette pièce, les danseurs, phénix, dragons, *qilin* et oiseaux de type phénix sont arrangés de droite à gauche, et le motif est répété dans le sens de la longueur. Il y a aussi un défaut technique répété sur le bord gauche. Cette relique précieuse suggère que le métier Jacquard permettant de faire des motifs avait déjà été inventé en Chine à cette époque et qu'il était utilisé pour tisser des motifs à répétition. En plus des motifs illustrant des animaux ou des Figures humaines, de nombreuses soies *jin* présentent des

Figure 1 Soie-jin avec danseurs et animaux, mise au jour dans la tombe de Chu n°1, à Mashan (Musée de Jingzhou) - Chu Tomb No.1 in Mashan, Jiangling, Cultural Relics Publishing House, 1985.

motifs géométriques. De telles soieries furent mises au jour dans le tombeau de l'ancien Etat de Chu à Mashan et dans la province du Hunan. Elles datent d'une époque allant du IIIème siècle av. J.-C. au Vème siècle ap. J.-C.

La broderie avait alors atteint un stade de développement avancé et servait à créer des motifs encore plus splendides. Alors que la soie *jin* était tissée sur un métier à tisser, dont l'éventail de techniques était limité, la broderie offrait plus de liberté et de souplesse, permettant au brodeur de manier l'aiguille et le fil pour s'exprimer à sa guise. Une broderie du tombeau de Chu à Mashan représente un phénix dans un style romantique très exagéré. On distingue clairement la tête et le corps du phénix, et on devine d'autres têtes dans les pointes de ses ailes étendues. Au-dessus de sa tête, il y a une corolle d'où pendent des feuilles qui rappellent celles du saule (voir Figure 2). Le phénix était un motif populaire à cette époque, au même titre que le tigre lové et le dragon. La pièce la plus représentative est une broderie de ce tombeau, qui montre un grand phénix affrontant un tigre et deux dragons. Le phénix a une serre posée sur le dragon et l'autre dressée.

Une autre trouvaille de grand intérêt est le vaste tombeau Zhou de l'Est, récemment mis au jour à Jing'an, au Jiangxi. Cette sépulture recelait 47 cercueils, chacun creusé dans un immense tronc d'arbre. Un cercueil géant, dans un piètre état de conservation, gardait l'entrée. Selon les archéologues, il pourrait avoir été occupé par le propriétaire du tombeau. Les autres cercueils contenaient des corps de femmes très jeunes, dont la plupart avaient un lot d'outils de tissage en modèle réduit, placé à côté d'elles. Une grande quantité de tissus furent mis au jour sur ce site, y compris des rubans de soie, des soies rouges et des textiles de ramie. La vaste majorité des textiles qui témoignent de cette époque sont des étoffes de soie, mais le tombeau de Jing'an marque aussi l'apparition du lin. La zone autour de Jing'an demeure jusqu'à ce jour la principale région de ramie.[2] De manière générale, pendant la période des Royaumes combattants, de nombreuses étoffes de soie furent produites le long du fleuve Yangzi et dans les plaines centrales du nord. A leur tour, ces soieries sont devenues des pièces essentielles à l'étude de la route de la soie. Sans soie chinoise, il n'aurait jamais été question de « route de la soie ».

Figure 2 Broderie avec des phénix, de la tombe de Chu n°1, à Mashan

II. Trouvailles dans les cairns gelés

C'est le géographe allemand Ferdinand von Richthofen (1833-1905) qui, en 1877, inventa l'expression « route de la soie ».[3] Il menait aussi bien des recherches théoriques que des explorations sur le terrain en Asie, y compris en Chine, et il localisa avec précision le Lop Nur. Ses recherches sur la littérature hellénique et sur les références aux Seres l'ont amené à considérer les voies de communication terrestres comme la « route de la soie ». Cette manière de penser a encouragé d'autres personnes à étudier la géographie de cette région et à approfondir leurs connaissances sur la route de la soie. A la fin du XXème siècle,

Professeur Lin Meicun de l'Université de Beijing définit la route de la soie comme étant « une route permettant des échanges culturels, reliant les bassins du fleuve Jaune et du fleuve Yangzi à l'Afrique du Nord et à l'Europe, en passant par l'Inde, l'Asie centrale et l'Asie occidentale, où le principal support de communication était la soie échangée, dans l'Antiquité et au Moyen Age ».[4]

Il existe trois principales routes de la soie. La première est la route classique proposée par Ferdinand de Richthofen, qui commence à Chang'an (aujourd'hui Xi'an) ou Luoyang à l'est, qui passe par le Corridor Hexi à Gansu et par le Xinjiang, et qui s'étend à l'ouest jusqu'à l'Asie centrale. La seconde route est la route des steppes, déjà empruntée par les nomades dans des temps plus reculés. La troisième est la route maritime, qui est la plus récente des trois (voir Figure 3).

La route des steppes fait référence à une route qui traverse l'Eurasie, qui s'étire depuis les montagnes du Grand Khingan du nord-est de la Chine jusqu'aux Carpates. L'intégralité de cette route se trouve approximativement sur la même latitude, entre 40 et 50 degrés nord, bordée de forêts au nord et de terres agricoles au sud. La population des steppes était principalement nomade et, dans les premiers temps, le commerce de la soie n'était pas fréquent, car il était difficile de voyager à travers ces terres. La période phare de la route des steppes se situe entre 2000 et 300 av. J.-C., ce qui semble correspondre à l'époque de la « culture Kurgan ».[5] Le terme « kurgan » fait référence à un tombeau constitué d'un grand monticule de pierres empilées. De tels endroits revêtirent un sens particulier. Les nomades commencèrent à y pratiquer des rites sacrificiels et à disposer des cercles de pierres autour des tombes pour en marquer l'emplacement. Ce phénomène spécial inspira le nom de « culture Kurgan ». En tant que culture au sens archéologique du terme, la culture Kurgan continua d'exister dans la culture des steppes des dynasties subséquentes, bien qu'elle ait subi de nombreux changements.

La culture Kurgan était active dans une zone englobant des territoires de quatre pays différents, tels qu'on les connaît aujourd'hui : la partie méridionale se trouvait au Xinjiang, en Chine, la partie septentrionale en Russie, la partie orientale en Mongolie, et la partie occidentale au Kazakhstan. Le massif montagneux de l'Altaï parcourt cette région d'est en ouest. Par le passé, les spécialistes chinois ont mené très peu de fouilles archéologiques dans la steppe. Ils n'avaient pas une compréhension suffisante de la situation archéologique en Russie, en

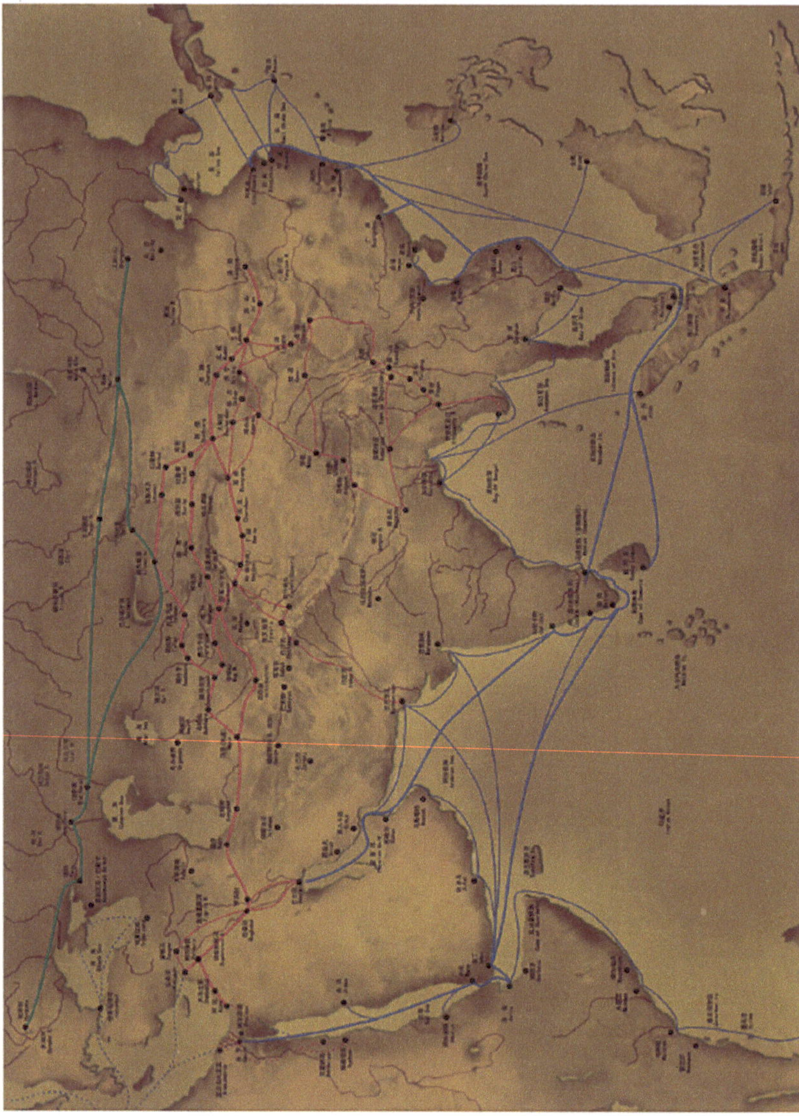

Figure 3 Les routes de la soie (carte de Huang Shijan)

Mongolie et au Kazakhstan pour aller plus loin dans leurs recherches. Cependant, grâce à l'intensification des échanges ces dernières années, il s'est avéré que les peuples de part et d'autre de l'Altaï avaient eu de fréquents contacts depuis les temps les plus anciens, et que des voies de communication existaient déjà il y a fort longtemps.

Dans l'ancienne culture Chemurchek, on construisait aussi des tombeaux en empilant des pierres et on marquait parfois ces endroits d'une gravure en forme d'humain, par exemple une Figure de guerrier. Ces Figures de pierre ont perduré sur la route de Kanas, au Xinjiang. Elles ont très longtemps été populaires dans la steppe, pendant des milliers d'années, jusqu'à l'époque du peuple Tujue sous la dynastie Tang. La plupart sont assez petites, bien qu'il existe des exceptions ; certaines sont rondes, d'autres carrées. On trouve aussi des sites et des tombeaux marqués de piles de pierres dans la culture Muck-Hairkhan, ultérieure à la culture Chemurchek. Certaines des formes étaient constituées de pierres de couleurs et de tailles différentes, tantôt petites tantôt grosses, comme le yin-yang (*Taiji*), symbole de l'univers. Il reste à déterminer leur signification. Les constructions de pierre prédominaient à cette époque et elles parsèment toute l'Eurasie. Il semblerait que plus ces structures se trouvent à l'ouest, plus leurs pierres sont grosses, ce qui peut avoir un lien avec les ressources locales, la culture et d'autres facteurs. L'exemple le plus occidental est le site de Stonehenge, au Royaume Uni, construit à des fins de sacrifice aux alentours de 2000 ans av. J.-C. et entouré de nombreuses tombes.

Deux zones funéraires sont des sites particulièrement importants pour la culture Kurgan d'Eurasie. La première est le célèbre cairn d'Arzhan au nord de l'Altaï, dans la République de Touva de la Fédération russe. Cette contrée est connue sous le nom de vallée des Rois (ou vallée des Tsars). Un immense cairn, appelé Arzhan 1, fut mis au jour par l'archéologue soviétique Mikhail Petrovitch Gryaznov (1902–1984) au début des années 1970. En 2001, une équipe d'archéologues découvrit un autre tombeau, appelé Arzhan 2, datant d'environ 650-600 av. J.-C. Les deux tombeaux sont vastes. Le monticule pierreux d'Arzhan 1 mesure 120 m de diamètre et des tombes alentour sont gardées par des arbres gigantesques. Les sépultures sont constituées de 70 chambres à cercueil arrangées de façon radiale. Outre les souverains et autres personnages importants enterrés, les chambres à cercueil étaient remplies des dépouilles de délégués de tribus subordonnées, ainsi que d'hommages de tribus sœurs. Des centaines de chevaux reposaient aussi dans ces tombes : plus de cent chevaux équipés de selles et de harnais s'y trouvaient réunis. Des os de cheval en grande quantité suggèrent que plus de trois cents équidés furent mangés avant l'inhumation.[6]

Arzhan 2 est aussi un site d'envergure, mesurant environ 80 m de diamètre sur deux mètres de hauteur. Il contenait plus de reliques culturelles que Arzhan 1, y compris des textiles et un grand nombre de récipients en or, soit 4700 pièces au total. Certains des récipients en or ont été conservés et se trouvent actuellement dans la collection du Musée de l'Hermitage, à Saint-Pétersbourg.[7]

Le site de Pazyryk est encore plus significatif dans le cadre de notre étude. Il se situe plus près du massif de l'Altaï, dans la vallée Pazyryk, entre la rivière Chulyshman et son affluent, la rivière Bachkaous, dans la région de l'Altaï russe. Le site est couvert de neige tout au long de l'année. Entre 1929 et 1950, Gryaznov, Rudenko et d'autres révélèrent six tombeaux immenses, dont Pazyryk 1 est le plus conséquent, mesurant 47 m de diamètre. Parce que ces tombeaux se trouvent dans le permafrost, les articles de bois, de cuir et de laine, ainsi que les corps humains ont été parfaitement préservés. Il y a aussi des miroirs de bronze chinois, de la laque et des étoffes de soie, qui font écho aux découvertes du Xinjiang, en Chine.[8]

De nombreux harnais et charrettes furent mis au jour dans les tombes de Pazyryk. Les esquisses de reconstitution indiquent que les selles de l'époque étaient faites de feutre de laine brodé. Le site contenait aussi des têtes de griffon sculptées dans du bois. A l'époque, celles-ci étaient peut-être recouvertes d'or, comme le laisse supposer la grande quantité de feuille d'or qui fut trouvée sur place et qui a pu s'écailler du bois. Il est particulièrement intéressant d'observer de la peau humaine couverte de tatouages sur les épaules, les bras, la poitrine et les pieds. Le tatouage était alors très populaire et des motifs datant de cette époque sont encore tatoués de nos jours. La chambre des cercueils est extrêmement grande, plus de deux fois la hauteur d'un homme, avec des cygnes de feutre suspendus d'en haut (voir Figure 4). Dans la vraie vie, les cygnes sont chassés par les nomades des steppes au printemps et, dans la tombe, ils ressemblent à des cygnes en vol qui traversent le ciel. Des panneaux de feutre brodé étaient accrochés aux murs du tombeau, sur environ 4 mètres de hauteur.

Ce tombeau contient des données capitales pour la recherche. Il est communément accepté qu'il appartenait à un Scythe. Les premières références aux Scythes peuvent être trouvées dans la littérature grecque ; la plupart des peuples des steppes primitifs étaient appelés Sakas ou Scythes. Naqsh-e Rustam, du temps de Darius I, distingua

Figure 4 Cygnes en feutre de Pazyryk, Russie

de trois sortes de Sakas : les Sakas Haumavarga, qui buvaient du vin *haoma* et vivaient à Ferghana ; les Sakas Tigraxauda, qui portaient de hauts heaumes et vivaient dans la région au-dessus du Syr Darya et du Semirechye ; et les Sakas européens, autrement dit, les Scythes. [9] Aujourd'hui, le mot « Saka » est remplacé dans la plupart des cas par le mot « Scythe ». Les Scythes sont considérés comme le peuple nomade qui a parcouru toute la steppe eurasiatique entre 900 et 300 av. J.-C. Les propriétaires des tombeaux cités ci-dessus étaient tous des Scythes.

III. Le tombeau du Soleil et autres sites

De nombreuses tombes mégalithiques furent aussi découvertes au sud de l'Altaï et au nord du Tian Shan. La plus connue de celles-ci se trouve à Sandaohaizi (Trois lacs), à Qinghe, Xinjiang, où des tas de pierres s'élèvent à 15 m de hauteur et les fondations du site couvrent 62 m de diamètre. On y trouve un énorme monticule de pierres au centre, entouré d'un cercle de pierres de 6 m de large. Le diamètre entier du cercle de pierres mesure 220 m. Quatre chemins de pierres cruciformes relient le cercle de pierres au tas de pierres, chaque chemin mesurant 70 m de long et 3 m de large. Il existe de nombreux cairns vers Sandaohaizi, qui appartiennent sans doute aussi à la période scythe (700-500 av. J.-C.).

Les interprétations de ce site abondent ; il a même été suggéré qu'il s'agissait là du tombeau de Genghis Khan. Toutefois, après de récentes investigations, Professeur Lin Meicun et d'autres pensent avoir affaire à un kurgan de la période des Scythes. Dans des sites Kurgan caractéristiques, des pierres sont placées auprès des tombes en guise de marqueurs. Il existe deux sortes de marqueurs de pierre dans les steppes du Xinjiang : des Figures humaines à l'apparence de guerriers et des rochers, généralement appelés « pierres de cerf », gravés de motifs – le plus souvent de motifs de cerfs, d'où leur nom. Sur la base de ces deux types de marqueurs, les kurgans du Xinjiang et des montagnes de l'Altaï entrent dans cette catégorie de tombeaux.[10]

En 2013 et 2014, l'archéologue Guo Wu dirigea des fouilles sur ce site et l'identifia de façon préliminaire comme étant un site sacrificiel d'anciens royaumes nomades, en étroite corrélation avec les tombes de la vallée des Rois, dans le bassin de la rivière Uyuk, dans la république russe de Touva. Selon le Dr. Guo, ces tas de pierres gigantesques pourraient être les sites de sacrifice de tribus nomades d'il y a environ 2500-2800 ans, plutôt que des tombes. Sur place, on trouva beaucoup d'ardoises en forme de pentagone ou de bouclier, suggérant qu'il ait pu y avoir un instrument sacrificiel en pierre, en forme de bouclier, dont la fonction aurait été d'exorciser le mal, d'éviter des atrocités et de prévenir toutes sortes de dommages, grâce au rituel du plus haut rang pratiqué dans la contrée. On découvrit aussi de nombreux fragments osseux : ils furent analysés et identifiés comme ayant appartenu au crâne d'un homme d'une quarantaine d'années, possiblement un chef capturé, tué en sacrifice.

Des archéologues découvrirent que les formes et les motifs des pierres de cerf étaient semblables aux pierres de cerf mises au jour dans les tombes de la vallée des Rois de Touva. Ils suggérèrent que Huahaizi (un des « Trois lacs » de Sandaohaizi), avec ses immenses tas de pierres, était peut-être le site sacrificiel central bâti par les chefs enterrés dans la vallée des Rois. Arzhan serait alors la dernière demeure des chefs et des nobles de la région de Sandaohaizi.

Décrit le plus simplement possible, le Xinjiang est constitué de « trois massifs montagneux entourant deux bassins » : le massif montagneux de l'Altaï au nord, la chaîne du Tian Shan au milieu, la cordillère de Kunlun au sud, avec le bassin de Junggar entre le Tian Shan et l'Altaï, et le bassin du Tarim – plus connu sous le nom de désert du Taklamakan – entre le Tian Shan et le Kunlun.

En descendant vers le sud, quelques cimetières de l'âge du Bronze furent découverts dans le désert du Taklamakan, près des montagnes du Tian Shan. Ces sites, datant de 2000 à 1000 av. J.-C., sont disposés de manière très précise. Il y a deux cimetières importants. L'un est l'ancien cimetière de Gumugou (vallée des Anciennes Tombes), situé non loin du Kongque He (rivière du paon) qui mène à Loulan. Toutes les tombes y sont entourées de pieux dans un arrangement radial, d'où son nom moderne de « cimetière du soleil ». Selon le point de vue du Professeur Lin Meicun, les défunts enterrés ici étaient des nomades du nord. Ceux-ci auraient normalement bâti leurs tombes en pierre, mais en raison de la rareté des pierres dans le désert, ils utilisèrent du bois à la place. La disposition circulaire rappelle celle des anciens sites Kurgan. C'est la raison pour laquelle le Professeur Lin considéra ce site comme une évolution sudiste de la tradition nomade nordiste. Le second cimetière majeur est celui de Xiaohe (petite rivière), qui se situe plus au sud que le cimetière de Gumugou, et plus loin dans le désert. De nombreux hauts poteaux de bois marquent encore l'emplacement des tombes. Bien qu'il y ait une certaine distance entre le cimetière de Xiaohe et le kurgan du nord, le Professeur Lin croit qu'il existe un lien entre les deux, principalement parce que ces tombes sont si différentes des autres lieux de sépulture des environs.

Les cimetières de Gumugou et de Xiaohe ont la même forme que les cairns du nord, mais ils sont faits de matériaux différents. Professeur Lin croit qu'ils appartiennent à la culture créée par les Tokhariens indo-européens après leur migration vers le sud. Il existe de nombreux cimetières contemporains des Scythes, qui se concentrent autour de la ville de Turfan. Parmi les plus importants, on compte un tombeau avec une chambre de galets à Alagou, dans le district de Toksun ; un tombeau avec une chambre de bois, également découvert à Alagou ; des cimetières à Wubao et Yanbulake, dans la préfecture de Hami ; des cimetières à Yanghai et Subeixi, dans le district de Shan Shan ; et le cimetière de Shengjindian, récemment découvert à Turfan. Ces cimetières se concentrent dans la région de Turfan, à l'est du Tian Shan, et datent de 800 à 200 av. J.-C. Professeur Lin croit que les habitants de la région à l'est du Tian Shan, plus près de Gansu, étaient principalement des Mongols et que les tombes appartenaient au peuple Qiang, qui avait migré depuis les plaines centrales. En observant les formes et les structures de ces sépultures, on peut discerner des similitudes et des différences entre les deux cultures. De nos jours, on s'accorde à penser que toutes les tribus de la steppe eurasiatique proviennent essentiellement de la région des contreforts nord de l'Altaï et que l'une de ces tribus essaya de se diriger vers le sud en passant par les monts de l'Altaï, quelque part entre 2000 et 1000 av. J.-C. En chemin, elle rencontra des Mongols de l'est et livra des combats pendant un certain temps, ce qui expliquerait les échanges et les collisions entre les différentes cultures. Puis, autour de 1000 av. J.-C., les gens de cette tribu reprirent leur route vers le sud, atteignant la partie nord des Kunlun et la partie sud du désert du Taklamakan. D'importants cimetières, témoignant aussi d'une influence Scythe, furent découverts à Zhagunluke dans le district de Qiemo. Des sites de l'âge du Bronze furent découverts au nord de Niya, dans le district de Minfeng, et à Shanpula, dans le district de Luopu.[11]

IV. Textiles du nord et du sud de l'Altaï

De nombreux phénomènes indiquent qu'il existait des liens étroits entre les régions situées au sud et au nord du massif montagneux de l'Altaï. Tout d'abord, de la soie de la période des Royaumes combattants a été trouvée des deux côtés des montagnes. Au total, cinq pièces de soie furent découvertes à Pazyryk : trois pièces d'étoffe ordinaire en armure toile, une pièce de la soie *jin* (voir Figure 5) et une pièce de broderie avec un motif de plante grimpante et d'oiseaux.[12] A cette époque-là, la méthode de tissage de la soie *jin* n'était connue qu'en Chine et, grâce à des analyses techniques, on a pu déterminer que la pièce de la soie *jin* de Pazyryk a bel et bien été introduite depuis la Chine, son motif présentant des similitudes de style avec la soie *jin* mise au jour dans le tombeau de Chu à Mashan, au Hubei.

Figure 5 Soie-jin à motifs géométriques, de Pazyryk, Russie

Le motif de la broderie est bien plus beau que celui de la pièce de la soie *jin*. La broderie (voir Figure 6) mesure plus de deux mètres de long et avait été pliée en deux, probablement pour être utilisée comme couverture placée sous la selle d'un cheval. La broderie fut exécutée au point de chaînette (l'art de broderie le plus traditionnel en Chine) sur du taffetas de soie, dessinant un motif très attrayant de plantes grimpantes et d'oiseaux en vol. Le motif global rappelle

Figure 6 Broderie avec plante grimpante et oiseaux, de Pazyryk, Russie

une broderie du tombeau de Chu à Mashan, mais dans un style plus naturaliste. On peut le comparer à la broderie de soie représentant un motif de phénix (voir Figure 7), découverte à Alagou, dans le district de Toksun, dans la région de Turfan – sur le côté oriental du massif du Tian Shan, proche du cimetière de l'Altaï. Ce motif de phénix se rapproche bien davantage des phénix vus sur les soies trouvées en Chine centrale. Bien que les motifs de phénix aient pu varier selon les régions ou les époques, les techniques, les matériaux et les styles artistiques suggèrent tous qu'il s'agit là de soieries de la période des Royaumes combattants. C'est la route de la soie qui reliait les habitants à d'autres régions situées plus loin dans les terres. Nous ne savons pas

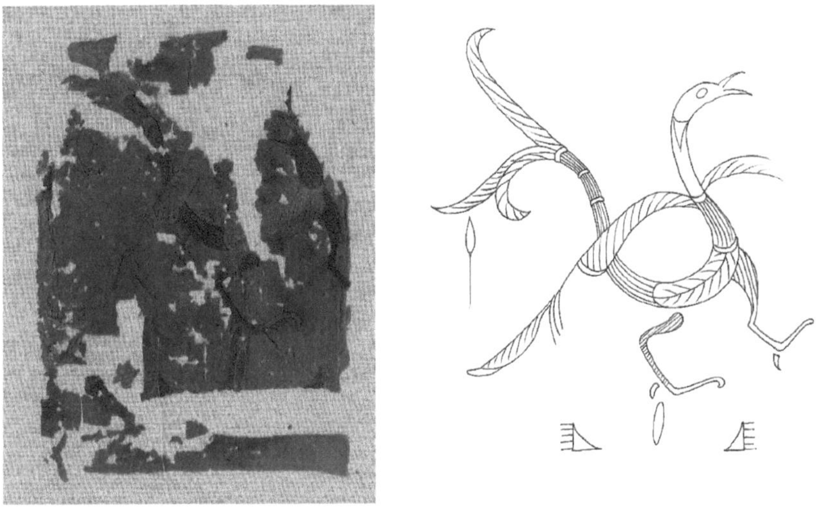

Figure 7 Broderie avec motif de phénix, d'Alagou, Xinjiang, et le motif reconstruit

avec certitude si la soie s'est répandue depuis le Xinjiang vers la région au nord de l'Altaï, avant de se répandre en direction du sud de l'Altaï, ou s'il existait une autre voie. Néanmoins, il semble vraisemblable que la soie de ce genre-là soit d'abord arrivée au Xinjiang, avant de se propager en direction du nord, par delà les monts de l'Altaï.

Outre la soie, d'autres textiles ont aussi circulé sur la route de la soie dans les anciens temps. Les étoffes de laine, notamment, étaient très importantes. On s'accorde généralement à penser que le plus ancien tapis de laine complet au monde provient des fouilles de Pazyryk. Ce magnifique tapis mesure environ deux mètres de large. Il est de forme carrée et représente des bandes concentriques de guerriers à cheval, de cerfs et de motifs géométriques, avec un autre motif géométrique au centre (voir Figure 8). Le poil du tapis est formé de nœuds individuels, de sorte que chaque motif est légèrement différent. Les guerriers sont coiffés de chapeaux et chaudement vêtus. Les selles sont toutes différentes, chacune ornée de ses propres éléments décoratifs. [13] Lorsque les spécialistes étrangers discutaient de l'origine du tapis, ils s'accordaient à dire que le plus ancien provenait de Pazyryk. Cependant, dans le cimetière de Yanghai, à Turfan, des archéologues du Xinjiang trouvèrent récemment un tapis comparable à celui-ci. Il date d'environ la même époque et, bien qu'il ne soit pas aussi bien préservé que le tapis de Pazyryk, il possède davantage de motifs, qui

Figure 8 Tapis de Pazyryk, Russie (détail)

peuvent être classés en trois catégories : rayures, triangles et zigzags (voir Figure 9). Même incomplet, il demeure stupéfiant. Au départ, les archéologues du Xinjiang datèrent ce tapis à 1000 av. J.-C., mais des recherches plus approfondies les amenèrent à réajuster leur point de vue, revoyant leur estimation à la baisse. A l'heure actuelle, ils sont d'avis que le tapis du cimetière de Yanghai est sensiblement du même âge que celui de Pazyryk. Des techniques de tissage de tapis furent donc échangées de part et d'autre de l'Altaï.[14]

Figure 9 Tapis à motifs triangulaires, du cimetière de Yanghai, Turfan, Xinjiang

On peut trouver d'autres preuves d'échanges techniques à travers l'Altaï en observant les hauts couvre-chefs portés dans les steppes. Ces chapeaux étaient portés par des peuples des deux côtés de l'Altaï. Naqsh-e Rustam nota que les Scythes aimaient porter des chapeaux pointus. Des couvre-chefs semblables font partie des vestiges de Persepolis. Ceux mis au jour à Pazyryk étaient également hauts et pointus. Parfois, ils étaient portés sur le sommet du crâne, et les cheveux et les tresses étaient attachés ensemble (voir Figure 10). Ces chapeaux pointus étaient faits de feutre ou grâce à une méthode d'entrelacement qui rappelle le tricot, qui utilise un seul fil du bas vers le haut. Cette méthode d'entrelacement permettait une grande diversité dans la création de motifs. Parmi les exemples qui subsistent, on compte les chapeaux mis au jour à Pazyryk et à Subeixi, dans le district de

Figure 10 Le haut couvre-chef de Pazyryk (reconstitution)

Shan Shan, vers Turfan.[15] Lorsque j'ai visité le Musée de l'Hermitage, un archéologue russe m'a montré un tissu d'entrelacs trouvé à Arzhan 2, qui fut créé selon la même méthode que l'étoffe du Xinjiang. Il est donc évident qu'il y eut des échanges de techniques à travers les monts de l'Altaï, dans les anciens temps.

Il existe un autre type de tissu entrelacé, tressé avec deux lots de fils, comme on tresse des cheveux, qui permettait de faire des rubans d'une largeur de 3 à 10 centimètres. Le rouge est la couleur la plus utilisée à cette fin, comme le montrent les tissus découverts à Pazyryk, Arzhan et Yanghai, ainsi que dans les sites de Keriya, dans le sud du désert du Taklamakan, et les sites de Shanpula, dans le district de Luopu, également au sud du Taklamakan. Ce ruban rouge tressé décorait le tour de cou et les manches de vêtements trouvés à Pazyryk.[16] La même technique de tressage se retrouve sur des reliques culturelles mises au jour dans les sites de Keriya et Shanpula. Les tissus, qui sont de la même couleur, furent peut-être teints avec la même teinture.

Des étoffes en sergé de laine, tout particulièrement en sergé à chevrons, apparaissent en grande quantité. Par exemple, des jupes faites de grands panneaux rappelant des banderoles furent trouvées dans le cimetière de Yanghai, sur les sites de Shanpula et à Pazyryk. La jupe du cimetière de Yanghai est entièrement faite de sergé de laine, avec une bande rouge en haut, une bande jaune au milieu et une autre rouge en bas (voir Figure 11).[17] Les jupes trouvées à Pazyryk sont faites d'un tissu presque identique et comportent toutes un ruban tressé en guise de ceinture. Même les rubans servant à attacher les jupes de ces deux endroits sont très semblables. De plus, les archéologues ont trouvé un fragment de pampille à Keriya. Je l'ai fait exposer au Musée national de la soie de Chine, mais j'ignorais alors quel en était l'usage exact.[18] Après avoir vu la ceinture de Pazyryk, je suis certain que cette pampille provient aussi d'une ceinture et que même le nombre de pampilles est similaire.

La tapisserie est une autre technique qui fut utilisée des deux côtés de l'Altaï. La tapisserie est une étoffe de laine créée selon la même méthode que le *kesi* (une technique traditionnelle chinoise de fabrication de tapisseries en soie). Parmi les abondantes reliques culturelles mises au jour à Pazyryk, il n'y avait qu'un petit fragment de tapisserie de laine, mais dans les sites de Yanghai et Shanpula, le nombre de pièces subsistantes indique que cette méthode était largement répandue et que les pièces provenant de différents sites

Figure 11 Jupe en laine du cimetière de Yanghai, Turfan (Wan Fang : «The Headgear from Prehistoric to Wei and Jin Dynasties Excavated from Xinjiang»)

se ressemblaient par leurs motifs et leur technique. Le motif le plus récurrent dans la tapisserie de Shanpula est un animal imaginaire qui combine les traits d'une bête et d'un oiseau, avec des cornes aussi grandes que des bois et d'étranges ailes sur le corps.[19] Des animaux du même genre peuvent être observés sur les broderies de laine fixées au mur du tombeau de Pazyryk (voir Figure 12). Si l'on prend en considération toutes les tapisseries des deux côtés de l'Altaï, certaines résultent de techniques identiques et certaines ont des motifs très semblables, ce qui porte à croire qu'il existait d'étroites relations entre les deux côtés du massif montagneux. En plus de ces pièces de confection locale, il y avait des textiles de provenance plus lointaine. Les deux tapisseries les plus importantes de Pazyryk furent probablement introduites par la Méditerranée. L'une présente une Figure humaine, l'autre est de couleur violette, teinte à l'aide de coquillages de la Méditerranée. On peut en conclure que la technique de la tapisserie s'est sans doute propagée d'ouest en est. La tapisserie du Xinjiang, réalisée par le peuple local des Ouïghours, était de bonne qualité et inspira le premier *kesi* en Chine sous la dynastie Tang. La technique se répandit sous la dynastie Liao et des tapisseries *kesi* de qualité supérieure furent fabriquées sous la dynastie Song.

Figure 12 Motif sur la tenture murale de laine brodée, de Pazyryk, Russie

V. Motifs de steppe

Pour les peuples des steppes, l'or était un objet de vénération depuis l'Antiquité jusqu'à l'époque de Genghis Khan et les vêtements faits de soie véritable et d'or étaient très recherchés. Sous la dynastie Yuan mongole, le *nasij* devint le tissu de soie le plus réputé. Il s'agit d'une sorte d'étoffe de soie tissée d'or, connue également sous le nom de « lampas tissé d'or ». Les travaux archéologiques en Sibérie et dans les steppes ont toujours été motivés par la volonté de trouver de l'or. A l'origine, on pratiquait très peu d'archéologie dans les steppes et on y prêtait peu d'attention à l'histoire de l'art, principalement à cause du fait que cette région était peu peuplée et parce que l'on croyait que les nomades ne laissaient guère de traces de leur culture et leurs traditions. La découverte de reliques d'or attira l'attention et suscita l'intérêt pour les cultures Scythes et Kurgan. Au XVIIIème siècle, l'exploitation russe de l'Extrême Orient mit au jour des récipients en or. Le gouverneur de Sibérie, duc Gagarin, choisit une ceinture d'or gravée de deux dragons pour la présenter au tsar Pierre le Grand. Celui-ci l'appela le « trésor sibérien », l'ajouta à la collection actuelle du Musée de l'Hermitage et exigea que d'autres reliques d'or du même type soient rapportées. Ceci marqua le début des recherches dans les steppes.[20]

Les motifs des trésors sibériens étaient souvent basés sur des animaux stylisés, facilement reconnaissables comme des « motifs de steppe ». Ces animaux peuvent être divisés en deux catégories principales : oiseaux et bêtes sauvages, ou carnivores et herbivores. L'herbivore le plus courant était le cerf (plus particulièrement le renne), qui apparaît sur des objets décoratifs ou gravé sur la pierre, notamment sur les pierres de cerf (voir ci-dessus). Du point de vue de la religion primitive, les animaux gravés sur la pierre représentaient souvent des animaux que les gens voulaient capturer. La plupart des autres objets affichent un motif de cerf. A Pazyryk se trouvait une œuvre d'art très rare et plutôt étrange, avec des motifs sculptés sur des peaux d'animaux, de manière aussi précise et souple que s'ils avaient été coupés dans du papier. Des motifs de grands cerfs pouvaient aussi décorer des bronzes, tels que des miroirs. De nombreuses images de cerf apparaissent sur des objets en bois et en céramique, mis au jour au cimetière de Yanghai, à Turfan. Ceci dit, la tapisserie de laine ornée d'un motif de cerf, trouvée sur le même site, présente davantage d'intérêt pour notre sujet. En plus de cerfs, les œuvres d'art découvertes exhibent toute une variété d'animaux, tels que des bouquetins, des bovins, des chevaux, des chameaux, etc.

D'autres illustrations de carnivores incluent des bêtes sauvages telles que des léopards, des lions, des aigles et même le griffon mythique avec son corps de lion et son bec d'aigle. De nombreuses scènes montrent des animaux au combat : par exemple, un léopard ou un tigre chassant de petits animaux sur une pièce de bois de Yanghai, ou un léopard dévorant un cerf sur les peaux d'animaux sculptées de Pazyryk. Ces scènes d'affrontement étaient particulièrement courantes. Il existait aussi la technique de la broderie sur feutre. Le feutre de laine était teint, puis découpé pour former le motif voulu, puis cousu et brodé, formant ainsi une couverture plus grande – par exemple, la pièce avec un griffon attrapant une chèvre (voir Figure 13). Dans les légendes d'Asie Centrale, le griffon était un animal féroce, réputé pour garder des trésors d'or. Il était aussi fort qu'un lion, avec un bec, des serres et des ailes d'aigle. Tant que les éléments-clé du griffon apparaissaient, les gens reconnaissaient le dessin, comme dans le cas des images de griffon sur les sculptures de bois et les feutres colorés de Pazyryk.

Il est encore plus intéressant, dans le cadre de notre étude, de noter l'apparition de motifs d'animaux des steppes sur quelques soies *jin* de style Han, sous la dynastie Han. Sur le petit coussin en soie

Figure 13 Broderie de laine à motif de steppe, de Pazyryk, Russie

jin en provenance de Niya, Xinjiang, on voit un dessin de nuages et d'animaux, et au milieu se trouve un motif de steppe : un prédateur se nourrissant d'une proie. La bête est vraisemblablement un tigre et la proie, un mouton ou une vache. Le motif de steppe qui apparaît sur les anciennes œuvres d'art gravées sur peaux, mises au jour à Pazyryk, est peut-être un indice des effets de l'art des steppes primitif sur l'art local de l'arrière-pays et sur la route de la soie.[21]

VI. Légendes autour de la soie en Europe

Enfin, il convient de souligner que, même avant l'ouverture formelle d'une ancienne route de la soie, les peuples d'Orient et d'Occident communiquaient déjà et ils échangeaient déjà de la soie. Les nombreuses légendes qui nous sont parvenues ne laissent à ce sujet aucune place au doute.

Une des légendes est celle du « Voyage du roi Mu vers l'ouest ». Le roi Mu fut le cinquième roi de la dynastie Zhou. Il était connu pour sa longévité, ayant vécu jusqu'à 105 ans et régné environ 55 ans (976-922 av. J.-C.). Selon les données de la *Biographie du roi Mu*, entre la 13ème et la 18ème année de son règne, il visita l'ouest avec huit chevaux. Lorsqu'il atteignit les montagnes Kunlun, il fit préparer un banquet à Yaochi (piscine de jade) et chanta avec Xiwangmu (la Reine-mère de l'Ouest). Nombreux sont ceux qui disent que le Tianchi actuel (lac du paradis), non loin d'Urumqi, est le site de Yaochi, la demeure de la Reine-mère de l'Ouest, et que le roi Mu arriva probablement à Tianchi. Des recherches textuelles nous apprennent aussi qu'il alla encore plus à l'ouest que le Xinjiang et même qu'il ouvrit la route de la soie, reliant ainsi la mer Caspienne à la mer Noire. Selon les rapports d'archéologues russes, des vestiges d'étoffes de soie découverts en Asie Centrale datent approximativement de l'an 1000 av. J.-C. Si tel est le cas, cela correspond à l'époque du roi Mu de Zhou. Il pourrait donc y avoir quelque vérité dans l'histoire de son voyage en Asie Centrale.

On trouve d'autres légendes sur la route de la soie dans la littérature grecque.[22] Selon celle-ci, dans un pays oriental connu sous le nom de Seres, les gens élevaient un petit insecte appelé « ser » (ver à soie), d'où le nom du pays, « Seres », et de ses habitants, « Serica ». Il est généralement admis que Seres fait référence à la Chine, mais au coeur de cette référence, il y a un type de soie bien particulière, tout-à-fait distincte de la soie grecque. Les grecs produisaient de la soie à partir de vers à soie sauvages et tissaient les filaments de soie ainsi obtenus sur les îles locales. Il existe aussi des traces écrites faisant allusion à l'Inde et à sa production de tissu de soie à partir de la matière produite par des vers à soie sauvages. Toutefois, ces deux régions n'ont pas développé d'industrie spécifique d'élevage de vers à soie, ni de production de soie comme seule la Chine l'a fait. Nombreux sont les écrivains romains établis en Grèce qui ont aussi écrit des légendes sur l'Orient et Seres. A partir de ces récits, on constate qu'à cette époque-là, la soie chinoise était déjà connue et au moins partiellement comprise en Grèce.

Il est possible de retracer la chronologie de la compréhension de la soie chinoise dans les légendes occidentales. Autour de 70 av. J.-C., on croyait que la soie chinoise poussait sur des arbres à laine. Virgile (70-19 av. J.-C.) écrit dans *Les Géorgiques :* « Les Serica ramassaient de la laine très fine sur les feuilles des arbres de leur pays ». Strabo (env. 58-21 av. J.-C.) relate dans sa *Géographie* : « Pour la même raison (forte chaleur), une certaine laine poussait sur les branches. Nyack dit que les gens pouvaient prendre cette laine et la filer pour en faire des étoffes magnifiques et délicates, et les Macédoniens les utilisaient pour en faire des coussins et des selles ». Plus tard, certains érudits firent une description plus détaillée de ce processus, mais le concept d' « arbre à laine » demeura. Pline l'Ancien (23-79 ap. J.-C.) fait une vive description des Serica et de leurs étoffes dans son livre *Histoire Naturelle* : « Les premiers hommes qu'on y connaisse sont les Sères, célèbres par la laine de leurs forêts, qui détachent le duvet blanc des feuilles en les trempant dans 1'eau ; les femmes ont ensuite la double tâche de dévider les fils et de les tisser de nouveau. C'est dans une région si lointaine de l'on va chercher de quoi permettre à une matrone, après une opération si compliquée, de se montrer en public sous une étoffe transparente ». A cette époque-là, les Romains dépensaient beaucoup d'argent en soieries et Pline l'Ancien ne jugeait pas appropriée la dépense encourue pour vêtir les femmes romaines d'habits transparents.

Des écrits ultérieurs commencèrent peu à peu à rectifier les récits précédents. Pausanias (IIème siècle) décrit en détail l'origine du ver à soie dans *Hellenica* : « Pour ce qui est du fil de soie que les Serica utilisent pour faire leurs vêtements, il n'est pas extrait de l'écorce, mais provient d'autres sources. Il existe une sorte de petit animal dans leur pays, appelé « ser » par les grecs, alors que les Serica l'appellent autrement.

Cet animal minuscule est deux fois plus grand que la plus grande des cassides dorées. Pour ce qui est de ses autres caractéristiques, il est très semblable à l'araignée qui tisse sur l'arbre, avec huit pattes, tout comme l'araignée. Les Serica gardent ces animaux dans de petites cages et les nourrissent. Ils crachent une sorte de fil fin par les pieds. Avant la quatrième année, les Serica les nourrissent avec du millet. Mais la cinquième année, sachant que ces insectes ternes ne survivent pas longtemps avec du millet, ils leur donnent des roseaux verts à manger. Pour ces animaux, c'est là un des meilleurs fourrages. Ils mangent avidement ces roseaux jusqu'à ce que leurs estomacs éclatent. Alors, la plupart des fils de soie peuvent être extraits de leurs corps ». Ceci montre que les anciennes techniques d'élevage de vers à soie étaient déjà connues à l'ouest, même si la fabrication de la soie elle-même demeurait obscure.

Ce ne fut qu'à la période byzantine, lorsqu'un moine perse cacha des œufs de vers à soie dans sa canne en Chine pour les rapporter de Perse, que l'Occident commença à comprendre les vraies origines de la soie. Bien que la route de la soie ait été ouverte après la dynastie Han, l'itinéraire reliant la Chine à l'Europe était long et traversait l'Asie occidentale. Il n'était pas dans l'intérêt des Perses que la Chine et l'Europe entretiennent des liens directs : ils essayèrent de bloquer la route et de tirer profit de leur position d'intermédiaire. Il y eut alors un temps où la route de la soie bifurqua vers le nord afin d'éviter l'empire perse ; c'est à cette époque-là que les écrits commencèrent à révéler une compréhension plus précise de la soie et de l'élevage des vers à soie. Justinien le Grand narra la naissance du ver à soie et le processus de production de la soie aux turcs, et il classifia les vers à soie comme des papillons de nuit. En ce temps-là, Isidore de Séville (560-636) proposa simultanément deux versions dans son livre *Etymologiae* : « Un des arguments est que les Serica ramassaient des filaments sur des feuilles et les vendaient pour en faire des vêtements, et ces filaments sont peut-être une sorte de soie provenant de vers à soie sauvages. Un autre argument est qu'il existait certains petits insectes à Seres qui savaient enrouler leurs propres filaments autour d'un arbre, et ces insectes étaient appelés *Bombyx* en grec ». En effet, *Bombyx mori* devint le nom scientifique des vers à soie domestiques.

Pour résumer, la soie chinoise apparut il y a plus de 5000 ans. Lors de la période des dynasties Qin et Han, les techniques de production de soie étaient déjà bien développées. Les techniques de tissage de soie *jin* et de broderie avaient atteint un niveau de développement tout particulièrement sophistiqué et l'on produisait déjà des soieries chinoises avec des motifs superbes. Les soies de Chine furent d'abord exportées le long de la route de la soie en direction de la steppe. La population des steppes était nomade et changeait régulièrement de lieu. Les peuples des steppes partageaient certaines caractéristiques : par exemple, ils utilisaient des kurgans pour les inhumations, ils produisaient des ornements d'or en forme d'animaux de la steppe, ils confectionnaient des vêtements avec du cuir et ils appréciaient les textiles. Certains textiles anciens furent bien préservés, au Xinjiang et à Pazyryk. Notre connaissance des textiles plus à l'ouest manque actuellement de profondeur et il est difficile d'en savoir plus. Les tissus anciens qui furent mis au jour révèlent de grandes similitudes au sud et au nord de l'Altaï en termes de style vestimentaire, de technique de tissage et de motifs décoratifs. L'ancienne route de la soie fut le chemin par lequel la soie atteignit l'Europe et éveilla l'intérêt de l'Occident, bien qu'elle ait été, au départ, mal comprise.

Notes

[1] Museum of Jingzhou. No.1 Chu Tomb in Mashan, Jiangling. Beijing: Cultural Relics Press, 1985.

[2] Le Musée national de la soie de Chine, entre autres, a mené des recherches approfondies sur les textiles mis au jour à Jiang'an, Jiangxi, et sur la technique de tissage utilisée pour ces textiles dans le projet pionnier — "A Study on the Weaving Technique of Textiles of the Eastern Zhou Dynasty - A Case Study of Archaeological Evidence" — qui a remporté le National Cultural Heritage Protection Technology Innovation Award en 2009. Les données sont en attente de publication.

[3] Ferdinand Freiherr von Richthofen. *China : Ergebnisse eigener Reisen und daraufgegruendeter Studien.* Vol. I. Berlin : Reimer, 1877.

[4] Lin Meicun. 15 Lectures on the Silk Road. Beijing : Peking University Press, 2006.

[5] A partir de 2000 av. J.-C., dans la steppe eurasienne, il devint populaire de construire des cairns et des Figures de bois connus sous le nom de «kurgan». Les cairns étaient particulièrement répandus autour des monts de l'Altaï et le Professeur Kovalev de l'Université de Saint-Pétersbourg, Russie, les date comme suit: Afanasievo (2800 BC - 2500 BC), Chemuchek (2500 BC - 1800 BC), Muck-Hairkhan

(1800 BC - 1500 BC), Baitag (1600 BC - 1300 BC), Tevsh (1400 BC - 1100 BC), culture Khereksures avec pierre de cerf (1000 BC - 700 BC), Scythes antérieurs (900 BC - 700 BC) et Scythes postérieurs (600 BC - 300 BC).

[6] Albettkov and Utkir Yusupov. "The Ancient Iranian Nomads of Western Central Asia" in *History of Central Asian Civilization.* Beijing : China Translation and Publishing Corporation and Paris : UNESCO, 2002.

[7] Sisse Brimberg. "Laborers Level a Football-field-size Scythian Kurgan at Arzhan-2", *National Geographic Stock*, http://www.nationalgeographicstock.com/ ngsimages/explore/explorecomp.jsf?xsys=SE&id=724328.

[8] S. I. Rudenko. *Der Zweite Kurgan von Pasyryk*. Berlin : Verlag Kultur und Fortschritt, 1951.

[9] Voir note 6.

[10] Lin Meicun. "The Huge Cairns of the Altay and Tianshan Mountains", in *Cultural Legend on the Silk Roads*. Beijing : People's Fine Arts Publishing House, 2004.

[11] Voir note 4.

[12] E. Lubo-Lesnichenko. *Ancient Chinese Silk Textiles and Embroideries, 5th to 3rd Century AD in the State Hermitage Museum*. Leningrad : State Hermitage, 1961.

[13] Voir note 8.

[14] Les tapis de Yanghai sont exposés au Musée de Turfan.

[15] Turfan Relics Management Institute. "Excavation Report on the Ancient Tombs of Subashi in Shanshan" in *Archaeology*, 1984(1) : 41-50; Wan Fang. "Headwear from Prehistory to the Wei and Jin Dynasties Unearthed in Xinjiang" in *Desert Beauty : Investigation Report on the Clothing Culture of the Silk Road around the Taklamakan Desert*. Shanghai : Donghua University Press, 2007 : 123-129.

[16] Polosmak et Barkova. *Costume and Textile : Pazyrik Altar (4th-3th century BC)* (en russe). Novosibirsk : Infolio, 2005 : 62-65.

[17] Li Xiao (ed.). *Treasures of Cultural Relics from Turfan*. Shanghai : Shanghai Lexicographical Publishing House, 2006 : 32.

[18] Zhao Feng. *Recent Excavation of Textiles in China*. Hong Kong : ISAT/Costume Squad Ltd., 2002 : 29.

[19] Museum of the Xinjiang Uygur Autonomous Region, et al. *Shanpula in Xinjiang, China : Revelation and Research on the Civilization of Ancient Khotan*. Urumuqi : Xinjiang People's Publishing House, 2001 : 204.

[20] Thomas Hoving et al. "From the Land of the Scythians : Ancient Treasures from the Museums of the U.S.S.R., 3000 BC - 100 BC", in *Metropolitan Museum of Art Bulletin*, 1975 : Vol. XXXII, no. 5.

[21] China National Silk Museum. *Road of Silk : 5000 Years of the Art of Silk*. China National Silk Museum, 2009(3).

[22] George Coedès, *Textes d'auteurs grecs et latins relatifs à l'Extrême-Orient* (1977), traduit par Geng Sheng. Beijing : Zhonghua Book Company, 1987.

Chapitre 3
Au-delà du col de Yangguan : les soies chinoises des dynasties Han et Jin se propagent vers l'ouest

La production de soie était déjà bien développée à partir des dynasties Shang et Zhou. Elle se concentrait sur les plaines centrales, mais était également avancée dans l'arrière-pays (sauf dans le sud). Sous la dynastie Han, de nombreux ateliers de soie officiels furent établis et la production de soie prospéra. Beaucoup de soieries rares furent découvertes dans des tombeaux. Celles-ci présentent des motifs et des inscriptions distinctifs, mais elles attestent surtout de l'expansion de la soie vers l'ouest, sous les dynasties Han et Jin.

I. La gestion officielle de la production de soie tissée

Sous la dynastie Han, le tissage de soie à titre privé continua d'exister, mais c'est le tissage officiellement géré qui gagna de l'importance et connut un essor technologique rapide. Il était concentré en trois lieux : Chang'an (l'actuelle Xi'an), Linzi (l'actuelle Zibo, Shandong) et Chengdu.

1. Ateliers de tissage orientaux et occidentaux à Chang'an

Les ateliers de tissage les plus importants se trouvaient à Chang'an. On sait que les ateliers de tissage officiellement gérés (*zhishi*) existaient déjà à la 3ème année (204 av. J.-C.) après l'entrée de Liu Bang (fondateur de la dynastie Han) à Guanzhong (Shaanxi central). Au cours de la dynastie Han, les ateliers de tissage orientaux et occidentaux se développèrent à Chang'an. Des sceaux mis au jour à Xi'an attestent de leur existence. Un sceau, découvert dans le mausolée Hanyang des premiers Han de l'Ouest – la tombe de Liu Qi (empereur Jingdi) (157-141 av. J.-C.) et son épouse l'impératrice Wang – porte l'inscription *Dongzhiling yin*, soit « sceau du chef de l'atelier de tissage oriental ». Ce sceau se trouvait dans le mausolée Hanyang parce que des figurines de terre cuite représentant des travailleurs de l'atelier de tissage oriental y étaient enterrées, afin de produire des soies pour l'empereur Jingdi dans le monde suivant.[1] L'atelier de tissage oriental fut fermé en 28 av. J.-C. (1ère année de l'ère Heping). Cela ne laissa que l'atelier de tissage occidental qui devint simplement connu sous le nom de « atelier de tissage » (*zhishi*). Un sceau portant l'inscription *Zhishiling yin*, soit « sceau du chef de l'atelier de tissage », fut également mis au jour à Xi'an. Les *Archives de Chang'an* rapportent que les ateliers de tissage orientaux et occidentaux étaient des ateliers de soie officiellement gérés et qu'ils se situaient au palais de Weiyang.

2. Ateliers de tissage à Shandong

Sous la dynastie Han, les ateliers de tissage officiellement gérés qui arrivaient en seconde position de par leur importance étaient situés à Qi et Lu (dans l'actuelle province du Shandong). La production de soie y était avancée. Des scènes de production de soie apparaissent fréquemment sur des bas-reliefs en pierre, extraits de tombeaux à Shandong. Ceux-ci représentent de vieilles légendes, ou des dieux et des esprits, ainsi que des histoires populaires, telles que la mère de Mencius qui découpe un tissu inachevé ou la mère de Zeng Shen qui lâche la navette. Ces deux histoires sont en lien avec le tissage ; elles évoquent des textiles populaires et les industries de tissage de la soie. Le comté de Qi fut le premier centre de tissage chinois. Il avançait fièrement que « chaque femme de Qi sait broder », se référant en particulier aux femmes de Linzi (l'actuelle ville de Zibo, Shandong). Des milliers de *Sanfu guan* (officiels) étaient chargés de fabriquer les tissus et les vêtements de printemps, d'été et d'hiver de la famille impériale. Cela représentait un coût conséquent. L'empereur Yuandi de la dynastie Han renvoya ces officiels, mais les renomma au même poste quelques années plus tard, pour des raisons diverses.[2]

3. Ateliers de tissage de soie *jin* au Sichuan

Le troisième centre le plus important de l'industrie officielle de la soie se trouvait au Sichuan, en particulier à Chengdu et à Jinjiang. Jinjiang signifie littéralement « rivière de soie *jin* » et les témoignages indiquent que « les soies *jin* du secteur sont rincées dans la rivière

Jinjiang, ce qui rend les motifs plus nets. C'est moins efficace si elles sont rincées dans d'autres rivières ». Ici, la production de soie était antérieure à la dynastie Han. Certaines archives font référence aux *jinguan* (officiels de soie) de la dynastie Qin, qui étaient en charge de l'administration de la production de la soie. Toutefois, il n'est pas clair s'ils commissionnaient la production locale ou s'ils administraient des ateliers officiels.

Il ne fait aucun doute que le Sichuan était l'un des centres majeurs de production de soie. En effet, lorsque la dynastie Han fut divisée en trois royaumes, le royaume de Shu dépendait de la production de soie pour rémunérer son armée. Zhuge Liang aurait dit : « A présent, nos gens sont pauvres et notre royaume est faible, financièrement parlant. Pour vaincre notre ennemi, notre argent ne peut provenir que de la soie ».[3] Des traces écrites ultérieures confirment l'importance des soies *jin* de Shu (ancien nom du Sichuan). Les soies *jin* mises au jour au long de la route de la soie peuvent probablement toutes entrer dans la catégorie des soies *jin* de Shu.

II. Vestiges archéologiques de soie de la dynastie Han de l'Ouest

En termes de vestiges archéologiques de soie, la dynastie Han de l'Ouest diffère considérablement de la dynastie Han de l'Est. Les soieries de la dynastie Han de l'Ouest furent principalement découvertes en Chine centrale, alors que celles de la dynastie Han de l'Est furent surtout découvertes dans le nord-ouest de la Chine. Ceci est avant tout dû au fait que la plupart des soies de ces époques-là furent trouvées dans des tombeaux ; or, les différences de structure des tombeaux influencent grandement la conservation de la soie. En Chine centrale, les tombes de la dynastie Han de l'Ouest étaient semblables à celles de la période des Royaumes combattants : elles étaient creusées sur une profondeur conséquente et certaines tombes de luxe, de dimensions plus grandes, possédaient des cercueils extérieurs en bois. Ces conditions ont donc permis aux soies de traverser les âges. A partir de la dynastie Han de l'Est, les tombes commencèrent à être construites en brique et les soies y survécurent moins bien. Au nord-ouest de la Chine, on découvrit peu de soies Han de l'Ouest, la majorité provenant de la dynastie Han de l'Est et des époques ultérieures, en particulier des dynasties Wei et Jin et des dynasties du Nord et du Sud.

1. Soieries du tombeau de Mawangdui 1, dynastie Han de l'Ouest

Parmi les célèbres découvertes archéologiques de soies de la dynastie Han de l'Ouest, on compte le tombeau de Mawangdui 1, à Changsa (Hunan) ; le tombeau du roi de l'Etat de Nanyue, à Guangzhou (Guangdong) ; le tombeau Fenghuangshan 168 et le tombeau Xiejiaqiao 1, à Jingzhou (Hubei) ; les tombeaux Han de Laoshan et Dabaotai (Beijing) ; le tombeau du prince Zhongshan, à Mancheng (Hebei) ; les tombeaux Han de Zibo et Rizhao (Shandong) et les tombeaux Han de Yinwan, Lianyungang (Jiangsu). Les *kurgans* (tertres funéraires) des Huns découverts à Noin Ula, en Mongolie, datent aussi de l'époque de la dynastie Han de l'Ouest. Des textiles de soie ont été trouvés dans tous les tombeaux cités ci-dessus, indiquant un usage de plus en plus répandu de la soie en ces temps-là.[4]

Le site de Mawangdui est réputé pour la diversité des soieries qui furent extraites des tombes. Situé à Changsa (Hunan), Mawangdui consiste en deux collines en forme de selle. Bien avant le début des fouilles, on savait que des tombes s'y trouvaient. Fin 1971, lorsque les relations sino-soviétiques étaient tendues, les habitants locaux furent appelés à creuser des abris anti-aériens, pour se préparer à la guerre. Alors qu'ils creusaient un abri pour l'hôpital militaire de Mawangdui, un gaz inflammable (du méthane) commença à s'échapper. Après quelques jours, cet événement fut rapporté à une autorité supérieure, qui identifia la source du gaz comme étant une tombe, et un représentant du Musée provincial du Hunan fut envoyé sur place pour enquêter. L'enquêteur pensait que la tombe avait été atteinte et touchée par les travailleurs. Les autorités compétentes décidèrent de la mettre au jour et cette information attira l'attention du gouvernement central ainsi que des spécialistes en la matière. Le Premier ministre Zhou Enlai lui-même donna les consignes. Le spécialiste Guo Moruo s'intéressa de près aux fouilles. De nombreux départements d'un bout à l'autre de la Chine participèrent aux fouilles de Mawangdui, qui débutèrent en 1972. La tombe fut identifiée comme étant celle de Xin Zhui, Dame Dai (épouse de Li Chang, marquis de Dai), inhumée en 168 av. J.-C. Sous terre pendant plus de 2000 ans, son corps était remarquablement bien préservé. La nation entière conjugua ses efforts pour préserver la dépouille et pour étudier les artefacts mis au jour à Mawangdui, dont les soieries constituaient une catégorie importante.

Trois vêtements sans doublure faits de fin taffetas de soie furent découverts sur ce site (voir Figure 1). L'un d'eux ne pèse que 49 grammes. De la soie *jin* lourde fut utilisée pour le col, mais le taffetas de soie du milieu de la veste était très fin. Malheureusement, cette pièce fut endommagée ultérieurement. Alors qu'elle était exposée, elle fut dérobée par un collégien qui s'introduisit de nuit dans le musée. Face à la pression de la police et de son entourage, l'élève se débarrassa discrètement du vêtement, qui avait servi d'enveloppe pour un artefact de bronze. Le vêtement fut rendu au musée, mais le délicat taffetas, très fragile, avait souffert des dégâts importants.

Figure 1 Vêtement de fin taffetas de soie non-doublé, provenant du tombeau 1 de Mawangdui, dynastie Han

Une des trouvailles les plus intéressantes de Mawangdui fut la peinture sur soie – la meilleure peinture sur soie de la Chine ancienne. C'est une pièce rare et de toute beauté, représentant le paradis, la terre et la vie après la mort telle qu'on la concevait à cette époque. Elle illustre comment les gens imaginaient le voyage de Xin Zhui vers l'au-delà.

Le corps de Xin Zhui fut si bien préservé que les scientifiques purent pratiquer une autopsie en ayant recours à la technologie moderne. Son cercueil imbriqué était constitué de trois couches et contenait une liste des objets funéraires, qui nous apprend les noms originaux des artefacts placés dans la sépulture. La liste indique que, parmi les splendides broderies, on devrait trouver de la broderie *xinqi* (saisonnière), de la broderie *changshou* (longévité) et de la broderie *chengyun* (chevauchant les nuages).

2. Soieries des tombeaux de Fenghuangshan et Xiejiaqiao, à Jingzhou (Hubei)

Le tombeau de la dynastie Han à Fenghuangshan, Jingzhou (Hubei), contenait des soieries bien préservées, dont certaines sont très semblables à celles mises au jour à Mawangdui. Cependant, ce tombeau fut découvert plus tard et il n'est pas aussi bien connu. L'occupant de la tombe était un homme âgé, une fois de plus dans un bon état de conservation.

La tombe de la dynastie Han à Xiejiaqiao, également située à Jingzhou (Hubei), fut découverte vers la fin de 2007. Le corps s'était décomposé, mais les soies étaient bien préservées. Parmi les autres artefacts du tombeau, on compte une bannière rappelant un drapeau, avec des bords peints en couleur et de la broderie au milieu. La trouvaille majeure fut celle d'un drap mortuaire à six couches, suspendu au-dessus du cercueil.[5] La couche la plus externe est intacte (voir Figure 2) et est bordée de soie *jin*. Le Centre d'identification et de protection des textiles de Chine confirme que les bordures présentent des motifs géométriques et des images d'animaux. La sublime broderie est semblable à la broderie *chengyun* (chevauchant les nuages) mise au jour à Mawangdui.

Figure 2 Drap mortuaire fait de soie-jin et de broderie, avec motif de nuage, de Xiejiaqiao, dynastie Han

3. Soieries du mausolée du roi de l'Etat de Yue du Sud, à Guangzhou (Guangdong)

Le mausolée du roi de l'Etat de Yue du Sud (le second roi de l'Etat de Yue du Sud), à Guangzhou, est célèbre pour ses artefacts d'or et d'argent en provenance de l'ouest, qui témoignent des étroites relations que cette région entretenait à l'époque avec des pays étrangers. Bien qu'aucune soierie complète n'ait été trouvée dans cette sépulture, il y avait des traces de tissus collés au sol, comme par exemple une gaze à motif de losange, si typique de la dynastie Han. La gaze avait été teinte avec du cinabre et sa couleur était vive et durable. Le style des broderies de ce tombeau rappelle celles de Mawangdui.

Parmi les artefacts trouvés dans ce tombeau, on compte deux plaques d'impression en bronze rappelant un sceau. Le fin taffetas de soie de couleur dorée et argentée, découvert à Mawangdui, comporte trois motifs de flammes de couleurs différentes. Deux d'entre eux avaient été imprimés à l'aide de deux plaques identiques ; le troisième avait été peint au pinceau. Certains résidus de tissus contenus dans ce tombeau présentent les mêmes motifs que ceux de Mawangdui, indiquant que les mêmes outils et techniques d'impression étaient utilisés, malgré la distance qui séparait ces deux sites.[6]

4. Soieries des tombeaux Han de Mancheng (Hebei), Dabaotai et Laoshan (Beijing)

Les tombeaux Han de Mancheng (Hebei) sont célèbres, principalement grâce à la lanterne du palais de Changxin, un trésor national. De nombreuses soieries y furent mises au jour, mais elles n'étaient pas bien préservées et les chercheurs ne furent capables d'en reproduire que quelques motifs.

Les tombeaux Han de Laoshan (Beijing) furent mis au jour en l'an 2000 et le processus fut diffusé en direct à la télévision. On y découvrit une broderie de soie, qui avait peut-être jadis recouvert un cercueil.

Des textiles de soie du tombeau Han de Dabaotai, dans la banlieue de Beijing, n'étaient pas bien préservés. Toutefois, quelques rubans spéciaux attirèrent l'attention des chercheurs.

5. Soieries des tertres funéraires des rois Huns, à Noin Ula, en Mongolie

En sus des tombes datant de la dynastie Han de l'Ouest, les *kurgans* (tertres funéraires) des rois Huns à Noin Ula, en Mongolie, méritent d'être mentionnés. Dans les premiers temps de la dynastie Han de l'Ouest, les Huns du Nord envahirent la Chine à maintes reprises. En guise de stratégie d'apaisement, quelques filles de la famille impériale Han furent données en mariage aux Huns, en plus d'objets de valeur. De nombreux objets funéraires, dont des articles de soie, furent trouvés dans les kurgans des rois Huns à Noin Ula.

Les kurgans de Noin Ula ressemblent aux kurgans anciens et sont couverts de pierres. Hélas, le poids de ces pierres écrasa la charpente de la chambre funéraire située en-dessous. Nombre de textiles de soie et de laine, ainsi que divers artefacts, furent trouvés dans ces kurgans, indiquant que les Huns belliqueux avaient alors des échanges avec beaucoup d'autres régions. Par exemple, la tasse laquée des plaines centrales date de l'an 2 av. J.-C. (l'inscription « 5ème année du règne Jianpeng » poussa les archéologues à penser qu'une grande quantité d'artefacts de ce tombeau dataient de la dynastie Han de l'Ouest). Les broderies mises au jour à Noin Ula (voir Figure 3) sont très semblables aux broderies *changshou* (longévité) de Mawangdui. On découvrit aussi dans les kurgans des soies tissées polychromes, dont la plus célèbre représente des rochers, un grand arbre et deux oiseaux. La technique de tissage est différente de celle utilisée pour les soies *jin* de la dynastie Han de l'Ouest : elle utilise davantage de fils et ses motifs sont particuliers (voir Figure 4). Le fabricant, le lieu de fabrication et la raison de la fabrication de cette pièce sont restés inconnus. Le tombeau révéla aussi une grande quantité de textiles de laine, de broderies de laine, de bronzes et d'autres pièces. La plupart des motifs sont en lien avec la vie dans les prairies – par exemple, des motifs d'animaux au combat.[7]

III. De Loulan à Palmyre

A partir du règne de l'empereur Wudi, la dynastie Han devint de plus en plus puissante et redoubla d'efforts pour expulser les Huns et s'allier avec d'autres tribus. En 139 av. J.-C. (2ème année de l'ère Jianyuan), l'empereur Wudi envoya Zhang Qian dans les régions occidentales afin d'entrer en contact avec les Grands Yuezhi, une tribu

Figure 3 Broderie de Noin Ula, Mongolie

repoussée par les Huns dans une région à l'ouest du Gansu actuel. Cependant, les Huns le capturèrent à mi-chemin et le réduisirent à l'esclavage pendant de nombreuses années, jusqu'en 126 av. J.-C. (3ème année de l'ère Yuanshuo) quand il s'échappa et retourna à Chang'an. En 119 av. J.-C. (4ème année de l'ère Yuanshou), puisque les Huns ne

Figure 4 Soie tissée polychrome avec des rochers, des oiseaux et un arbre, de Noin Ula, Mongolie

constituaient plus une menace, l'empereur Wudi, qui avait très envie d'acquérir quelques uns des célèbres chevaux du royaume de Dayuan (Ferghana), envoya Zhang Qian faire un autre voyage dans les régions occidentales. Cette fois-ci, il partit avec un cortège de 300 hommes transportant une immense quantité d'objets de valeur, ainsi que divers troupeaux de bétail, et partit à la rencontre du peuple Wusun, dans le Xinjiang actuel. Plus tard, il envoya ses assistants aux royaumes du Dayuan, du Kangju, des Grands Yuezhi, de Daxia et dans d'autres Etats. Dayuan était l'actuelle vallée de Ferghana, en Ouzbékistan.

Kangju est l'actuelle Samarcande. Les Grands Yuezhi se trouvaient en Asie centrale actuelle. Daxia (Bactrie) se trouvait à cheval sur l'Afghanistan et le Pakistan actuels. La route de Zhang Qian lui-même le mena à l'ouest, à travers le désert du Taklamakan (qui se situe plus loin de la mer que toute autre région au monde), d'une oasis à l'autre, en empruntant la route dite de la soie. Sur une carte de notre époque, cette route de la soie partirait de Xi'an, passerait par le corridor Hexi jusqu'à Dunhuang, puis jusqu'au Xinjiang où elle se diviserait en trois, formant la branche du sud, celle du nord et celle du milieu. Ensuite, elle traverserait ou longerait le désert du Taklamakan, Kashgar et les Pamirs, avant d'atteindre l'Asie centrale et elle continuerait vers l'ouest jusqu'en Iran, en Irak, en Syrie et à la mer Méditerranée, d'où Rome et d'autres contrées pourraient être rejointes en bateau.

En ce qui concerne les soies datant des dynasties Han de l'Est à Jin de l'Est, la plupart ont été mises au jour au Gansu et au Xinjiang. Il existe plusieurs sites-clé. Jiayuguan, Yangguan et Yumenguan proposaient un accès à la route de la soie et constituaient des passages (*guan*) à l'extrémité la plus nord-occidentale de la grande muraille, à la limite de la sphère d'influence des Han. En voyageant vers l'ouest depuis la Chine centrale, on arrive en premier lieu à Jiayuguan, où de nombreuses tombes furent découvertes, certaines de la dynastie Han de l'Est, d'autres des dynasties Wei et Jin. Plus à l'ouest on parvient à Yangguan et Yumenguan, où demeurent des vestiges des relais de poste de la dynastie Han. A cette époque-là, des troupes étaient toujours placées en garnison à Yangguan et des tours de feux de signal furent construites pour mettre en place un système de communication et d'alerte. Les fosses à ordures contenant des objets jetés par les soldats, entre autres, révèlent souvent des trouvailles intéressantes. En travaillant sur les sites de Juyan et de Xuanquanzhi, les archéologues de l'Institut provincial de recherche archéologique de Gansu trouvèrent les vestiges de nombreuses soieries.[8] De magnifiques étoffes de soie et des vêtements à la teinture résistante, datant d'une période avant l'an 376, furent récemment mis au jour dans le cimetière de Bijiatan, bourg de Huahai, vers Yumenguan.[9] Yangguan et Yumenguan se situent tous deux à proximité de Dunhuang, qui abritait des garnisons sous la dynastie Han, bien avant que les grottes des mille Bouddhas soient construites à Mogao.

En partant de Dunhuang vers l'ouest, on traverse le Lop Nur (le désert de Lop) et on arrive à Loulan (dans le Xinjiang actuel). Loulan occupait une place stratégique importante sous la dynastie Han, mais lorsque la route de Dunhuang vers l'ouest changea, cette région devint désolée et inhabitée, au point qu'après les dynasties Wei et Jin, les traces de cette route disparurent complètement. A la fin du XIXème siècle, Loulan était bien connue des historiens, mais sa localisation demeura incertaine jusqu'à ce qu'elle soit re-découverte en 1900 par un géographe suédois du nom de Sven Hedin (1865-1952). Hedin était un étudiant du géographe allemand Ferdinand von Richthofen (1833-1905), qui croyait pouvoir localiser le Lop Nur, bien que sa proposition ait différé des cartes officielles des Chinois et se soit vue contestée par un géographe russe. Hedin décida de visiter lui-même la région afin de vérifier l'hypothèse de Richthofen. Le 28 mars 1900, Sven Hedin traversa le Lop Nur pour la première fois, perdant sa pelle au cours d'une tempête de sable. Un natif du Lop Nur appelé Aodeerke lui proposa de l'aider à retrouver sa pelle et, ce faisant, il tomba sur de nombreux bouts de papier dans le désert, ainsi que d'autres objets. Il en rapporta quelques uns à Hedin. Après les avoir observés, Hedin conclut que le site devait être important. En 1901, il retourna au Lop Nur et entreprit des fouilles le 3 mars 1901. Il découvrit un grand nombre de sculptures de bois magnifiques et des manuscrits écrits en caractères chinois et kharoshthi. Ayant reconnu les caractères chinois qui épelaient « Loulan » dans certains manuscrits, il conclut que le nom du site devait être Loulan, un lieu bien connu grâce au vers du poème Tang qui dit : « Nous ne rentrerons pas, tant que l'ennemi à Loulan ne sera pas vaincu ». Fréquemment mentionné dans des poèmes frontaliers traitant de forteresses, Loulan était un endroit important sous la dynastie Tang, à une époque où les exploits militaires étaient encouragés.[10]

Après la découverte de Hedin, Aurel Stein, archéologue hongro-britannique, se rendit à Loulan pour numéroter et fouiller chaque site de la contrée. Divers tombeaux majeurs furent construits sur un sol sur-élevé. Dans l'un d'entre eux, il trouva beaucoup de textiles et de soies (voir Figure 5), ainsi qu'un tissu de laine orné d'une image d'Hermès, dieu de la mythologie grecque.[11] Seules quelques personnes, telles que Tachibana Zuicho du Japon, visitèrent Loulan après Stein, principalement parce que le voyage pour y parvenir était ardu. Après l'établissement de la République Populaire de Chine en 1949, le gouvernement chinois se tourna vers le Lop Nur pour y mener ses essais d'armes nucléaires, le déclarant zone militaire et interdisant son accès. A la fin des années 1970, pendant la période de l'ouverture et de la réforme, longtemps après que la Chine eut arrêté ses essais nucléaires dans le Lop Nur, NHK TV du Japon demanda la permission de pénétrer dans la zone pour y filmer, car les Japonais se passionnaient pour la route de la soie. La permission fut accordée, marquant ainsi la ré-ouverture de Loulan au monde.

Figure 5 Soie-jin avec l'inscription chinoise denggao, de Loulan, Xinjiang

Entre fin 1979 et début 1980, des archéologues de l'Institut d'archéologie et du patrimoine du Xinjiang entrèrent à Loulan par hélicoptère et commencèrent à fouiller l'ancienne ville et ses tombeaux. Après 1980, Loulan cessa d'être une zone strictement interdite. Elle fut ouverte à des équipes de prospection, à la recherche de pétrole et de minerais à exploiter, et aussi aux pilleurs de tombes. Au début du XXIème siècle, les tombes de Loulan furent sévèrement pillées, y compris la tombe du roi de Loulan, comme le rapporta l'édition étrangère du *People's Daily* au début 2003. Par la suite, l'Administration du patrimoine du Xinjiang envoya du personnel d'archéologie et de sécurité publique sur place. Ils trouvèrent une tombe, qu'ils pensèrent être celle du roi de Loulan, parce qu'elle contenait des peintures murales et des inscriptions en alphabet kharoshthi. Ils découvrirent également des soieries et des vêtements, dont certains étaient bien préservés (voir Figure 6). Un étudiant de troisième cycle de l'Université de Donghua restaura les vêtements en se référant aux peintures murales, qui comprenaient des illustrations de personnes portant des habits similaires, avec des manches très amples et des décorations sur le devant.[12]

Figure 6 Vêtement de soie mis au jour dans la tombe du roi de Loulan (Xinjiang)

Bien entendu, Loulan n'est pas le seul site du Xinjiang à avoir dévoilé des vêtements. Le site de Loulan se situe au bord de la rivière Kongque. Si l'on suit cette rivière en direction de l'ouest, on arrive à Yingpan, un autre site important où furent trouvées de grandes quantités de textiles et de vêtements de soie de la dynastie Han, y compris de minuscules vêtements funéraires, aussi petits que des habits de poupée.

Niya, au sud-ouest du désert du Taklamakan, constitue un autre site majeur pour les textiles de la dynastie Han. Des fouilles archéologiques y sont menées depuis longtemps. En 1959, des archéologues découvrirent un cercueil contenant une dépouille bien préservée, qui fut emmenée directement dans un musée pour être traitée et analysée. Après cela, les archéologues ne retournèrent pas à Niya avant 1980, lorsque l'Institut d'archéologie et du patrimoine du Xinjiang, financé par Yasutaka Kojima, bijoutier japonais, reprit les fouilles. En 1995, un cimetière fut découvert : on y mit au jour une douzaine de cercueils contenant de nombreux artefacts importants, y compris un vêtement fait de soie *jin* de la dynastie Han, porté par l'un des occupants des tombes (voir Figure 7). Selon le célèbre archéologue Yu Weichao, l'occupant de cette tombe était très probablement un roi du Royaume de Jingjue.[13] Le site de Niya se situe au coeur du désert, au nord de Minfeng, et l'accès en demeure assez difficile.

A l'est de Minfeng se trouve le cimetière de Zhagunluk, à proximité d'un village du district de Qiemo. A l'heure actuelle, cinq grands cimetières furent découverts à Zhagunluk, regroupant environ un millier de tombes et couvrant une surface de 825 000 mètres carrés. Ces cimetières datent de trois époques : la période antérieure au Royaume de Qiemo, la période du Royaume de Qiemo et la période entre la dynastie Han de l'Est et les dynasties Wei et Jin. Ces tombes révélèrent de splendides soieries, étoffes de laine et broderies aux motifs d'oiseaux, certaines provenant de Chine centrale et d'autres potentiellement produites localement.

A l'ouest de Minfeng, en direction de Khotan, se trouvent les anciennes tombes de Shanpula qui sont réparties sur une zone de 6 kilomètres carrés au sud-ouest de Luopu. Ces sépultures, s'étirant d'est en ouest, peuvent être regroupées en cimetières I, II et III. Jusqu'à maintenant, 38 tombes et deux fosses à chevaux furent mises au jour. Les trouvailles comprennent des articles de la vie quotidienne et aussi des textiles de soie d'un raffinement extrême, des miroirs de bronze de la dynastie Han et des étoffes de laine ornées de motifs exotiques, qui sont autant de témoins des échanges culturels entre l'Orient et l'Occident.

Figure 7 Occupant mâle d'une tombe, mis au jour sur le site de Niya, Xinjiang

Au cours des dynasties Han et Jin, les textiles de soie chinoise voyagèrent aussi loin que Palmyre, en Syrie (voir Figure 8). Le site de Palmyre est une ville bâtie sur le modèle romain, vaste et importante, et les textiles qui y furent trouvés sont principalement faits de laine, mais également de soie, dans le même style que les soies *jin* de Han découvertes en Chine.

Figure 8 Le site de Palmyre, Syrie

IV. Motifs des soies *jin* de Han

Si l'on se penche sur les découvertes de soies *jin*, on s'aperçoit que la majorité de celles découvertes en Chine centrale proviennent des Han de l'Ouest, alors que la majorité de celles découvertes au bord de la route de la soie proviennent des dynasties Han de l'Est ou Jin. Ces soies plus récentes sont généralement appelées «soie *jin* de Han » ou « soie *jin* de style Han » ou « soie *jin* aux motifs de nuages et d'animaux ». Ces termes font référence à un type de taffetas façonné à chaînes multiples, armure toile, endroit chaîne, qui évolua à partir de la technique de la dynastie Zhou de l'Est. Les textiles de ce genre présentent des dessins variés, en particulier des animaux célestes et des inscriptions de bon augure telles que *yannian yishou dayi zisun* (longévité et bénédictions pour les générations à venir). Les broderies Han de l'Est forment habituellement un motif de nuages. Quelques exemples précis sont énumérés ci-dessous.

En 1959, un vêtement bien préservé fut mis au jour sur le site de Niya. Il se caractérise par des couleurs superbes et une inscription à quatre caractères, entourée d'un motif de nuages : *wan shi ru yi* (pour dix mille générations, tout ce que tu peux souhaiter). Les archives historiques de la dynastie Han font référence à des soies *jin* aux motifs de nuages, connues comme les « soies *jin* aux nuages de cinq couleurs ». D'autres soies *jin* aux motifs de nuages provenant des dynasties Han de l'Est et Jin furent mises au jour à Loulan. Leurs dessins représentent des amas de nuages, des nuages individuels et des nuages liés entre eux, avec des inscriptions chinoises de bon augure telles que *wuji* (sans limites), ou encore un motif regroupant des nuages, des oiseaux et le caractère *le* (heureux).[14]

Il existe toute une variété de motifs de nuages sur les soies *jin* de style Han, y compris des nuages qui se fendent ou qui fourchent à leur extrémité. Les motifs animaliers sur les soies *jin* représentent principalement des animaux célestes, bien que quelques créatures terrestres apparaissent aussi. Les nuages et les animaux célestes reflètent la croyance en l'immortalité qui prévalait sous la dynastie Han. A l'instar de l'empereur Qin Shihuang, l'empereur Han Wudi offrit des sacrifices aux cieux sur le Mont Taishan et, pour sa quête de l'immortalité, il envoya des garçons et des filles purs à la recherche d'immortels en mer, afin d'obtenir d'eux l'élixir de la vie. C'est à la lumière de ce contexte que nous devons étudier les dessins des soies de la dynastie Han : les nuages, les montagnes célestes et les animaux tels que le *qilin* (créature mythique dotée d'une corne unique) et le dragon *ying* (dragon ailé) ; les silhouettes d'apparence humaine avec des visages d'animaux, des ailes, des plumes sur les épaules et des jupes courtes ; et les êtres qui semblent chevaucher des créatures célestes parmi les nuages. Sont aussi représentés quelques personnages légendaires tels que le *Dongwanggong* (roi père de l'Est) et *Xiwangmu* (reine mère de l'Ouest).

De nombreuses soies *jin* ont à la fois un motif et une inscription. Aurel Stein découvrit à Loulan une pièce intacte et unique, comportant un nom personnel, ainsi que l'inscription *Han Ren xiu wen you zisun wuji* (fait par Han Ren pour bénir ses descendants sans limite) et un motif de nuage et d'animal (voir Figure 9). Cette pièce se trouve actuellement au Musée national indien, à New Delhi. Les explorations de Stein en Chine furent financées par des organisations britanniques et indiennes et ses collections se trouvent aujourd'hui au Royaume Uni et en Inde.

Une autre soie *jin*, mise au jour sur le site de Niya, comporte une inscription semblable : *An Le xiu wen dayi zisun* (fait par An Le pour bénir ses descendants).

Figure 9 Soie-jin avec l'inscription chinoise commençant par Han Ren. . ., de Loulan, Xinjiang

Une des soies *jin* utilisées comme édredon dans une tombe du site de Niya pourrait être une pièce impériale. Elle comporte un motif de nuage assez restreint et l'inscription *wang hou hehun qianqiu wansui yi zisun* (mariage entre aristocrates, puissent leurs descendants être bénis pour mille automnes, dix mille ans). Yu Weichao suggère que cette pièce fut peut-être tissée dans un atelier impérial de la dynastie Han, les caractères *wang* (roi) et *hou* (marquis) indiquant que la pièce fut décernée par la cour impériale.

De telles soies *jin* datent généralement de la dynastie Han ou de la période allant de la dynastie Han de l'Est aux dynasties Wei et Jin. Il n'est pas aisé d'arrêter des dates précises, car la plupart des tombes mises au jour sur les sites du Xinjiang n'ont pas de pierre tombale, d'épitaphe, de liste funéraire ou de sceau qui pourraient indiquer le nom de l'occupant du tombeau ou la date de l'inhumation. Jusqu'à maintenant, seule une pièce de soie *jin* de Han est associée à une date : elle comporte l'inscription brodée *yuanhe yuan nian* (1ère année de l'ère Yuanhe) (voir Figure 10), qui fut identifiée par Yu Zhiyong de l'Institut archéologique du Xinjiang comme étant l'an 84 ap. J.-C., soit la première année de l'ère Yuanhe de la dynastie Han de l'Est.[15]

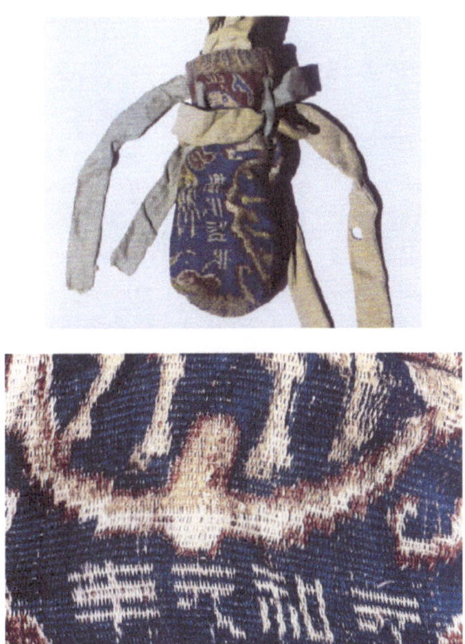

Figure 10 Soie-jin avec l'inscription chinoise Yuanhe yuan nian (1ère année de l'ère Yuanhe)

Même s'il faut prendre en considération le temps requis pour que cette pièce atteigne le nord-ouest de la Chine, cette trouvaille indique qu'au moins une partie des soies jin de Han mises au jour dans les sites du Xinjiang furent fabriquées à la fin du premier siècle de notre ère. Cette pièce servait de sachet, auquel était attachée une pièce de soie *jin* plus petite avec un motif semblable à ceux décrits ci-dessus. Par conséquent, il semblerait que la plupart des soies *jin* dont les inscriptions souhaitent longévité et bénédictions aux descendants datent aussi de la dynastie Han de l'Est.

Avec le temps, les motifs de nuages ont progressivement évolué. Les nuages fourchus sont devenus moins fréquents et davantage de nuages en forme de montagnes sont apparus, symbolisant le paradis ou les montagnes célestes, avec des nuages continus.

Des exemples de pièces ultérieures comprennent une soie *jin* du site de Niya : elle est ornée d'un dessin d'oiseau et d'arbre, symbolisant peut-être le paradis, et de l'inscription *qianqiu wansui yi zisun* (pour mille automnes, dix mille ans, bénissez les descendants). Deux pièces de soie *jin* de Loulan ont des motifs de nuages et d'animaux, et des inscriptions qui forment une phrase complète de douze caractères : *deng-gao ming-wang si-hai gui-fu-shou wei-guo-qing* (grimpe haut ; vois aussi loin que les quatre mers ; respecte le pays avec honneur, richesse et longévité). Les deux premiers caractères sont très importants. Selon les *Archives de la ville de Ye*, sous les Jin de l'Est et pendant la période des Seize Royaumes, la dynastie Zhao ultérieure était dotée d'un bureau spécial, en charge de la production de soies *jin denggao* (grimpe haut) de diverses tailles, avec des motifs de dimensions variées. Le terme *denggao* est associé au fait d'escalader des montagnes, donc les motifs de nuages pourraient renvoyer aux nuages continus que l'on observe dans les montagnes ou à des « nuages en forme de montagne ». Il existait de nombreux motifs de nuages en forme de montagnes, dont les soies *jin changshou mingguang* (longévité et éclat) qui présentaient un motif de nuages continus, modelé sur des montagnes célestes. La soie *jin changle da mingguang* (joie éternelle, grand éclat) lui ressemblait.

Des soies *jin* de style Han avec des motifs de nuages ou d'animaux présentent des inscriptions plus longues et plus complexes. Par exemple, la soierie avec un motif de nuage en forme de montagne et une inscription à 20 caractères *En ze xia sui da shu chang bao er qin zi sun xi di xiong mao sheng shou wu ji* (bénédictions pour la récolte de l'an prochain ; protection éternelle pour les deux parents, les enfants et les petits-enfants ; paix sur tous les frères ; prospérité et longévité sans fin) (voir Figure 11).

Figure 11 Soie-jin avec l'inscription à 20 caractères

Il est possible de ranger les inscriptions des soies *jin* de Han en trois catégories :

(1) Des inscriptions de bon augure, souhaitant longévité et bénédictions aux descendants

> 延年益寿大宜子孙 *yannian yishou dayi zisun*
> — Longévité et bénédictions pour les descendants
> 安乐如意长寿无极 *anle ruyi changshou wuji*
> — Paix et joie à souhait, longévité sans fin
> 延年益寿长保子孙 *yannian yishou changbao zisun*
> — Longévité, protège les descendants pour toujours
> 千秋万岁宜子孙 *qianqiu wansui yi zisun*
> — Pour mille automnes, dix mille ans, bénis les descendants
> 世毋极锦宜二亲传子孙 *shi wu ji jin yi erqin chuan zisun*
> — Une soierie intemporelle, bénis les deux parents et transmets aux descendants

续世锦宜子孙 *xushi jin yi zisun*
— Une soierie à travers les générations, bénis les descendants
韩仁绣文广佑子孙无极 *Han Ren xiu wen guang you zisun wuji*
— Fait par Han Ren, bénis les descendants sans fin
安乐绣文大宜子孙 *An Le xiu wen dayi zisun*
— Fait par An Le, bénis généreusement les descendants
得意绣文子孙昌乐未央 *De Yi xiu wen zisun changle wei yang*
— Fait par De Yi, puissent les descendants être heureux pour toujours

(2) De courtes phrases allusives

长乐明光 *changle mingguang*
— Toujours heureux et brillant
长乐大明光 *changle da mingguang*
— Toujours heureux, très brillant
大明光受佑承福 *da mingguang shou you cheng fu*
— Très brillant, reçois bénédictions et bonne fortune
长寿明光 *chang shou mingguang*
— Longévité et éclat
阳 *yang*
— Brillance
广山 *Guangshan*
Montagne vaste
威山 *Weishan*
Montagne dominante

(3) Des phrases plus longues, conférant des significations particulières ou faisant référence au pays

五星出东方利中国诛南羌四夷服单于降与天无极 *wuxing chu dongfang li Zhongguo zhu nan Qiang siyi fu chanyu xiang yu tian wuji*

— Cinq étoiles se lèvent à l'est, aidant le pays central à vaincre les Qiang du Sud, les quatre tribus se soumettront, le roi des Huns capitulera et le pays durera pour toujours, comme le ciel.

绮伟(琦玮) 并出中国大昌四夷服诛南羌乐安定与天毋疆 *qiwei bing chu Zhongguo dachang siyi fu zhu nan Qiang le anding yu tian wu jiang*

— Le jade délicat indique que la Chine prospérera, les quatre tribus se soumettront, les Qiang du Sud seront vaincus, la paix viendra et sera sans limites, comme le ciel.

王侯合昏千秋万代宜子孙 *wang hou he hun qianqiu wandai yi zisun*
— Un mariage entre aristocrates, mille automnes, dix mille générations, bénédictions pour les descendants
恩泽下岁大熟常保子孙息弟兄茂盛无极 *enze xia sui dashu changbao zisun xi dixiong maosheng wuji*
— Bénis la récolte de l'année prochaine et la longévité de mes parents, descendants et frères, puissent-ils fleurir sans limites
新神灵广成寿万年 *xin shenling guang cheng shou wannian*
— Une nouvelle déité et la vie éternelle
登高明望四海贵富寿为国庆 *denggao mingwang sihai gui fu shou wei guoqing*
— Grimpe haut, vois aussi loin que les quatre mers, respecte le pays avec honneur, richesse et longévité.[16]

Il existe aussi des soies *jin* de cette période qui ne comportent ni dessin, ni inscription. Cela étant, la plupart représentent tout-de-même quelque chose, comme un visage ou un corps d'animal. On trouve aussi des motifs de plantes, tels que la vigne ou le cornouiller, mais ils sont bien plus rares. En revanche, il est fréquent de trouver des motifs de vigne sur des soies damassées. Les dessins de cornouiller ressemblent à des fleurs.

Le cornouiller était une épice que l'on portait lorsque l'on grimpait des montagnes. Il apparaît dans un poème de Wang Wei, de la dynastie Tang, au VIIIème siècle ; bien qu'ultérieure à l'époque concernée par la présente étude, l'information reste intéressante : « Au loin, je sais que mes frères grimpent haut. Ils portent tous du cornouiller, mais il leur manque une personne ». Le plus ancien motif de cornouiller présent sur une soie *jin* se trouve sur une pièce Han de l'Ouest découverte dans le tombeau 1 de Mawangdui. D'autres exemples furent trouvés sur le site de Niya et à Loulan (voir Figure 12). Selon les *Archives de la ville de Ye*, le bureau de soie *jin* de la dynastie Zhao ultérieure produisit aussi des soies *jin* avec des motifs de cornouiller. On peut donc présumer que les soies *jin* à motifs de cornouiller demeurèrent populaires jusqu'aux dynasties Wei et Jin.

Figure 12 Soie-jin au motif de cornouiller

V. Les cinq éléments et les cinq couleurs

En plus d'être magnifiques, les couleurs des soies *jin* de Han sont aussi porteuses de sens. Dans la Chine antique, un important système de rituels était associé au *yin* et au *yang* et aux cinq éléments. En effet, certaines soies *jin* de Han sont de cinq couleurs, reflétant le *yin,* le *yang* et les cinq éléments. Par exemple, la pièce comportant l'inscription « *yannian yishou changbao zisun* », mise au jour à Niya, est un taffetas façonné à chaînes multiples, avec des chaînes de quatre couleurs dans chaque zone. La cinquième couleur sur l'endroit est obtenue en changeant les fils de chaîne dans certaines zones.[17] A l'époque de la Chine ancienne, les cinq couleurs (blanc, vert, noir, rouge et jaune) correspondaient aux cinq éléments (métal, bois, eau, feu et terre), aux cinq directions (ouest, est, nord, sud et centre) et aux cinq créatures célestes (le tigre blanc, le dragon vert, la tortue noire, l'oiseau vermeil et le dragon jaune). Il existe d'autres séries de cinq qui permettent encore des associations : par exemple, en musique traditionnelle chinoise, il y a cinq notes (*gong, shang, jue, zhi* et *yu)* ; il y a aussi cinq saveurs, cinq organes internes, etc.

La soie *jin* ornée de l'inscription *wuxing chu dongfang li Zhongguo* est un exemple très intéressant des cinq couleurs. Découverte à Niya, cette pièce était un protège-bras utilisé par un chasseur pour permettre à son faucon de venir se poser sur son bras (voir Figure 13). Dans chaque zone de ce taffetas à chaînes multiples, endroit chaîne, les chaînes sont de cinq couleurs : bleu, jaune, vert, blanc et rouge. En revanche, l'inscription est incomplète, ce qui porte à croire qu'il s'agit seulement d'une partie d'une pièce entière.

Figure 13 Soie-jin avec l'inscription wu xing chu dongfang li Zhongguo et le motif reconstruit

Quelque temps après avoir trouvé cette pièce, Yu Zhiyong, l'archéologue qui dirigea les fouilles, tomba sur une pièce plus petite, posée à côté d'un oreiller dans la même tombe. Elle affichait les mêmes couleurs que la pièce précédente et portait l'inscription *nan Qiang* (Qiang du Sud) ainsi qu'un caractère incomplet comprenant le radical 言 *yan*. Certains archéologues avancèrent l'idée que ce caractère pouvait être 讨 *tao* (envoyer des forces armées pour supprimer).[18] Je suis d'avis qu'il s'agit de 诛 *zhu* (tuer), qui exprime aussi l'intention de vaincre les Qiang du Sud. Ayant vu des photographies publiées, fournies par Yu Zhiyong, je crois que ces deux textiles proviennent de la même pièce de soie. Les soies *jin* de cette période avaient parfois des motifs bilatéralement symétriques, tissés sur un métier à tisser d'environ 50cm. En examinant la plus petite des deux pièces, j'ai trouvé que l'axe central du motif se situait entre les caractères 南 *nan* et 羌 *Qiang* et j'ai ainsi pu reconstituer le dessin. J'ai découvert que les deux pièces étaient continues et complètes, et qu'il n'y avait aucun espace vide entre 利中国 *li Zhongguo* et 诛南羌 *zhu nan Qiang*. En d'autres termes, bien que le dessin ait été symétrique, les caractères ne l'étaient pas. Il est possible que l'inscription d'origine ait été plus longue et que quelques caractères aient disparu. Pour lors, je vois trois points, mais je suggère qu'il y en avait cinq à l'origine. En partant de la droite, le premier point est principalement blanc, le second, principalement rouge, et le troisième (entre *nan* et *Qiang*) principalement jaune. Les deux points suivants, à présent invisibles, devaient donc être vert puis bleu. Les cinq points représentent les cinq étoiles : Vénus, Jupiter, Mercure, Mars et Saturne.[19] Selon Yu Zhiyong, il était important d'observer les phénomènes astronomiques avant de décider s'il fallait entrer en guerre ou non. L'alignement des cinq étoiles à l'est aurait été un indubitable présage de victoire. Donc, lorsque l'empereur Xuandi de la dynastie Han de l'Ouest donna l'ordre à Zhao Chongguo d'envoyer une expédition punitive contre le peuple Qiang sur la frontière nord-ouest de la Chine, sachant que Zhao Chongguo ayant déjà planifié sa campagne, l'alignement planétaire parfait ne pouvait pas passer inaperçu. L'empereur Xuandi promulgua le décret suivant : « Maintenant que les cinq étoiles se sont levées à l'est, nous gagnerons la campagne et les Qiang seront vaincus. Lorsque Vénus monte haut dans le ciel, le détachement qui marche d'un bon pas et fait preuve de vaillance sera couronné de succès. Général, partez vite, n'hésitez pas. »[20] Plus tard, sous les dynasties Wei et Jin et sous les dynasties du Nord et du Sud, les rois de royaumes plus petits mais tout aussi ambitieux évoquèrent aussi l'alignement des cinq étoiles à l'est. Toutefois, un tel alignement est très rare et il ne s'en produisit pas à cette époque. C'était un mensonge, destiné à encourager les troupes. J'ai vu, une fois, un fragment de soie *jin* de cinq couleurs appartenant à un collectionneur privé, à l'étranger. Il s'agissait de la moitié gauche d'un textile du même type, en cinq couleurs, présentant un dessin similaire à celui de la soie *jin* avec l'inscription *wu xing chu dongfang li Zhongguo* (cinq étoiles se lèvent à l'est, favorisant la Chine). Il portait l'inscription *zhu nan Qiang le an ding xing tian wu jiang* (les Qiang du Sud seront vaincus, la paix sera restaurée et la prospérité règnera sans bornes). Cette inscription aurait tout-à-fait sa place après celle des « cinq étoiles », pour former une plus longue inscription de bon augure. Cependant, puisqu'il s'agit de deux pièces séparées et que la seconde ne comporte pas le motif des cinq étoiles, il serait risqué de spéculer davantage.

VI. Broderies au motif de l'oiseau à deux têtes

Les broderies ornées du motif de l'oiseau à deux têtes datent de la dynastie Han de l'Ouest à la dynastie du Nord et du Sud, en passant par les dynasties Han de l'Est, Wei et Jin. Plusieurs exemplaires ont été trouvés sur des sites le long de la route de la soie.

Un des plus anciens exemples de ce motif se trouve sur un édredon brodé mis au jour dans une tombe Han de l'Ouest, à Rizhao, au Shandong. Pour la plupart, les motifs de l'édredon sont semblables à ceux de la broderie *changshou*, découverte dans la tombe Han de l'Ouest de Mawangdui. En revanche, l'oiseau à deux têtes situé dans la partie supérieure est assez spécial. Arrangées de façon symétrique de part et d'autre de l'oiseau se trouvent des illustrations d'artefacts et d'ornements de jade.[21] Il est intéressant de comparer cette pièce aux textiles trouvés dans des tombes de la période Han à Noin Ula, en Mongolie, où des fragments d'une broderie *changshou* (longévité) comportent des motifs représentant un oiseau à deux têtes, un dragon vert et un tigre blanc. La broderie de Rizhao provient de la dynastie Han de l'Ouest et la broderie de Noin Ula correspond au style Han de l'Ouest. Les deux pièces peuvent donc être associées à la dynastie Han.

Les origines des motifs à deux têtes semblent antérieures à la dynastie Han. Les broderies citées ci-dessus rappellent l'art de la broderie de la période des Royaumes combattants. De plus, les textiles brodés mis au jour dans les tombes de Chu à Mashan, Jiangling, Hubei, montrent un couple de phénix très décoratifs, se tenant face à face, leurs corps obscurcis par des nuages et d'autres dessins (ou faisant peut-être partie de ceux-ci). Il semblerait que ce motif ait alors été développé, que des ailes d'oiseau soient devenues plus visibles et que le motif de l'oiseau à deux têtes ait fait son apparition sous la dynastie Han de l'Ouest.

Ce type d'oiseau apparaît souvent sur des bas-reliefs en pierre peinte et dans la poésie de la dynastie Han. Par exemple, il existe un bas-relief en pierre portant l'inscription *bi yi niao* (oiseaux volant aile à aile) dans le célèbre sanctuaire de Wu Liang, au Shandong. En poésie, l'oiseau à deux têtes est connu sous le nom de *tongxin niao* (oiseaux d'un même coeur). Par exemple, le premier des « Cinq poèmes d'amour » de Yang Fang dit : « . . . Nous nous aimons comme les ombres suivent les corps. Nous mangeons et buvons ensemble, nous nous reposons et nous asseyons côte à côte. Nous marchons main dans la main et nous nous habillons de la même manière. Quand tu es immobile, je ne bouge pas. Quand tu remues, je ne demeure pas immobile. Nous sommes comme des oiseaux d'un même coeur et des poissons plats. Notre amour est solide comme l'acier, comme si nous étions collés ensemble. J'espère que nous pourrons rester ensemble pour toujours, inséparables. . . »

L'image d'un oiseau à deux têtes ressemblant à celui des broderies anciennes apparut sous les dynasties Wei, Jin, du Nord et du Sud. Entre les deux têtes se trouve un ornement constitué de deux triangles face à face. De chaque côté de l'oiseau se trouve un animal. Ces deux animaux peuvent être semblables ou complètement différents. L'ornement est vraisemblablement un *sheng* (ensouple), que l'on voit aussi ornant la tête de la légendaire *Xiwangmu*, fréquemment représentée sur des bas-reliefs peints de la dynastie Han. Il me rappelle également l'oiseau *Xishi* (aussi appelé oiseau *Xiyou*) chevauché par *Xiwangmu ;* je me demande s'il pourrait y avoir un lien entre l'oiseau à deux têtes tenant un *sheng* dans son bec et l'oiseau chevauché par *Xiwangmu*. On trouve également le motif du *sheng* sur les deux broderies présentant des oiseaux à deux têtes qui furent mises au jour à Zhagunluk, Xinjiang, et à Huahai, Gansu. Sur la broderie de Huahai, seule une moitié de l'oiseau a subsisté, mais la symétrie est toujours visible. Lorsque les motifs sont rapiécés symétriquement, on peut distinguer un triangle de chaque côté et une tige – le *sheng* – au milieu (voir Figure 14). Sous les dynasties Wei, Jin, du Nord et du Sud, les gens commencèrent à associer *Dongwanggong* à *Xiwangmu* et les histoires de *Xiwangmu* étaient très populaires.[22]

Figure 13 Reconstitution du motif de l'oiseau à deux têtes sur la broderie de Huahai, Gansu

Des motifs d'oiseaux à deux têtes apparaissent aussi sur des objets en céladon, des sculptures en brique et quelques plaques décoratives en métal, dans le sud de la Chine. Il semble y avoir un lien entre l'oiseau à deux têtes et le bouddhisme. L'image de Bouddha apparaît souvent sur des articles en céladon sous les Six dynasties, révélant ainsi un lien entre les zones de production du céladon en Chine du sud et une branche du bouddhisme qui arriva par la route de la soie maritime, via Guangzhou et Hong Kong. L'image de l'oiseau à deux têtes peut aussi être vue sur des peintures murales bouddhistes du Xinjiang. Par exemple, des peintures représentant des phénomènes astronomiques dans les grottes de Kizil mettent en scène Garuda, un oiseau à deux têtes appartenant au bouddhisme. L'une des versions de l'histoire de cet oiseau raconte ceci : « Il y a fort, fort longtemps, au pied d'une montagne couronnée de neige, vivait un oiseau avec deux têtes que l'on nommait Garuda et Upagaruda. Lorsque l'une d'entre elles dormait, l'autre était éveillée. » Sous les dynasties Tang et Song, selon la légende, il y avait un oiseau à deux têtes qui chantait et pépiait en même temps. Dans le sutra Amitabha, on peut lire : « Dans ce pays, il y a toujours des oiseaux rares et insolites, de nombreuses sortes aux couleurs très variées : des grues blanches, des paons, des perroquets, des kalavinkas et des oiseaux à deux têtes. Au cours des six périodes du jour et de la nuit, des nuées d'oiseaux chantent des sons élégants et harmonieux. Leurs appels clairs et joyeux proclament les cinq racines, les cinq pouvoirs, les sept membres de Bodhi, le chemin octuple des sages et d'autres dharmas comme ceux-ci. Lorsque les êtres vivants de ce pays entendent leurs appels, ils ont tous ensemble conscience du Bouddha, du Dharma et du Sangha. »

L'image et le concept de l'oiseau à deux têtes sont très intéressants, mais davantage de travail est requis pour en définir les origines avec certitude. Je crois que le motif de l'oiseau à deux têtes, visible sur les broderies produites pendant la période des Royaumes combattants, vient de Chine et peut être considéré comme un motif traditionnel. Lorsqu'il est apparu plus tard en Chine centrale, il était généralement associé au mariage et à l'amour. Lorsqu'il est apparu dans le nord-ouest de la Chine (les régions occidentales), il était sans doute associé à l'oiseau *Xiyou* chevauché par *Xiwangmu*, un dessin également présent sur des pièces de ferronnerie et des sculptures sur brique de l'arrière-pays. L'arrivée du bouddhisme en Chine s'accompagna de l'influence de Garuda, assurant ainsi que le motif de l'oiseau à deux têtes resterait populaire sur la route de la soie. L'évolution de cette image prouve également la popularité durable des motifs chinois et de leurs associations sur la route de la soie.

Notes

[1] Hanyangling Museum, ed., *The Hanyangling Museum*. Beijing : Cultural Relics Press, 2007.

[2] Chen Zhi, "The Handicraft Industry in the Western and Eastern Han" in *Studies in the Economic History of the Western and Eastern Han*. Xi'an : Shaanxi People's Press, 1958 : 79-96.

[3] "Records of Zhuge Liang" in *Encyclopaedia of the Taiping Period*.

[4] Wang Xu, "The Discovery and Study of Silk Textiles from the Han Dynasty" in *Wang Xu and Textile Archaeology in China*. Hong Kong : ISAT/Costume Squad Ltd., 2000 : 51-68.

[5] Exposition des artefacts mis au jour dans la tombe Han n°1 à Xiejiaqiao, Jingzhou. http://www.jzbwg. com/type.asp?typeid=192.

[6] Lü Liedan, "On the Bronze Printing Plates Unearthed from the Mausoleum of the King of the Nanyue State in Guangzhou" in *Archaeology*, 1989(2).

[7] S. I. Rudenko, *Die Kultur der Hsiung-nu und die Hugelgraber von Noin Ula*. Bonn : Habelt, 1969.

[8] Zhao Feng, "Textiles unearthed at Han Dynasty Beacon Tower Sites at Majuanwan, Dunhuang" in *Han Bamboo Slips from Dunhuang*. Beijing : Zhonghua Book Company, 1991.

[9] Zhao Feng, Wang Hui and Wan Fang, "Silk Garments Excavated from Tomb No. 26 at Bijiatan, Huahai, Gansu" in *Western Imprints : Textiles from the Han and Jin Dynasties in China*. Hong Kong : ISAT/ Costume Squad Ltd., 2008 : 94-113.

[10] Sven Hedin, traduit en anglais par Jiang Hong et al. *The Silk Road*. Urumqi : Xinjiang People's Press, 1996.

[11] Aurel Stein, *Serindia*. Urumqi : Xinjiang People's Press, 2010.

[12] Bao Mingxin, ed., *Clothes of the Western Regions : Research into the Restoration of Ancient Clothes Unearthed along the Silk Road*. Shanghai : Donghua University Press, 2007.

[13] Zhao Feng and Yu Zhiyong, eds., *Legacy of the Desert King : Textiles and Treasures Excavated at Niya on the Silk Road*. Hong Kong : ISAT/Costume Squad Ltd., 2000.

[14] The Museum of Xinjiang Uygur Autonomous Region (Musée de la région autonome ouïghoure du Xinjiang), "Short Report on the Clearing of the Eastern Han Tombs with Multiple Occupants, in the Ancient Cemetery in the Desert North of Minfeng County (Xinjiang)" in *Cultural Relics*, 1960(6).

[15] Yu Zhiyong, "On the *Jin*-silk Inscribed '1st Year of the Yuanhe Reign Period', Recently Found at the Niya Site" in *Cultural Relics of Xinjiang*, 2006(1) : 75-79.

[16] Yu Zhiyong, "Preliminary Study of *Jin*-silks Bearing Inscriptions, from the Han and Jin Dynasties, Unearthed in the Loulan-Niya Area" in *Journal of National Museum of China*, 2003(6) : 38-48.

[17] Zhao Feng, "The Five Colours of Cloud-Patterned *Jin*-Silks from the Han and Wei Dynasties" in *The International Symposium on the Study and Preservation of Qin Terra-Cotta Warriors and Horses and Painted Artefacts*, Xi'an, 1999.

[18] Yu Zhiyong, "Brief Analysis of the Jin-Silk Inscribed *Wu Xing Chu Dongfang Li Zhongguo* Unearthed at the Niya Site" in *Connoisseurs* (8). Shanghai : Shanghai Translation Publishing House, 1998.

[19] Zhao Feng, *Treasures in Silk*. Hong Kong : ISAT/Costume Squad Ltd., 1999 : 79.

[20] "Biography of Zhao Chongguo" in *History of the Later Han Dynasty*.

[21] Lianyungang Municipal Museum, "Short Report on the Excavation of the Han Tombs at Yinwan, in Donghai County (Jiangsu)" in *Cultural Relics*, 1996(8) : 4-36.

[22] Zhao Feng, "Embroidery of the Han and Jin Dynasties and the Two-Headed Bird Motif" in *The Silk Road : Art and Life*. Hong Kong : ISAT/Costume Squad Ltd., 2007 : 100-109.

Chapitre 4
Un vent d'ouest souffle : l'influence de l'art hellénistique sur les textiles

Avec l'expédition vers l'est d'Alexandre le Grand (356-323 av. J.-C.), autour de 300 av. J.-C., la culture grecque se répandit vers l'est, exerçant une profonde influence sur son passage. Elle se mélangea à la culture bouddhiste en Asie centrale, tel que le montre l'art de Gandhara. Aux IIème et IIIème siècles, l'art du Gandhara commença à influencer la Chine, persistant jusqu'au IVème siècle, avec certains dessins durant même jusqu'au VIème siècle. La culture grecque, par le biais de Gandhara, influença profondément les textiles de la route de la soie, à une époque où les échanges culturels étaient réciproques.

I. L'expédition d'Alexandre le Grand vers l'est

Alexandre le Grand devint roi de Macédoine à l'âge de 20 ans. Il conquit toute la Grèce et y régna avant de continuer vers l'est, via la Perse et l'Inde, dans le but de créer un immense empire qui engloberait des parties d'Asie, d'Europe et d'Afrique. En partant de Grèce, il atteignit la Turquie et conquit la Méditerranée. Puis il avança vers l'est, annihilant l'armée perse dirigée par Darius III, et il continua vers l'Asie centrale. De là, il bifurqua vers le sud et occupa le nord-ouest de l'Inde. Autour de 325 av. J.-C., ses troupes ne voulurent pas aller plus loin vers l'est. Il les retira jusqu'en Perse où, après un règne de treize ans, il tomba malade et mourut à l'âge encore jeune de 33 ans.

Alexandre nommait chaque ville qu'il prenait « Alexandrie ». Il y avait plus de 70 villes hellénistiques appelées Alexandrie, la plus célèbre aujourd'hui étant celle d'Egypte. La plupart des Alexandrie d'Asie centrale se situent maintenant dans des déserts. Les archives historiques chinoises font mention d'une ville qui s'appelait Lanshi ; d'un point de vue linguistique, ce nom se prononce comme Alex, soit l'abréviation d'Alexandre ou d'Alexandrie.

Après la mort d'Alexandre, ses officiers militaires morcelèrent ses territoires en petits Etats. En 270 av. J.-C., l'empire des Antigonides en Grèce, le royaume ptolémaïque en Egypte et l'empire des Séleucides en Asie étaient tous hellénisés. Pendant les deux siècles suivants, l'Asie centrale fut principalement sous la coupe de l'empire des Séleucides. Puis, en l'an 100 av. J.-C., les Parthes vainquirent les Séleucides et marquèrent la fin de l'empire établi par Alexandre le Grand. De nombreux Grecs demeurèrent en Asie centrale, dans des villes fondées par les officiers militaires d'Alexandre.

Grosso modo à la même époque, l'empire kouchan gagnait du terrain. Entre 45 et 250 ap. J.-C., il couvrait une vaste étendue : le Kazakhstan au nord, l'Asie centrale (les actuels Afghanistan, Pakistan, Ouzbékistan et Tadjikistan) au milieu, et le nord de l'Inde au sud. Les Kouchans occupaient donc un territoire important et ils contribuèrent grandement à apporter en Orient des textiles occidentaux et leur influence, sous les dynasties Han et Jin. Le dirigeant de l'empire venait des Grands Yuezhi, une tribu nomade de l'est, qui s'était relocalisée plus à l'ouest à cause de l'oppression des Xiongnu. Les Grands Yuezhi se relocalisèrent d'abord dans le corridor Hexi, puis continuèrent vers l'ouest jusqu'à Dayuan (l'actuelle Ferghana) et Daxia (Bactrie) en Asie centrale, où ils établirent l'empire kouchan. Lorsque Zhang Qian fut envoyé dans les régions occidentales, il fut très enclin à les contacter. Pendant le règne du roi kouchan Kanishka I, le bouddhisme prospéra. En se répandant en direction du nord, le bouddhisme indien fut fortement influencé par l'art grec et un nouveau style du Gandhara émergea, mêlant art grec et art bouddhique. Ce style s'avéra très influent en Chine. Les influences hellénistiques perdurèrent bien plus longtemps en Asie centrale qu'en Europe, jusqu'aux IIIème et IVème siècles.

Grâce à l'expédition vers l'est d'Alexandre le Grand, on trouve de précieuses traces d'art hellénistique en Chine et en Asie centrale. On y rencontre les images de nombreux dieux et déesses grecs – tels qu'Héraclès, Tyché, Hermès, Eros, Aphrodite et Hélios – et de créatures telles que le Centaure. Ces personnages furent aussi incorporés dans l'art bouddhique et ils exercèrent une influence majeure sur les textiles.

II. Etoffes de coton teintes par réserve à la cire, mises au jour à Niya

En 1959, deux momies et une grande quantité de textiles furent mis au jour sur le site de Niya, dont deux étoffes de coton teintes par réserve à la cire.[1] En premier lieu, les archéologues travaillant sur ce site n'établirent pas de lien entre les deux pièces. Plus tard, lorsque le Metropolitan Museum of Art de New York préparait l'exposition « A l'aube d'un âge d'or », j'ai été invité à sélectionner quelques textiles à exposer. J'ai choisi ces deux pièces en raison de leur association étroite avec la route de la soie. Lorsque je les ai étudiées, j'ai pu observer qu'elles provenaient toutes deux d'une pièce plus grande et que, placées côte à côte, elles formaient un dessin complet (voir Figure 1).[2] Le petit carré F contient le portrait demi longueur d'une déesse. Au-dessus se trouve le rectangle E, dans lequel on distingue partiellement quelque chose comme une botte. On peut présumer que

Figure 1 Fragments de coton teints avec une réserve à la cire, de Niya

le porteur de la botte était représenté plus haut. Dans la zone D, il y a une image horizontale. Le fragment G, qui appartient possiblement au centre de la pièce de tissu originale, montre un pied humain, une queue de lion et une patte de lion. A partir des morceaux qui ont survécu et des petits motifs dans les coins, je suppose que le dessin central devait être assez grand et dominant. Les motifs semblent symétriques, ce qui nous permet de reconstituer la grande pièce d'étoffe d'origine. Il y a de nombreux motifs géométriques, tels que des carreaux, des hexagones, des séries de cercles, de zigzags et de lignes parallèles le long des bords. Néanmoins, le dessin complet est dominé par le portrait demi longueur de la déesse dans le carré F. Peut-être que jadis un lion accompagnait un dieu, dont le portrait fut en partie endommagé dans le rectangle G. Le rectangle D se serait situé sous le rectangle G. Ces trois parties – F, G et D – sont très importantes et constituent des éléments-clé de l'image représentée sur cette étoffe teinte par réserve à la cire.

Si l'on observe d'abord le portrait demi longueur de la déesse (voir Figure 2), on constate qu'elle n'est que partiellement vêtue et surtout qu'elle tient une corne d'abondance remplie de fruits, éventuellement de raisins. La corne d'abondance symbolise normalement les récoltes

Figure 2 Déesse représentée sur l'étoffe de coton teinte avec une réserve de cire, de Niya

et se trouve parfois associée à la virilité. La déesse porte un collier de perles et de jade, et elle est entourée d'un halo. Son identité fut sujette à débat parmi les archéologues. Au départ, certains croyaient qu'il s'agissait d'un bodhisattva avec un halo bouddhique, mais plus récemment, d'autres suggestions ont été avancées.

La première est qu'il pourrait s'agir de Tyché, la déesse grecque qui détermine la fortune, la prospérité et la destinée d'une ville. Tyché est aussi associée à la déesse grecque Demeter, qui supervise les récoltes. Aux yeux des Occidentaux, si une déesse tient une corne d'abondance, ce doit très vraisemblablement être Tyché ou Demeter.[3]

La seconde possibilité est qu'elle provient de la mythologie hindoue et qu'il s'agit de Hariti, ainsi qu'on la nomme dans les écriture bouddhiques (voir Figure 3). Cette déesse terrifiante dévorait des enfants pendant la nuit. Les familles des environs la haïssaient parce qu'elle s'emparait de leur progéniture, mais elles ne pouvaient rien faire contre sa magie. Puis, un jour, Sakyamuni vola les enfants de Hariti et les cacha. La mère les chercha désespérément et finit par faire appel à Bouddha, pour le prier de lui venir en aide. Bouddha lui demanda de s'imaginer la douleur des parents dont elle avait dévoré

Figure 3 L'image de Hariti dans l'art du Gandhara

l'unique enfant. A partir de là, Hariti jura de veiller sur tous les enfants et devint la protectrice des enfants. Dans l'art de Gandhara, elle est dépeinte avec une corne d'abondance débordante de fruits de la récolte et avec beaucoup d'enfants à ses pieds. L'histoire continua à être représentée dans des peintures murales bouddhistes jusque sous la dynastie Song.[4]

Mr. Sun Ji propose une troisième alternative selon laquelle elle serait une déesse d'Asie centrale, se basant sur le fait que cette étoffe a peu de chances d'être venue d'un endroit aussi lointain que la Grèce ou l'Inde. En effet, l'Asie centrale vénère une déesse très importante que l'on nomme Ardochsho, dont l'image apparaît sur des pièces de monnaie locale, en station debout, portant une corne d'abondance.[5] Toutefois, il existe plusieurs déesses qui portent une telle corne. Par exemple, au British Museum, j'ai vu des pièces d'or décorées d'images de déesses dotées de cornes d'abondance. Il est évident que ce genre d'image était très courant en Asie centrale à cette époque et que le personnage sur l'étoffe de coton teinte par réserve à la cire n'est pas nécessairement Ardochsho. De plus, de l'argenterie persane exposée dans des musées russes présente des images semblables et, dans ces cas-là, il s'agirait de la déesse Anahita, une Figure cosmologique indo-iranienne, associée à la récolte et à la fertilité. Son attribut semble aussi être une corne d'abondance.

Bien que l'on ne puisse pas être sûr de l'identité de cette déesse, il peut être utile de mentionner une sculpture du Gandhara qui représente un Bouddha debout au milieu, avec une boîte de chaque côté. La boîte du côté droit contient un portrait demi longueur d'un personnage tenant une corne d'abondance, ressemblant à la déesse de l'étoffe de coton teinte par réserve à la cire. Ici, il s'agit de Tyché. La petite boîte de l'autre côté du Bouddha contient un personnage mâle, Héraclès, un héros grec typique, connu pour sa force.[6] Voilà pourquoi il semble plus approprié d'identifier notre déesse de l'étoffe en coton de Niya avec Tyché de la mythologie grecque. Dans l'art bouddhique, les personnages sont presque toujours vêtus, alors que la déesse de notre étoffe ne l'est que partiellement. Peut-être que sa représentation est associée à un style d'art local ; par exemple, parmi les œuvres mises au jour à Mathura, on compte de nombreuses sculptures dévêtues appartenant à l'art du Gandhara et associées de très près au bouddhisme.

Figure 4 Sculpture du Gandhara

Pour ce qui est de l'image de la partie centrale de l'étoffe, on peut y voir la patte d'un lion et une personne non-identifiée. Certains ont suggéré une comparaison avec un plat en argent découvert en Chine, où l'image du dieu au centre ressemble à Dionysos, dieu du vin, probablement ivre, appuyé sur un lion.[7] En d'autres termes, le dieu du plat se tient dans une posture similaire à celle du dieu de l'étoffe de coton, mais les deux sont assis dans des directions opposées. Ainsi, l'image de l'étoffe fut identifiée par de nombreux archéologues comme étant Héraclès combattant un lion. Héraclès, fils de Zeus et d'Alcmène, est un héros de la mythologie grecque doté d'une force extraordinaire. Nourrisson, il tua deux serpents envoyés par Héra pour lui ôter la vie. Il obtint l'immortalité en accomplissant les douze travaux, ainsi que le lui avait demandé Héra. Le premier travail d'Héraclès fut de combattre un lion. Il l'accula dans une impasse rocheuse, l'étrangla, puis le dépeça et porta sa peau en guise de protection pour la suite de ses aventures. La peau du lion est l'attribut par lequel Héraclès est connu aux quatre coins du globe et la raison pour laquelle il est fréquemment représenté portant une tête de lion sur la sienne, avec les pattes nouées en travers de la poitrine.[8] De nombreuses œuvres d'art grecques montrent Héraclès au combat avec ce lion, généralement en face à face (quoique dans l'art romain, Héraclès soit principalement représenté se battant de dos). Je ne suis pas sûr si la scène en question représente Héraclès ou non.

Ceci dit, Héraclès n'est pas le seul à avoir combattu un lion. Par exemple, il existe un anneau sigillaire sculpté d'une scène en bas-relief, montrant un guerrier nu sous une cape, maîtrisant un lion par derrière.[9] Et il existe une autre image d'un guerrier se battant à l'épée avec un lion. Mais le dessin qui se rapproche sans doute le plus de celui trouvé à Niya sur l'étoffe en coton est celui que l'on peut voir sur une pièce de soie polychrome de l'ancienne période byzantine (IVème et Vème siècles), soit bien plus tard que la période hellénique (voir Figure 5). Toutefois, les historiens du textile croient que celle-ci ne représente pas Héraclès, mais plutôt Samson.[10] Personnage biblique connu, Samson était un homme puissant : lorsqu'il était attaqué par un lion, il l'attrapait à mains nues et le mettait en pièces.

Le pied de l'homme et la patte et la queue du lion, sur la pièce byzantine, sont semblables à ceux du tissu de coton de Niya. Cependant, la pièce byzantine fut produite bien des années après le tissu de coton. De surcroît, des scènes de la Bible ne sont pas reflétées dans des œuvres d'art européennes avant les IIIème et IVème siècles, même si la Bible est apparue bien plus tôt. Pour toutes ces raisons, il est difficile d'identifier le personnage luttant avec un lion sur l'étoffe de coton de Niya.

Figure 5 Samit représentant un homme luttant contre un lion (dans une collection occidentale)

Pour finir, lorsque l'on regarde le monstre dans la zone D, on voit à l'extrême gauche un petit animal qui fait penser à un chiot. Tout d'abord, les archéologues ont cru qu'il s'agissait d'un dragon, bien qu'ils aient été surpris de voir sa queue mordue par un petit animal. Il est également rare de voir des oiseaux perchés sur un dragon. Il fut alors suggéré que la créature puisse être Makara, le poisson à tête de dragon, qui correspond au signe du Capricorne dans la mythologie hindoue. Selon le spécialiste russe Boris Marshak, en mythologie hindoue, le poisson-Capricorne peut cracher de l'eau et, chaque fois qu'il le fait, il se forme une rivière. L'hypothèse fut donc avancée que l'étoffe de coton puisse représenter une rivière, avec ses rives couvertes d'herbe et des oiseaux volant au-dessus. Néanmoins, en étudiant l'histoire de Marshak, je n'ai trouvé aucune légende faisant allusion à un poisson-Capricorne qui transforme l'eau qu'il crache en rivière. De plus, cette créature à tête de dragon et corps de poisson ne ressemble pas vraiment à l'image de l'étoffe de coton. Puis je me suis demandé si la réponse pouvait se cacher dans un art plus local ; j'ai donc demandé à des archéologues d'Asie centrale s'il existait une image semblable à cette époque, dans leur région. Selon l'archéologue ouzbek Kazim Abdullaer, l'entité en question serait Keto, déesse de la mer primordiale, en mythologie grecque. Dans l'art du Gandhara, elle évolua pour devenir une créature terrestre que les gens pouvaient chevaucher.

Ayant approfondi nos recherches, certains spécialistes et moi-même pensons à présent que cette image, qui rappelle tantôt un dragon, tantôt une rivière, est en fait une sorte de guirlande souvent vue dans les arts du Gandhara et du Xinjiang.[11] Des reliefs représentent fréquemment des scènes contenant une guirlande. De nombreuses scènes montrent un garçon portant une guirlande sur laquelle se reposent des oiseaux. Cette image était populaire en Europe, dans une certaine mesure, mais elle l'était bien plus en Asie centrale et dans l'art du Gandhara. Ayant procédé à des comparaisons, nous sommes arrivés à la conclusion que le dessin de l'étoffe de coton de Niya est bel et bien une guirlande. L'étude de sites ultérieurs révèle que les peintures murales et les sculptures de nombreux temples bouddhistes du site de Miran, près du Lop Nur, ont aussi subi l'influence de l'art du Gandhara et représentent de nombreux thèmes hellénistiques, dont l'image typique du garçon portant une guirlande. Les peintures murales de Kizil, datant d'une période légèrement plus tardive que Miran, présentent aussi de nombreux motifs de guirlande.

En plus des dessins traités ci-dessus, il existe beaucoup d'autres exemples de motifs géométriques décoratifs qui témoignent d'une influence de l'art hellénistique sur l'art d'Asie centrale.

Pour conclure, je crois que l'image située au centre de la composition est celle d'un homme ou d'un dieu combattant un lion. Etant donné que le coton était d'usage en Asie centrale, le personnage représenté sur cette étoffe-ci n'est probablement pas Héraclès, mais un autre héros ou un roi local. Le petit animal au bout de la guirlande est un *bixie* (chasseur de mauvais esprit, animal mythologique chinois) ou un petit animal ayant évolué depuis le *bixie*. Cette étoffe de coton avec des motifs de guirlande et d'oiseaux fut peut-être produite dans le Mathura du sud, où l'image dévêtue était populaire. La pièce entière témoigne de la culture indienne locale et d'influences bouddhistes. La technique de fabrication de cette pièce est digne d'intérêt. Premièrement, il s'agit de coton et il est généralement admis que la technologie de la filature du coton trouve ses origines en Inde. Cette pièce semble être l'une des plus anciennes étoffes de coton découvertes en Chine. Deuxièmement, elle fut teinte grâce à la méthode de la réserve par application de cire et elle constitue le plus ancien témoignage de teinture de ce type en Chine.[12]

III. L'identité du guerrier représenté sur une tapisserie

Le second exemple est la tapisserie découverte au cimetière de Shanpula, dans le district de Lop, dont le style diffère considérablement des pièces mentionnées ci-dessus. Lorsqu'elle fut mise au jour, cette tapisserie se trouvait sous la forme des deux jambes d'un pantalon, dont chacune présentait des motifs différents. Toutefois, ce n'était certainement pas l'intention première du tisserand de cette pièce au dessin compliqué ; il nous faut supposer qu'à une certaine époque, cette tapisserie n'avait pas de valeur à Shanpula et qu'elle fut donc découpée et adaptée pour être transformée en pantalon ample (qui ressemble aux pantalons lâches que portent les personnes âgées en Chine pour faire de l'exercice ou des arts martiaux). En règle générale, les archéologues n'altèrent pas les artefacts qu'ils découvrent. Cependant, les archéologues du Xinjiang estimèrent que, dans ce cas précis, les motifs étaient plus importants que la coupe du vêtement. Ils décousirent donc les jambes du pantalon et les rapiécèrent pour reformer la longue tapisserie d'origine. Un carré situé en haut de la tapisserie contient l'image d'un centaure. En-dessous se trouve un guerrier qui tient une lance et dont la tête entre dans le carré supérieur (voir Figure 6).[13] L'arrangement des motifs sur cette étoffe ressemble à celui du tissu de coton teint par réserve à la cire de Niya. Malheureusement, cette tapisserie est incomplète et ne permet pas de tirer de déductions plus avancées.

Nombreux sont ceux qui ont essayé d'identifier le guerrier. Certains pensent qu'il s'agit d'Alexandre le Grand, parce que son portrait apparaît fréquemment dans les œuvres d'art. D'autres ont cristallisé leur attention sur Khaltchayan en Asie centrale, une petite cité dirigée par le clan de Héraios. Des vestiges de palais et des sculptures de guerriers en terre cuite furent trouvés dans la ville et sont aujourd'hui conservés au Musée de Tashkent, en Ouzbékistan.

Figure 6 Guerrier représenté sur la tapisserie de Shanpula

Bien qu'elles soient incomplètes, ces sculptures sont une ressource de grande valeur. Des archéologues locaux ont restauré les têtes en terre cuite sculptées, mises au jour à Khaltchayan, et ont trouvé qu'elles ressemblaient à la tête représentée sur la tapisserie. On remarque en particulier les cheveux, qui sont coiffés vers l'arrière depuis le front et retenus à l'aide d'un fin ruban (voir Figure 7). Les traits faciaux ne sont pas si ressemblants : la tête en terre cuite possède une moustache en guidon alors que la tête de la tapisserie n'a pas de moustache. En revanche, ses muscles faciaux sont représentés de couleurs différentes, ce qui est caractéristique des peintures occidentales. Des couleurs intermédiaires furent aussi utilisées pour l'étoffe.[14] Il est intéressant de comparer la tête en terre cuite avec une sorte de pièce de monnaie frappée par le clan d'Héraios, que j'ai vue dans le musée ouzbek. Ce type de monnaie n'était utilisé que localement et il est très difficile d'obtenir des informations à son sujet. Lorsque l'on compare le portrait de la pièce de monnaie avec celui en terre cuite, on note que la coiffure, le ruban et la moustache sont très similaires (voir Figure 8).[15] Ce devaient être les caractéristiques communes des habitants locaux. Des spécialistes ont aussi observé ces attributs

Figure 7 Tête en terre cuite mise au jour à Khaltchayan (Ouzbékistan)

Figure 8 Portrait du clan d'Héraios

sur les textiles mis au jour à Noin Ula. Le tombeau Hun à Noin Ula avait des murs très hauts couverts de broderies. Bien que la plupart d'entre elles ne soient plus intactes, on y voit encore des bandes de personnages debout et des chevaux. Suite à l'analyse de reliefs et de peintures murales de Perse et d'autres régions de cette époque-là, il fut suggéré que ces broderies montraient comment d'autres royaumes ou tribus rendaient hommage aux Huns et leur faisaient des courbettes, après qu'ils ont repoussé les Grands Yuezhi jusqu'en Asie centrale.[16] L'hypothèse a été avancée que l'un des personnages rendant hommage puisse être un Grand Yuezhi, exprimant sa déférence aux Huns. La coiffure et la moustache de ce personnage sont fort semblables à celles de la pièce de monnaie de Héraios. Il est très difficile de trouver de pareilles images ailleurs, ce qui suggère que cette tapisserie fut probablement produite en Asie centrale.

Le centaure en haut de la tapisserie de Shanpula est également digne d'intérêt. Le centaure est une créature de la mythologie grecque : mi-homme, mi-cheval, il possède la partie supérieure du corps d'un homme et le reste du corps et les pattes d'un cheval. Les centaures sont surtout connus pour leur bataille contre les Lapithes, après avoir essayé d'enlever Hippodamia et les autres femmes Lapithes. Le centaure du pantalon de Shanpula porte une cape et tient un objet tubulaire dont une extrémité touche sa bouche et l'autre (indistincte) ressemble à une lance ou à un instrument de musique. Si l'on cherche d'autres instruments à vent du même genre, on trouve que le plus populaire, pendant la période hellénistique, était constitué de deux tuyaux. En Asie centrale, un seul tuyau était plus courant. Un buste, qui semble venir du Gandhara et qui appartient aujourd'hui à une collection japonaise, est particulièrement intéressant : il représente une créature mi-homme mi-cheval soufflant dans un instrument à vent.[17] Sur la base du fait que la tapisserie de Shanpula illustre un centaure (d'origine grecque) jouant d'une flûte simple (populaire en Asie centrale), il semble probable que cette pièce ait été produite en Asie centrale.

IV. Eros représenté sur un vêtement

Le troisième exemple est une robe brochée mise au jour dans le tombeau 15 de Yingpan, au Xinjiang, en 1995. Le site du cimetière de Yingpan se situe à proximité de Loulan, dans la partie orientale du désert du Taklamakan, et fut découvert légèrement plus tard. De même que Loulan, il date d'une période antérieure aux cimetières de Turfan. La tombe 15 se situait sur une très haute crête, loin des autres tombes. Croyant que les artefacts de cette tombe avaient une grande valeur, les archéologues décidèrent de transporter l'intégralité du contenu de cette sépulture jusqu'à Urumqi pour l'analyser. Le visage du défunt était couvert d'un couvre-face funéraire, fait de tissu et peint en blanc. L'expression faciale de ce masque est très calme. Le visage qu'il dessine est séduisant, avec de longs sourcils, la peau claire, le front couvert d'une grande feuille d'or. Les vêtements portés par le défunt sont particulièrement dignes d'intérêt : un manteau aux couleurs vives et aux motifs magnifiques, un pantalon brodé et des chaussettes bien préservées (voir Figure 9). Un an après les fouilles, en 1996, ce personnage masculin fut envoyé au Musée de Shanghai pour être inclus dans une exposition sur la route de la soie. Il attira l'attention du monde entier et devint la vedette de l'exposition.[18] En 2004, ce fut au tour du Japon de vouloir l'exposer. Toutefois, la Chine n'autorise pas ses vestiges humains à quitter le territoire. Par conséquent, l'administration du patrimoine culturel du Xinjiang décida de dévêtir la dépouille et demanda aux équipes du Musée national de la soie de Chine de se charger de cette opération. Mes collègues et moi-même arrivâmes à Urumqi le 15 juillet 2004. C'était la canicule exceptionnelle et la température maximale était de 46°C. Nous choisîmes une pièce hermétique à l'air, exposée au nord, car le déshabillage ne pouvait avoir lieu que dans un environnement humide. Il fallait de la vapeur pour humidifier la pièce. Nous retirâmes les vêtements extérieurs, mais les vêtements les plus proches de la peau ne pouvaient pas être séparés du corps. Enfin, nous emportâmes tous les habits que nous avions pu ôter à Hangzhou pour qu'ils y soient restaurés, puis nous fabriquâmes un mannequin, le vêtîment des vêtements d'origine et le renvoyâmes à Urumqi.

Nous observâmes un phénomène très intéressant pendant le déshabillage. Nous découvrîmes que nombre des vêtements étaient couverts de feuille d'or. Il n'y avait pas seulement de la feuille d'or sur le front du défunt, mais aussi sur son col, ses manchettes et ses chaussettes (y compris sur les semelles). Elle avait été appliquée après la confection des vêtements. Initialement, il nous sembla que le pantalon était fait de laine, parce que le tissu paraissait rêche. Cependant, la spectroscopie infra-rouge montra qu'il était en réalité fait de soie, très vraisemblablement de soie produite localement. Après que les vêtements eurent été retirés, nous nous trouvâmes face à un corps enveloppé de soieries, comme une momie. Ce traitement de la dépouille ne correspondait pas à la coutume locale. De plus, des tissus de soie fixaient le corps sur une

Figure 9 La corps de l'homme mis au jour à Yingpan

planche en bois placée dessous, pour qu'il reste droit. Ainsi que le montre la photo, ses doigts étaient attachés à plusieurs endroits. Une fois retirés le couvre-face et les textiles de soie enveloppant la tête de l'homme, son visage était toujours visible, malgré la décomposition. Le masque lui donnait une expression aimable. Son habit constitue la plus belle pièce de la tombe 15 de Yingpan, il a des motifs jaunes sur fond rouge sur le devant et des motifs rouges sur fond jaune sur l'arrière. C'est une double-étoffe polychrome. Elle est tissée comme un taffetas avec des chaînes et des trames rouges sur une couche, et des chaînes et des trames jaunes sur l'autre. Les chaînes et les trames des différentes couches changent selon les besoins du motif, produisant ainsi un motif jaune sur fond rouge et un motif rouge sur fond jaune. La technique de la double-étoffe est toujours utilisée de nos jours. La répétition des motifs de cette pièce est magnifique. Elle comprend une paire de chèvres au-dessus desquelles se trouve une paire de garçons, puis une paire de taureaux et de nouveau une paire de garçons (voir Figure 10). Une fois les motifs déterminés, ils pouvaient aussi être tissés dans la direction inverse, bien que ceci eût changé l'axe de symétrie. Lorsque nous analysâmes ce vêtement en vue de sa restauration, nous nous rendîmes compte qu'à l'origine, ses différentes parties avaient été découpées dans un même carré de tissu. A l'exception de quelques petits fragments dont les positions originelles ne purent être déterminées, nous fûmes capables de reconstruire le carré de tissu original. La carré complet mesure environ 2 mètres sur 2. Les motifs changent de direction au milieu du tissu et tous les motifs horizontaux apparaissent par paires (voir Figure 11).[19] Certaines parties du revers du vêtement sont manquantes, mais nous pouvons approximativement – et, selon nous, correctement – estimer leurs positions.

Professeur Lin Meicun est d'avis que le garçon de ce dessin est Eros, le dieu grec de l'amour, même s'il peut ici sembler inamical, voire belliqueux. L'image d'Eros avec ses cheveux bouclés, portant une cape et tenant une épée, est courante dans l'art grec.[20] Des œuvres d'art du Parthénon, au British Museum, représentent des soldats dévêtus ou vêtus seulement d'une cape, portant des épées et des boucliers. Sur la pièce de Yingpan, les garçons d'une des paires sont munis de boucliers et ceux de l'autre portent de longues lances. Entre les garçons se trouve un grenadier, variété largement cultivée dans une partie d'Asie centrale autrefois associée à la Sogdiane. [Ceci

Figure 10 Textile en double-étoffe avec un motif de garçons, de taureaux et de chèvres appariés (détail)

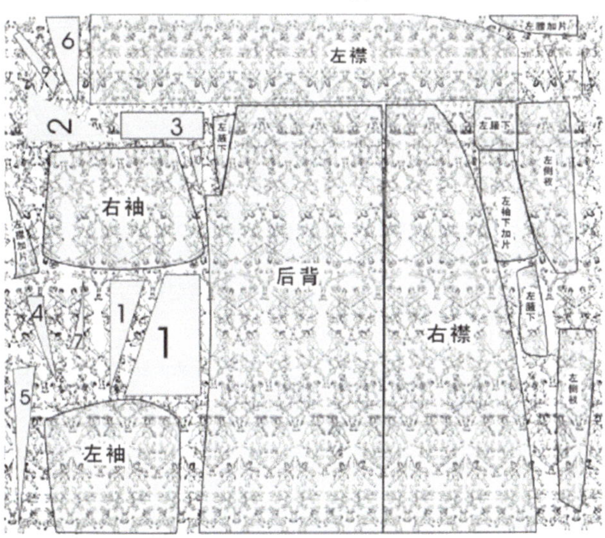

Figure 11 Textile en double-étoffe avec un motif de garçons, de taureaux et de chèvres appariés (reconstitution)

est significatif car le grenadier (en chinois, *shiliu*) était jadis appelé *anshiliu*, sachant que An était le diminutif de Anguo, le nom chinois d'un Etat de la Sogdiane.] Il existe aussi des sculptures microscopiques, sur des bagues et d'autre œuvres d'art, illustrant des personnages dévêtus munis d'épées ou de lances, indiquant qu'il s'agissait là d'attributs populaires à cette époque et que ces personnages participaient à une sorte d'exercice militaire. Toutefois, Eros n'est pas traditionnellement associé au maniement de l'épée.

Figure 12 Soie tissée polychrome avec un motif de vignes, d'aigles et de serpents

Eros est représenté sur une autre soierie mise au jour à Yingpan. Il s'agit d'une pièce bleue, trouvée dans un bon état de conservation, mais qui ne fut malheureusement pas rapportée à l'institut de recherche archéologique. Par la suite, des archéologues en trouvèrent des fragments à proximité du cimetière (voir Figure 12). Cette soie bleue comporte des dessins plus grands, y compris un motif en forme de S, qui était courant dans les œuvres d'art grecques de cette époque, et un motif de garçons ailés, représentations typiques d'Eros.[21] On peut voir une image similaire d'Eros sur un pot à cosmétiques de l'époque romaine. En ce temps-là, Eros était appelé Cupidon – tous deux sont des anges et des dieux de l'amour. Dans les œuvres d'art du début de la période hellénistique, Eros apparaît généralement comme un jeune homme et non pas comme un ange.

Un garçon ailé près d'une guirlande peut aussi être vu dans les peintures murales du temple bouddhiste de Miran, vers le Lop Nur – c'est un Eros typique sous les traits d'un ange. Plus tard, l'image d'Eros changea. Il fut parfois représenté sans ailes, tenant une lance pour chasser le cerf, indiquant qu'il pouvait aussi être belliqueux. Voilà pourquoi il n'est pas impensable de trouver en Asie centrale une image d'Eros brandissant une épée ou une lance.

V. Hélios, dieu du Soleil

Le dernier exemple est celui du dieu du Soleil. Cette divinité diffère grandement dans les mythologies grecque et orientale. En mythologie orientale, un corbeau doré s'envola le jour et revint le soir, pour se reposer sur un mûrier. Il y avait dix oiseaux sur cet arbre et chaque jour s'envolait un oiseau, représentant un soleil. Puis, une fois, les dix oiseaux s'envolèrent simultanément de l'arbre, de sorte que dix soleils apparurent en même temps, causant une terrible sécheresse sur terre. Puis, le héros-archer Hou Yi arriva. Il tira sur neuf des dix oiseaux, n'en laissant qu'un seul, qui est le soleil que nous connaissons aujourd'hui. Le corbeau doré est différent des autres et, en raison du fait qu'il possède trois pattes, on le surnomme aussi « l'oiseau à trois pattes ». En mythologie grecque, Hélios est la personnification du soleil (il diffère d'Apollon, le dieu du Soleil). Il traverse tous les jours le ciel dans son chariot, voyageant toujours d'est en ouest. Le dieu du Soleil apparut très tôt en Europe.

Un dieu du Soleil est représenté sur une pièce de soie tissée polychrome, mise au jour dans le cimetière de Reshui, district de Dulan, au Qinghai. Datant de la fin des dynasties du Nord, autour du VIème siècle, il avait évolué depuis un dieu du Soleil hellénistique (voir Figure 13). Le motif central est entouré d'un médaillon de perles et de volutes de nuages, qui sont typiques de l'art hellénistique et bien différents des motifs de nuages des soies chinoises de style Han. Le médaillon de perles – un cercle de points – puise ses racines dans l'art persan. Le personnage central ressemble à Bouddha, mais ce ne peut pas être lui, car Bouddha a un ushnisha au sommet de la tête, alors que ce personnage porte un couvre-chef décoré d'une perle et un vêtement doté d'un col en V ; ses mains et ses jambes sont croisées comme celles d'un bodhisattva. Il est assis sur un piédestal en lotus, possède un halo et est apparemment lié de près au bouddhisme. Etant donné que le bouddhisme était très populaire à cette époque, la plupart

Figure 13 Soie tissée polychrome représentant Hélios, de Reshui, Dulan (détail)

des œuvres d'art y faisaient référence. Le piédestal en lotus est placé sur la plateforme d'un chariot tiré par six chevaux ailés. Ce sont des chevaux divins, comme Pégase. L'arrière-plan laisse entrevoir l'attirail normal d'un roi itinérant. Un dais est suspendu au-dessus de sa tête. Il y a, de chaque côté, un dragon tourné vers l'extérieur et une bannière bouddhique en trois parties, ainsi que des gardes qui servent d'escorte. En-dehors du médaillon de perles, il y a deux caractères chinois : *ji* (de bon augure) et *chang* (prospère). La pièce entière fut créée en blanc et rouge foncé, et les motifs sont très nets. Après avoir rapiécé tous les fragments, on distingue trois médaillons de perles avec un motif de nuages tournoyants. Le médaillon central contient le dieu du Soleil. La partie sous le chariot est légèrement endommagée. Les deux cercles situés au-dessus et en-dessous semblent Figurer des scènes de chasse : chacune d'entre elles présente des hommes chevauchant des chameaux, tirant des flèches sur des lions, et des cavaliers tirant des flèches sur des cerfs ; on y voit aussi des lions et des silhouette humaines, ainsi que des guerriers avec des boucliers, engagés au combat (voir Figure 14).[22] De nombreuses soies tissées polychromes de cette époque présentent de telles images, mais elles sont souvent si

Figure 14 Motif reconstruit d'Hélios, de Reshui, Dulan, Qinghai

colorées que les détails ne sont pas clairs. Certaines étoffes mises au jour à Reshui, Dulan, offrent aussi des images simplifiées du dieu du Soleil, symbolisé par une Figure assise au milieu, avec un cheval de chaque côté. Ici, les roues au centre suggèrent qu'il est assis dans un chariot.

De nombreux éléments portent à croire que cette Figure est Hélios, le dieu du Soleil. Il est très clair que l'image de cette divinité s'est propagée en suivant un parcours d'ouest en est. Le dieu du Soleil de l'art grec, qui traverse le ciel dans son chariot, porte un symbole du soleil sur la tête. Cette représentation Figure aussi dans l'art romain, d'où il fut introduit en Inde. Le dieu du Soleil est représenté de la même façon en Inde et en Grèce, mais en Inde il s'appelle Surya. Le dieu du Soleil d'Asie centrale conduit aussi un chariot. A Bamiyan, en Afghanistan, une image de ce dieu était placée au-dessus de l'un des Bouddhas géants. Les Bouddhas de Bamiyan furent détruits en 2001 par les talibans et la peinture murale qui les surmontait n'existe plus. Néanmoins, à partir de dessins au trait du site, on peut clairement distinguer une silhouette avec un halo autour de sa tête, portant une robe aux manches étroites et des bottes de cuir, se tenant sur un chariot tiré par des chevaux ailés et escorté par des gardes munis de boucliers.[23] Au-dessus se trouve une créature avec une tête humaine et un corps d'oiseau, connu sous le nom de Kalavinka, ou encore Miaoyin niao (oiseau musical) en chinois, qui chante lorsqu'un personnage important apparaît (voir Figure 15). Ainsi, le dieu du Soleil de la mythologie grecque s'est répandu en Inde et en Chine, via l'Afghanistan et le Pamir. Les principales grottes bouddhistes en Chine occidentale se situent à proximité de Kizil et de Kumutula, à Quici (aujourd'hui Kucha, Xinjiang). Dans les peintures qui illustrent des phénomènes astronomiques à Kizil et Kumutula, le dieu du Soleil se tient debout sur un chariot doté de roues, mais non de chevaux. Il porte généralement un vêtement aux manches étroites et est représenté soit en station debout, soit assis, les jambes croisées (voir Figure 16). Cette image peut être vue dans des peintures illustrant des phénomènes naturels dans quasiment chaque grotte de Kizil. A mesure que l'on avance vers l'est, jusqu'à Dunhuang, l'image de ce dieu se simplifie de plus en plus. Nous croyons que l'étoffe de soie représentant le dieu du Soleil, mise au jour dans un tombeau à Reshui, Dulan, fut produite en Chine, car les techniques de tissage diffèrent de celles d'Asie centrale. Cependant, il est tout-à-fait possible que des tisserands chinois aient ajouté des éléments plus imaginatifs à ce dieu, le rendant ainsi plus attractif et complet que celui des peintures murales de Dunhuang.[24]

Figure 15 Image du dieu du soleil dans la peinture murale au-dessus de la statue de Bouddha, à Bamiyan

Figure 16 Image du dieu du soleil sur le haut de la grotte 23, Kumutura, Xinjiang

Notes

[1] The Museum of the Xinjiang Uygur Autonomous Region (Musée de la région autonome ouïghoure du Xinjiang), "Brief Report on the Clearing of the Multi-Person Tomb from the Eastern Han Dynasty in the Ancient Graveyard in the Desert North of Minfeng County, Xinjiang" in *Cultural Relics*, 1960 (6).

[2] James C.Y. Watt, *China : Dawn of a Golden Age*, 200-275 AD. New York : The Metropolitan Museum of Art, 2004 : 196-197.

[3] Lin Meicun, "Elements of Greek Culture in the Art of the Western Regions in the Han Dynasty" in *Chinese Culture Quarterly*, 2003(1) : 1-35.

[4] Zhang Jingmin, "From a Greek Goddess to an Eastern Goddess : the Origin of the Image of Hāriti and Its Development and Evolution along the Silk Road". Beijing : School of Archaeology and Museology of Peking University, 2005.

[5] Sun Ji, "The Discovery and Study of Ancient Western Artefacts since 1949" in *Cultural Relics*, 1990(10) : 69-80.

[6] Isao Kurita, *Gandhara Art*. Nigensha, 1988 : 137.

[7] Chu Shibin, "A Brief Study of the Gilt Silver Dish from the Eastern Roman Empire Newly Unearthed in Jingyuan (Gansu)" in *Cultural Relics*, 1990(5).

[8] Xing Yitian, "Heracles in the East : The Spread and Adaptation of this Image in Ancient Central Asian, Indian and Chinese Plastic Arts", in Rong Xinjiang and Li Xiaocong (eds), *A History of Sino-Foreign Relations : New Historical Materials and New Issues*. Beijing : Science Press, 2004 : 15-47.

[9] John Boardman, *The Crossroads of Asia*. London : The Ancient India and Iran Trust, 1992 : 151.

[10] Volbach W. Fritz, *Early Decorative Textiles*. Paul Hamlyn, 1969 : 107.

[11] Marylin M. Rhie, *Early Buddhist Art of China and Central Asia, Vol. II*. Brill, 2002 : 364.

[12] Zhao Feng, "A Study of the Wax-Resist Dyed Cotton Fragments Unearthed at Niya" in Rao Zongyi, China Studies, Vol. 9-10. Shanghai : Shanghai Ancient Books Press, 2008 : 790-802.

[13] The Museum of the Xinjiang Uygur Autonomous Region (Musée de la région autonome ouïghoure du Xinjiang) et al. "Shanpula in Xinjiang, China : the Unveiling and Study of the Ancient Khotanese Civilization". Urumqi : Xinjiang People's Press, 2001.

[14] Boris Stawiski, *Kunst der Kuschan*, VEB Ethe. A. Seemann Verlag, Leipzig, 1979 : 133.

[15] Abetkov & Yusupov, "Nomadic Peoples of Ancient Iran in the Western Part of Central Asia" in *History of civilization of Central Asia*. Beijing : China Translation & Publishing Corporation, Paris : UNESCO, 2002.

[16] E. Lubo-Lesnichenko, *Ancient Chinese Silk Textiles and Embroideries : 5th to 3rd Century AD, in the Collections of the State Hermitage Museum*, Leningrad, 1961.

[17] Isao Kurita, *Gandhāra Art*. Tokyo : Nigensha. 1988.

[18] Ma Chengyuan et al, "The Male Corpse Unearthed at Yingpan" in *Rare Archaeological Finds from along the Silk Road in the Xinjiang Uygur Autonomous Region*. Shanghai : Shanghai Translation Publishing House, 1998.

[19] Li Wenying, "Textiles and Costumes Unearthed from Yingpan Tomb No. 95BYYM15" in *Western Imprints : Textiles from the Han and Jin Dynasties*. Hong Kong : ISAT/Costume Squad Ltd., 2008 : 56-75.

[20] Voir note 3.

[21] Emma C. Bunker, "Late Antique Motifs on a Textile from Xinjiang Reveal Startling Burial Beliefs" in *Orientations*, May 2004 : 30-36.

[22] Zhao Feng (ed.), *Recent Excavations of Textiles in China*. Hong Kong : ISAT/Costume Squad Ltd., 2002 : 76-77.

[23] F. Allchin and N. Hammond, *The Archaeology of Afghanistan : From Earliest Times to the Timurid Period*. London : Academic Press, 1978.

[24] Zhao Feng, *Silk and Silk Route in the Tang Dynasty*. Xi'an : Sanqin Press, 1992 : 232-236.

Chapitre 5
Soieries de style occidental : leurs origines au Xinjiang et à Ferghana

L'expansion de la soie vers l'ouest s'est faite de manière progressive. Les soies chinoises étaient bien reçues au long de la route de la soie et les locaux voulaient non seulement en acheter, mais aussi apprendre les techniques de tissage. Ils absorbèrent des connaissances techniques, importèrent des matières premières et introduisirent des œufs de ver à soie. Ceux-ci furent ensuite transportés plus à l'ouest et les styles artistiques voyagèrent dans la même direction. C'est de cette manière que les techniques de production de soie arrivèrent en Asie centrale, dans des endroits aujourd'hui situés au Xinjiang (Chine) et à Ferghana (Ouzbékistan). Les soieries mises au jour dans ces deux contrées mettent en avant des styles artistiques très similaires.

I. Les débuts de l'expansion de la soie

Selon la légende, une princesse chinoise introduisit la sériciculture dans les régions occidentales. La première trace écrite de cette histoire se trouve dans les *Archives des régions occidentales sous les grands Tang,* compilées par le moine bouddhiste Xuanzang, en 646. Toutefois, certains objets matériels découverts sur des sites du Xinjiang sont antérieurs à la date de ces archives : par exemple, le panneau de bois peint illustrant la légende, découvert par Aurel Stein dans un temple de Dandan Oilik, à Khotan.

1. L'histoire de la princesse qui introduisit la sériciculture depuis la Chine

Selon les archives de Xuanzang, il existait sur la route de la soie un petit Etat appelé le Gostana, qui correspondait grosso modo à la ville actuelle de Khotan (Xinjiang). Les locaux aimaient beaucoup la soie, mais ils n'avaient pas d'oeufs de ver à soie. Xuanzang écrit : « Sachant que le royaume de l'est possédait des graines de mûrier et des œufs de ver à soie, le roi de Gostana y envoya un émissaire pour en demander. A cette époque, la soie était un secret bien gardé en Chine. Alors, le roi du Gostana chercha à organiser un mariage qui permettrait de conclure une alliance avec la Chine et les deux pays trouvèrent un accord. Ensuite, par le biais de son émissaire, le roi du Gostana demanda à la princesse, sa future belle-fille, d'introduire clandestinement des graines de mûrier et des œufs de ver à soie dans son pays, afin qu'on puisse y fabriquer de la soie. La princesse les cacha dans sa couronne qui, pour des raisons de bienséance, n'était pas inspectée lors du passage aux douanes. C'est ainsi que la sériciculture fut introduite au Gostana. »[1]

Cette histoire est illustrée sur un panneau de bois peint, qui se trouve actuellement dans la collection du British Museum (voir Figure 1).[2] Au milieu de la peinture se trouve la princesse chinoise, arborant une coiffure très élaborée. Une servante se tient à chacun de ses côtés. Celle de droite est en train d'utiliser un métier à tisser. Celle de gauche montre du doigt la coiffure de la princesse, suggérant que des œufs de ver à soie puissent y être cachés. Devant cette servante se trouve un bol contenant des objets ronds, qui ressemblent à des cocons de ver à soie. Le panneau peint est une présentation graphique de l'histoire, montrant les cocons, la couronne de la princesse et la scène de tissage. Derrière la princesse se trouve un personnage d'aspect divin, qui tient des petits objets en lien avec le tissage : un couteau servant à couper les fils de trame, des ciseaux et un outil ressemblant à une ensouple, qui servait peut-être à enrouler la soie.

Après avoir obtenu les œufs nécessaires, le Gostana commença à élever des vers à soie pour en récupérer les cocons et un modèle unique de production de soie fut établi à échelle locale. Normalement, une chrysalide de ver à soie brise son cocon et émerge sous la forme d'un Bombyx du mûrier après environ sept jours. Un cocon intact est fait d'un fil de soie continu. Lorsque le cocon est brisé, le fil de soie continu l'est aussi, ce qui résulte en de nombreux filaments de soie plus courts. La pratique chinoise consistait à dévider le fil de soie dès que le cocon était formé, ou bien à tuer la chrysalide du ver à soie pour qu'elle ne puisse pas briser son cocon. Ainsi, les filaments de soie demeuraient longs et continus. Selon des archives historiques sur le Gostana, les locaux chérissaient ces œufs difficilement obtenus et voulaient que les

Figure 1 Panneau de bois peint représentant la princesse qui introduisit la sériciculture depuis la Chine

papillons restent en vie pour en pondre davantage. Pour cette raison, ils attendaient que la chrysalide ait brisé le cocon et seulement après, ils commençaient à dévider la soie. Une autre version de cette histoire raconte que les locaux ne tuaient pas les chrysalides parce que le bouddhisme ne permet pas de tuer des créatures vivantes.

Outre ce célèbre panneau de bois peint, il en existe d'autres qui illustrent des histoires semblables. Par exemple, sur un autre panneau découvert par Aurel Stein, on voit un personnage très semblable à celui décrit ci-dessus. Il tient un couteau pour couper les fils de soie et cet instrument ressemble aux couteaux utilisés à l'heure actuelle par les tapissiers du Xinjiang. Un autre panneau peint, appartenant aujourd'hui à une collection russe, représente une personne assise devant un métier à tisser et une divinité dont l'identité n'a pas encore été confirmée. Certains croient qu'il s'agit du dieu du tissage de la soie, car on le voit passer un fil dans un ros, soit un outil en bambou qui sert à maintenir les fils de chaîne dans un arrangement régulier sur un métier à tisser.[3]

2. Anciens mûriers

Les feuilles du mûrier sont un élément essentiel de la production de soie. La partie d'Asie centrale aujourd'hui connue comme le Xinjiang et l'Ouzbékistan a longtemps été une région importante pour les vers à soie, les feuilles de mûrier et la soie. De nos jours, d'immenses mûriers très anciens peuvent encore y être admirés. A Tuyugou, vers Turfan, de nombreux foyers ont des mûriers, certains dans un but purement décoratif : plus un mûrier est vieux, plus il devient beau. En Ouzbékistan, d'anciens spécimens peuvent être contemplés le long des routes qui relient les villes de Samarcande et Ferghana. Ceux qui poussent devant la mosquée de Boukhara sont séculaires. Certains sites remontant au XIIIème siècle sont couverts de mûriers. Ces arbres ont été cultivés en Asie centrale depuis très longtemps, et l'industrie textile et séricicole y est toujours florissante de nos jours.

Le coton, originalement cultivé en Inde, a aussi été largement utilisé en Asie centrale. Il est possible qu'il ait été cultivé à Ferghana avant de l'être en Chine. Marguilan, dans la province de Ferghana, occupe une place d'honneur dans le domaine de la production de soie. Elle héberge de nombreuses usines à soie, dont l'une exhibe fièrement un mûrier de la hauteur d'un immeuble à cinq étages, avec un tronc si épais qu'il faut plusieurs personnes pour en faire le tour (voir Figure 2). La production de soie de Marguilan suit la méthode actuelle du Khotan, qui consiste à dévider la soie des cocons plutôt que de filer des fibres à partir de cocons brisés, comme on le faisait anciennement en Asie centrale.

Figure 2 Ancien mûrier de Marguilan

II. Soies façonnées à chaînes multiples, tissées avec des fils de soie filée, au Xinjiang

Il est important de distinguer le fil de soie dévidée et le fil de soie filée. Le fil de soie dévidée est obtenu en défaisant le filament de soie continu d'un cocon intact. Si l'on permet à la chrysalide de briser son cocon pour s'en extraire, elle déchire le filament continu en de nombreux endroits et ces sections de filament plus courtes sont ensuite filées ensemble pour créer le fil de soie filée.

Etant donné que, dans le passé, il n'était pas aisé de se procurer des œufs de ver à soie, on ne faisait pas bouillir les cocons intacts (pour tuer les chrysalides) comme en Chine centrale. Au lieu de cela, les cocons brisés étaient ramassés et l'on produisait du fil de soie filée. De nombreuses données historiques du Xinjiang indiquent que les soies polychromes produites à Gaochang (Turfan), Shule (Kashgar) et Qiuci (Kucha) étaient tissées à partir de fils de soie filée, utilisés aussi bien pour les fils de chaîne que de trame.[4] Des textiles tissés d'un style distinct ont été mis au jour à Yingpan, Zhagunluke, Turfan – ils présentent principalement du fil de soie filée tissé selon une armure de taqueté façonné. Parmi les étoffes mises au jour à Yingpan, on compte aussi des rubans de soie polychrome tissés avec du fil de soie filée selon une armure de taffetas à chaînes multiples, endroit chaîne.

Les étoffes de soie ont un aspect très différent selon qu'elles sont tissées avec de la soie dévidée ou de la soie filée. Ceci permet de distinguer celles qui furent produites localement en Asie centrale. Je vais d'abord me pencher sur les soies façonnées, tissées avec des fils de soie filée, produites au Xinjiang aux IIIème et IVème siècles.

La façon la plus simple d'identifier de la soie produite localement est de regarder les fils qui la constituent. Si le fil semble fait de soie filée, il est probablement local et le tissage est sans doute local aussi, très probablement réalisé au Xinjiang ou à Ferghana. Il est invraisemblable que des fils de soie filée aient été envoyés en Chine centrale et que les textiles aient été renvoyés au Xinjiang une fois tissés. Si le fil semble fait de soie dévidée, il est possible qu'il ait été acheté en Chine centrale, mais tissé au Xinjiang, ou alors que l'étoffe tissée ait été achetée en Chine centrale.

Nous avons la chance de disposer de documents historiques et de vestiges qui fournissent des informations au sujet de soies façonnées, tissées avec des fils de soie filée, au Xinjiang.

Dans le *Livre des Wei*, compilé au milieu du VIème siècle, on peut lire : « Gaochang (l'actuelle Turfan) convient à la sériciculture. Khotan (à l'époque, Gostana) convient pour faire pousser des récoltes alimentaires, des mûriers et du chanvre. A Yanqi (Qarasahr), on cultive les vers à soie exclusivement pour produire de la soie filée. Shule (aujourd'hui Kashgar) est riche en riz, millet, chanvre, blé, cuivre, fer, étain, orpiment, soies tissées polychromes et soie filée. Tout ceci est fourni aux Tujue (peuple turc) sur une base annuelle. »

Un siècle plus tard, le *Livre des Sui,* compilé au milieu du VIIème siècle, indiquait également que Gaochang était très propice à la sériciculture. En premier lieu, il mentionne Shule : « Shule regorge de riz, millet, chanvre, blé, cuivre, fer, soies tissées polychromes et orpiment. Le roi du Khotan porte des coiffes faites de soie tissée polychrome. » Ceci nous informe que les soies tissées polychromes étaient produites ou tissées à Shule. Cependant, les endroits les mieux adaptés à la culture des mûriers, à l'élevage des vers à soie et à la production de soie étaient Gaochang et Khotan.

En plus de ces récits, de nombreux documents contemporains mis au jour sur des sites de Turfan évoquent la production de soie locale. Je vais citer quelques exemples extraits de ces documents de Turfan, qui proviennent tous de tombes de Karakhoja (Turfan) et font référence à des soies tissées polychromes d'origines diverses.

Soie de Shule (Kashgar) : la tombe 90 à Karakhoja contenait un document intitulé *Archives fournies par l'officier de l'état civil Zhang Wan et d'autres*, qui mentionne « un zhang (unité de mesure de longueur) de soie tissée polychrome produite à Shule ». Un fragment d'un autre document de cette tombe est daté de 475 (10ème année de l'ère de Yongkang, sous le royaume de Gaochang) ; il précise qu' « il faut trois *jin* et demi (unité de mesure de poids, un *jin* équivaut à un demi kilogramme) de fil de soie filée pour confectionner des rubans de soie polychrome ».

Soie de Qiuci (Kucha) : la tombe 99 de Karakhoja contenait un contrat d'acquisition datant de 450 ou 509 (8ème année de l'ère de Chengping, Liang du Nord). Il concerne la vente d'une servante en remboursement d'une dette. Le contrat de prêt original stipulait que l'emprunteur Shi Anu devait rendre une pièce de soie tissée polychrome et demie le 30ème jour du second mois lunaire de l'année suivant la prochaine. Toutefois, Shi Anu fut incapable de rendre les soies et il vendit une servante de 25 ans à Zhai Shaoyuan pour trois *zhang* et demi de soies tissées polychromes de Qiuci, ce qui lui permit de rembourser sa dette.

Soie de Qiuci (Kucha) et Gaochang (Turfan) : la tombe 88 de Karakhoja contenait aussi un contrat de prêt, daté de 447 (5ème année de l'ère de Chengping, Liang du Nord) ou 506. Il stipule que le taoïste Fa Andi Anu emprunta à Zhai Shaoyuan une longueur (*zhang*) de soie tissée polychrome de style Qiuci, fabriquée à Gaochang, mesurant 9 *chi* 5 *cun* de long et 4 *chi* 5 *cun* de large, dotée d'un fond jaune, tissé avec des fils de soie filée en guise de fils de chaîne et de trame. Ceci confirme que les soies tissées polychromes de Qiuci étaient fabriquées avec des fils de soie filée en guise de chaîne et de trame.

Si l'on prend l'utilisation de fil de soie filée comme indicateur de production locale, on peut commencer à s'intéresser de plus près aux pièces produites localement, voire à prédire leurs lieux de fabrication avec plus d'exactitude. Je vais donner quelques exemples ci-dessous de textiles mis au jour dans divers sites du Xinjiang ; tous ont en commun d'avoir été tissés avec des fils de soie filée pour les fils de chaîne et de trame. D'Astana, il y a une pièce avec un motif animalier de bon augure, tissé horizontalement en zigzag sur fond rouge (tombe 313 d'Astana) (voir Figure 3). Il y a aussi une pièce avec des petites fleurs entourées de médaillons de perles sur fond rouge (Tombe 330 d'Astana).[5] De nombreuses pièces semblables furent mises au jour au cimetière de Zhagunluke, au sud du désert du Taklamakan. Une autre pièce importante fut trouvée dans une tombe de Huahai, près de Yumenguan, à l'extrémité occidentale du corridor Hexi, dans la province du Gansu. Cette tombe appartenait à une femme nommée Dagounü, inhumée en 376. De nombreuses soieries y furent révélées, mais une seule pièce était faite de fils de soie filée en guise de fils de chaîne et de trame. Il s'agissait d'un sous-vêtement très simple, semblable au *mawashi* porté par les lutteurs sumo. La partie inférieure était faite de soie polychrome tissée avec des fils de soie filée. Le motif, quoiqu'assez peu clair, est un motif de trame comprenant un nuage, un oiseau et un animal sur fond rouge. C'est la plus ancienne soie tissée polychrome composée de fils qui semblent filés, en guise de fils de trame et de chaîne.[6] Il est rare de mettre au jour une étoffe de ce type dans cette région, ce qui suggère qu'elle ne fut pas produite localement.

Les caractéristiques techniques d'une telle soie tissée polychrome sont les suivantes : les chaînes et les trames de l'étoffe sont filées à la main, ce qui explique pourquoi les fils de soie sont généralement d'épaisseur variable. Ces fils sont tordus en Z (la torsion en « Z » ou

Figure 3 Soie tissée polychrome avec un motif animalier de bon augure sur fond rouge, mise au jour à Turfan

en « S » fait référence au sens dans lequel le fil floche est tordu pour être transformé en fil de soie). Sous les dynasties Han et Tang, la torsion en « Z » était typique des régions occidentales alors que la torsion en « S » était typique de Chine centrale. Sur cette pièce, la couleur dominante est le rouge ; de manière générale, les couleurs courantes sont le blanc, le rouge, le gris et le jaune. Elle est tissée selon une structure de taqueté façonné, généralement avec un bout comme chaînes extérieures et deux bouts comme chaînes intérieures. Le ratio des trames lancées est 1:1 et l'étoffe est communément de trois couleurs. Les fils de chaîne peuvent être des chaînes ouvertes ou des chaînes mixtes. Les chaînes ouvertes sont généralement des fils seuls, alors que les chaînes mixtes sont souvent combinées en paires. L'étoffe locale est surtout constituée de taffetas à envers trame 1:1, mais la couleur globale est trichromatique, dans la plupart des cas. Ces soies façonnées à envers trame mesurent d'ordinaire un mètre de large et environ deux mètres de long, ce qui diffère considérablement des pièces de tissu standard de Chine centrale, qui mesuraient typiquement 50 cm de large et plus de 10 m de long.[7]

Une autre soie polychrome produite au Xinjiang est une sorte d'étroit ruban en taffetas à chaînes multiples, endroit chaîne, dont la première découverte fut faite à Loulan par le collègue de Sven Hedin, Folke Bergman. Les documents de Turfan mentionnent « l'utilisation de trois *jin* et demi de fils de soie filée pour produire du ruban de soie polychrome » et ceci semble correspondre à l'exemple de Loulan. De nombreux rubans similaires furent mis au jour sur le site de Yingpan. Les fils étaient tordus en Z, suggérant une production locale. Alors que la structure de tissage du taffetas à chaînes multiples, endroit chaîne, fut adoptée de Chine centrale, le ruban du Xinjiang, mesurant environ 2-3cm de large, est bien plus étroit que la largeur standard de 50 cm commune en Chine centrale. De manière générale, le ratio des chaînes de motif et des chaînes de fond est de 1:1, mais ces étoffes sont habituellement de trois couleurs ou plus et la couleur est enrichie en changeant des chaînes de couleurs différentes à divers endroits. Une autre caractéristique importante est la répétition du motif. Sur un ruban de soie polychrome doté d'un motif animalier, appartenant à une collection londonienne (voir Figure 4), on peut voir que les animaux ne sont pas répétés dans le sens de la chaîne : le premier détient une paire d'ailes, le second, non. En revanche, les animaux sont répétés dans le sens de la trame, même si le ruban est très étroit. Ceci est l'inverse des schémas de Chine centrale, où les motifs sont répétés dans le sens de la chaîne. Cette différence-là nous permet également de distinguer les rubans du Xinjiang des rubans de Chine centrale.[8]

Figure 4 Ruban de soie polychrome avec un motif animalier, dans une collection londonienne

III. Imitations locales de soies *jin* de Han et de textiles de laine occidentaux

Les rubans en taffetas à trames multiples et à chaînes multiples, mentionnés ci-dessus, furent confectionnés en suivant le modèle des soies *jin* de Han qui avaient été introduites au Xinjiang. Par conséquent, les soieries locales ont beaucoup en commun avec les soies *jin* de style Han. Premièrement, concernant la structure du tissage, le taqueté façonné a été produit en opérant une rotation de 90°. Deuxièmement, pour ce qui est du motif, les nuages et les animaux présents sur les soies *jin* de Han ont été copiés sur le tissu à trames multiples, de même que certains caractères chinois, bien qu'ils soient parfois méconnaissables. Troisièmement, le ruban local imitait la technique de broderie des motifs de soie *jin* tout en l'adaptant, de manière à ce que les motifs soient brodés dans le sens de la chaîne et la répétition des motifs dans le sens de la trame.

Une robe de coton mise au jour sur le site de Yingpan est bordée de bandes de soie tissée polychrome. Bien que ces bandes soient très étroites, le motif séquentiel de nuages et d'animaux est toujours visible, ainsi que des détails tels que des nuages flottants, séparant les animaux ailés. Il est tout particulièrement intéressant d'observer le traitement des caractères chinois dans ce dessin. Les soies tissées polychromes Han Figurent souvent des caractères chinois dans des inscriptions de bon augure. Or, les gens du Xinjiang et d'Asie centrale ne savaient pas grand-chose sur ces caractères et encore moins sur leur signification ; ils les intégrèrent donc de manière abstraite aux soies façonnées à trames multiples, en les plaçant dans des carrés. En réalité, la structure de tissage et la répartition des motifs étaient presque identiques à la soies *jin*, une fois tournée à 90° et tissée dans des largeurs différentes.

Un autre lot de soies tissées polychromes fut mis au jour à Zhagunluke (voir Figure 5). A présent, elles sont en lambeaux, mais on peut toujours clairement distinguer les nuages flottants et les animaux. Les éléments du dessin sont lisibles et cohérents, et il y a diverses imitations de caractères chinois. Certaines ressemblent à 日 *ri* (soleil), d'autres ressemblent à 五 *wu* (cinq). Il y a même une silhouette qui rappelle un immortel volant (*yuren*), dont le processus d'imitation n'a modifié que de minuscules détails.[9] De cette manière, on constate que les fabricants de soie tissée polychrome locale imitaient les soies *jin* de style Han en copiant non seulement les formes animales évidentes, mais aussi les nuages flottants et les caractères chinois.

Figure 5 Soie façonnée à trames multiples de style Han, faite de fils de soie filée, de Zhagunluke

Néanmoins, tous les dessins n'étaient pas des imitations des soies *jin* de Han. En effet, certaines soies tissées à trames multiples sont ornées de motifs très différents et la possibilité que ceux-ci aient été inspirés par des étoffes de laine ne doit pas être négligée. Les motifs des soies locales suivaient le sens de la chaîne, avec des bordures arrangées de manière symétrique dans le sens de la trame. Certaines robes de Yingpan sont bordées de bandes de soie polychrome et, après avoir reconstitué le motif d'origine, on s'aperçoit qu'il y a des oiseaux en haut, des arbres et un visage de bête au milieu, avec peut-être un édifice ou un dais dessous, et une Figure humaine à proximité (voir Figure 6).[10] Cela constitue une unité de motif, mais elle n'est pas répétée de façon stricte. J'ai également vu une autre pièce en Angleterre qui comporte des arbres, des feuilles et des fruits en haut, où la forme des fruits rappelle celle du raisin et où la forme du milieu serait plutôt un dais ; il y a aussi quelques oiseaux et des ustensiles, qui présentent des similitudes avec l'étoffe mentionnée précédemment. En termes de style artistique, on constate donc que les étoffes polychromes tissées avec des fils de soie filée au Xinjiang imitent les soies *jin* de style Han de Chine centrale, mais aussi les étoffes de laine introduites depuis l'Occident.

Figure 6 Soie tissée polychrome avec un motif de personnages et visages de bêtes, de Yingpan, Xinjiang

IV. Taffetas façonné à trames multiples, tissé avec des fils de filaments de soie

Le taffetas façonné à trames multiples (taqueté façonné) tissé avec des fils de filaments de soie est apparu dans la région de Turfan sous les dynasties du Nord (VIème siècle). Nous savons cela grâce aux textiles trouvés dans la tombe 170 d'Astana, Turfan, lieu de sépulture de trois personnes décédées à la fin du VIème siècle.[11] Ces textiles ont une croisure de taqueté façonné, mais ils furent tissés avec des filaments de soie plutôt qu'avec des fils de soie filée. Un couvre-face posé sur le visage de l'un des occupants de la tombe est orné d'une paire de bouquetins et, après l'avoir minutieusement observé, il apparaît que son armure est un taqueté façonné et que toutes les chaînes sont tordues en Z. Ce sont deux caractéristiques des textiles tissés au Xinjiang à cette époque. Les trames sont magnifiques, lisses, droites, vivement colorées et de très haute qualité. Un pantalon ayant appartenu à l'un des occupants de la tombe – une femme nommée Xiaozi – est en bon état de conservation et, après reconstitution, nous avons pu observer un morceau de tissu rouge et blanc à l'arrière de la taille. Le décor de cette pièce est principalement formé de cercles contenant des bêtes ou des oiseaux appariés et l'armure est un taqueté façonné. Sur la liste funéraire découverte dans le tombeau, le pantalon était décrit comme *he li jin ku* (pantalon de soie tissée polychrome avec un motif *li* réuni). Le caractère 蠡*li* n'a pas encore été clairement défini.[12]

Figure 7 Reconstitution du motif d'oiseaux et de bêtes sur le pantalon de Turfan

Les archéologues réalisant les fouilles à Astana, Turfan, ont trouvé de nombreuses étoffes de soie, mais très peu de vêtements complets ; ce pantalon est donc assez exceptionnel. Les fils de chaîne de ce tissu sont tordus en Z et ils sont aussi irréguliers que des fils de soie filée, mais les fils de trame ne sont pas tordus et ressemblent à des fils de soie en filaments continus. Après reconstitution (voir Figure 7), on peut voir un motif de bête sauvage dans une ligne sur deux, alternant avec des paons, des poteries, des étoiles et deux paires de bêtes différentes (voir Figure 8). La quantité d'étoffes tissées présentes dans ce tombeau indique combien elles étaient courantes à cette époque. Des étoffes similaires ont été découvertes dans d'autres tombes datant de la même époque que la tombe 170 d'Astana ; elles présentent des motifs basés sur les caractères 王 *wang* (roi) et 吉 *ji* (de bon augure), des motifs de rubans et d'autres en forme de tortue. La caractéristique prédominante est qu'il n'y a aucun motif répété dans la chaîne et que les motifs sont arrangés de façon symétrique dans le sens de la trame. Il existe un autre type de soie tissée polychrome avec des motifs de nuages et de dragons sous des nuages minces et flottants, qui semble avoir été produit au VIème siècle ou plus tard. Ce genre de tissu-là peut aussi être considéré comme une soie en taqueté façonné.

Figure 8 Reconstitution du dessin du heli jin ku mis au jour à Turfan

V. Soieries mises au jour dans les tombes de Munchak-Tepa, à Ferghana

Les précédentes études chinoises portant sur la route de la soie se sont principalement concentrées sur la région du Xinjiang, où des étoffes de types variés ont été découvertes et de nombreux matériaux historiques pertinents ont été préservés. Cependant, lorsque les archéologues s'aperçurent que la culture occidentale avait influencé la route de la soie, ils prirent conscience que le champ des recherches devait être étendu aux régions situées à l'ouest de la Chine. En partant du Xinjiang et en franchissant le massif du Pamir, on arrive dans les pays d'Asie centrale. Le bassin de Ferghana dans la partie orientale de l'Ouzbékistan est étroitement lié à la route de la soie. Entre le Xinjiang et l'Ouzbékistan, au plus près, il n'y a que 100 km à parcourir par la route. L'itinéraire part du Xinjiang, passe par le terrain pentu du Pamir et traverse le Kirghizstan et le Tadjikistan avoisinants. La première escale en Ouzbékistan est la vallée de Ferghana, où le climat local et la terre sont propices à l'élevage des vers à soie et à la production de soie. Si l'on continue ensuite par Tashkent, on arrive à Samarcande et Boukhara, c.-à-d. la zone des neuf Etats de Zhaowu, d'où sont dérivés des noms tels que Kang, An, Koshana, Maimargh et Khebud (désignant des peuples originaires de Sogdiane). Il y a deux fleuves principaux en Asie centrale : l'Amou Darya et le Syr Darya. Ce dernier traverse le nord-ouest de la vallée de Ferghana, où se situe le site très important des tombes de Munchak-Tepa.

Ces tombes se situent vers la cité de Pap, dans l'actuelle région de Namangan, en république d'Ouzbékistan. L'ancienne cité qui correspondait à Pap était vaste et divisée en deux parties : Baland-Tepa (la zone urbaine) et Munchak-Tepa (la zone funéraire). La plupart des anciennes villes d'Asie centrale furent détruites au cours de l'islamisation, mais les gens continuèrent de vivre à Pap, ou à proximité, et des artefacts et des fragments de poteries datant du XIème au XIIIème siècle peuvent y être trouvés. Les tombes de Pap datent du Ier au VIIIème siècle et sont donc contemporaines des périodes chinoises de Han à Tang. Les archéologues mirent au jour plus d'une douzaine de tombes à Munchak-Tepa et déduisirent qu'elle dataient principalement du Vème au VIIIème siècle. Des textiles et des vêtements de soie furent révélés dans la tombe 5, qui date du Vème au VIème siècle. A présent, la datation au carbone 14 est la principale méthode utilisée pour définir l'âge de reliques culturelles : les mesures au carbone 14 effectuées par le laboratoire de datation de l'Université de Beijing ont indiqué que ces reliques sont antérieures à la date présumée par les archéologues locaux, puisqu'elles datent du IIIème au IVème siècle. A la différence de la structure des tombes de Turfan, les tombes de Pap avaient des passages scellés avec des briques de boue et des marches qui descendaient vers les sépultures ; le site de Munchak-Tepa contenait des cercueils tissés en canisse, empilés les uns sur les autres, évoquant les tombes de Zhagunluke.

Bokijon Matbabaev (archéologue ouzbek) fouilla le cimetière de Munchak-Tepa dans les années 1980 (voir Figure 9). Ses recherches révélèrent des textiles, des poteries, des objets de bois, des artefacts faits de paille tressée, des bronzes et des bijoux. Les textiles n'étaient pas en bon état de conservation. Quelques graines de coton furent aussi découvertes dans le cimetière, témoignant d'une longue histoire de production de coton dans l'ancienne cité de Pap. Au cours du processus de restauration de l'un des vêtements, on s'aperçut que le col jouait un rôle important. En général, les vêtements possédaient plusieurs couches de cols - col en V au départ, puis d'autres couches rajoutées par-dessus. Ceci dit, le vêtement mis au jour à Munchak-Tepa avait un col semblable à ceux trouvés au Xinjiang et il était fait selon une technique de tissage polychrome (voir Figure 10). Bien qu'il n'ait pas été aussi bien préservé que les soies tissées polychromes mises au jour au Xinjiang, son style concorde remarquablement avec le taqueté façonné du Xinjiang. Les autres parties du vêtement étaient principalement faites de taffetas de soie. Avant 2006, divers

Figure 9 Fouilles archéologiques au cimetière de Munchak-Tepa

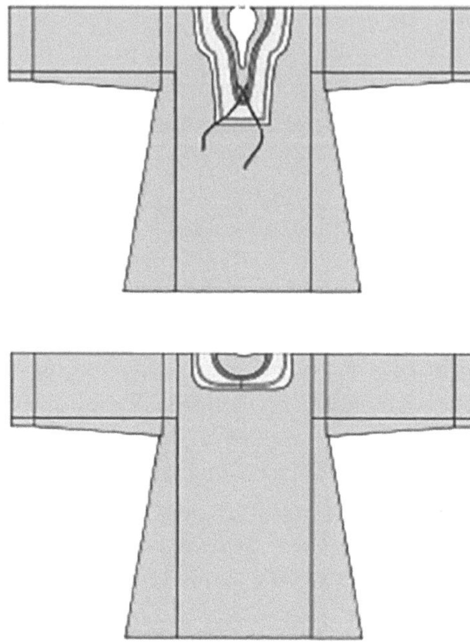

Figure 10 Croquis d'un vêtement mis au jour au cimetière de Munchak-Tepa

spécialistes et moi-même pensions que ces tissus étaient produits au Xinjiang. Toutefois, lors de ma visite à Ferghana, j'ai appris qu'un grand nombre de pièces semblables y avaient été découvertes et j'ai commencé à considérer Ferghana comme une autre région de production significative.

Afin d'étudier les textiles de Munchak-Tepa, l'Université Donghua de Shanghai et le Musée national de la soie de Chine collaborèrent avec l'Institut archéologique de l'Académie des sciences d'Ouzbékistan et avec Bokodyan Babadoulayev, l'archéologue ouzbek en charge de communiquer les informations relatives aux fouilles. J'étais à la tête d'une équipe d'étudiants et de collègues, qui prit des mesures des textiles, reconstitua les motifs et fit d'autres recherches sur le sujet. [13] Une de nos discussions nous révéla que, selon les archéologues locaux, l'un des textiles – une pièce à la fois brute et superbe – avait vraisemblablement été fabriqué en Chine, mais la plupart des autres, étant des taffetas de soie élaborés avec des techniques de tissage simples, avaient été produits localement. Nous, en revanche, pensions exactement l'inverse ! Nous croyions que les taffetas de soie provenaient sans doute de Chine centrale, parce que ces tissus comprenaient un damas à motif de losange, typique des textiles chinois. Et nous croyions que le tissu utilisé pour la soie du col, en taqueté façonné tissé avec des fils de soie filée, était sans doute de confection locale. Outre cette soie tissée polychrome, il y eut quelques autres découvertes, petites mais significatives. Premièrement : un col étroit particulièrement bien préservé qui, comme le montre la photographie agrandie, est tissé de fils en filaments de soie. Après reconstitution, on peut voir le motif de perles liées arrangé de manière horizontale et des couleurs qui varient d'une ligne à l'autre (voir Figure 11). Il est rare de trouver une telle pièce localement et ses origines, ainsi que son âge, sont remarquables. Deuxièmement : un ruban intéressant, qui mesure moins de 1 cm de largeur, bien que sa largeur soit minuscule, il appartient quand-même à la catégorie des textiles connus sous le nom de samit et sa structure de tissage est typique du samit de Sogdiane. Avant cela, de tels textiles n'avaient été trouvés qu'en Chine, le plus ancien datant probablement des débuts de la dynastie Tang, au début du VIIème siècle. Mais l'apparition de ce samit dans des sépultures d'une époque si lointaine prouve que les premiers samits sont antérieurs de plusieurs siècles à ceux découverts en Chine. Cette trouvaille suggère que, dès le IIIème ou IVème siècle, on produisait du samit à Sogdiane, d'où il s'est répandu jusqu'à Ferghana, puis au Xinjiang. Bien que le samit de Munchak-Tepa ne soit pas intact, il constitue sans nul doute une découverte significative.

Figure 11 Taqueté à motif de perles liées, du cimetière de Munchak-Tepa

VI. Soie de vers à soie sauvages sur la route de la soie

Pour finir, il nous faut évoquer la soie provenant de vers à soie sauvages sur la route de la soie. Selon les Chinois, les œufs des vers à soie, ainsi que la soie que l'on trouvait au long de la route de la soie, étaient importés de Chine. Toutefois, lorsque j'ai visité l'Inde, je me suis aperçu que, selon les Indiens, la soie de la route de la soie ne provenait pas seulement de Chine, mais aussi d'Inde. Et, d'après d'anciennes archives grecques, certaines îles de la Méditerranée produisaient également de la soie à partir de vers à soie sauvages et en fabriquaient des tissus. Dans le second volume des *Archives des régions occidentales sous la grande dynastie Tang*, il est indiqué que les Indiens portaient une étoffe appelée kausaya, dont la matière première était issue de vers à soie sauvages : « Les vêtements ne sont jamais taillés. Les gens apprécient les vêtements blancs et dénigrent ceux de couleur. Les hommes enroulent un tissu autour de leur taille, laissant le bras droit à l'air libre. Les femmes recouvrent leur corps entier de tissu, des épaules jusqu'en bas. Les gens attachent une partie de leur cheveux en chignon sur le haut de la tête et laissent l'autre partie relâchée. Certains arborent une moustache, ce qui est une coutume récente. Les gens portent des bandeaux floraux sur la tête et, sur le corps, des joyaux qui ressemblent à du jade. Les étoffes qu'ils revêtent sont faites de kausaya. Le kausaya est fabriqué à partir de la soie de vers à soie sauvages. »

En Inde, il existait trois principaux types de soie sauvage : la soie tussah, la soie éri et la soie muga (*Antheraea assamensis*). Les archives de sériciculture indiennes indiquent que, même si les Indiens produisaient beaucoup de soie sauvage, dans un deuxième temps ils élevèrent aussi des vers à soie et ils développèrent la sériciculture. Il y a deux façons de distinguer si une soie provient de vers sauvages ou de vers domestiques. La première est d'en vérifier l'apparence à l'oeil nu. La seconde est par spectroscopie infrarouge ou par analyse des acides aminés. La section transversale des fibres de soie produites par des ver à soie domestiques montre toujours des triangles irréguliers, avec un angle obtus. Sur la section transversale d'une soie sauvage, l'angle est plus aigu. Les recherches autour de la soie vont déjà au-delà des motifs ou des armures ; s'il est possible de distinguer des différences de qualité matérielle entre les soies de vers sauvages et domestiques, cela pourrait jouer un rôle important pour les futures recherches sur les échanges culturels sur la route de la soie.

En parallèle, des chercheurs ont procédé à de nombreux examens et tests sur les pièces de taqueté façonné tissé avec des fils de soie, mises au jour à Yingpan et Munchak-Tepa, et ils ont décelé des différences entre elles. Sur celles de Yingpan, il y a une série de chaînes dont la section transversale est relativement grande, dessinant nettement un triangle. Sur une autre série de chaînes avec une section transversale relativement petite, le triangle est plutôt aplati, suggérant que les vers à soie ont craché moins de matière. En effet, il existe quelques différences pour la soie filée par le *Bombyx mori*, puisqu'il fut domestiqué à partir du ver à soie sauvage. En général, la loi de l'évolution veut que la surface de la section transversale soit assez petite au départ et qu'elle augmente progressivement. Il en va de même avec l'évolution humaine : plus l'alimentation est nourrissante, plus les gens deviennent grands et plus ils vivent longtemps. Sur le taqueté façonné tissé avec des fils de soie, mis au jour à Ferghana, la section transversale est relativement épaisse et solide (voir Figures 12 et 13). A partir d'observations morphologiques, de spectroscopie infrarouge et d'autres tests, les chercheurs en sont venus à croire que la fibre de soie du *Bombyx mori* fut utilisée à la fois pour l'étoffe de Yingpan et pour celle de Ferghana, que ce type de fibre fut vraisemblablement introduit depuis la Chine centrale et qu'elle est à peu près identique à la fibre de soie utilisée pour le taffetas de soie mis au jour à Ferghana. Selon la légende, les peuples d'Asie centrale et occidentale défaisaient les sergés en soie damassée qui provenaient de Chine pour ensuite les re-tisser.[14] Ceci fait référence à un re-tissage avec de la soie floche. Par conséquent, il est probable que le « nouveau » produit ait été une sorte de taqueté

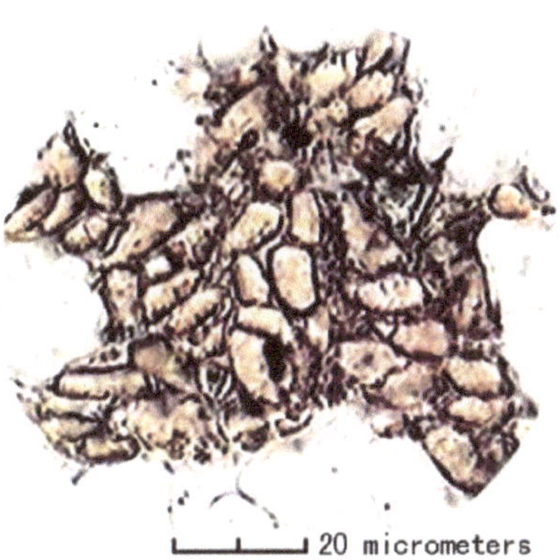

Figure 12 Section transversale d'une soie de Bombyx mori, de Munchak-Tepa

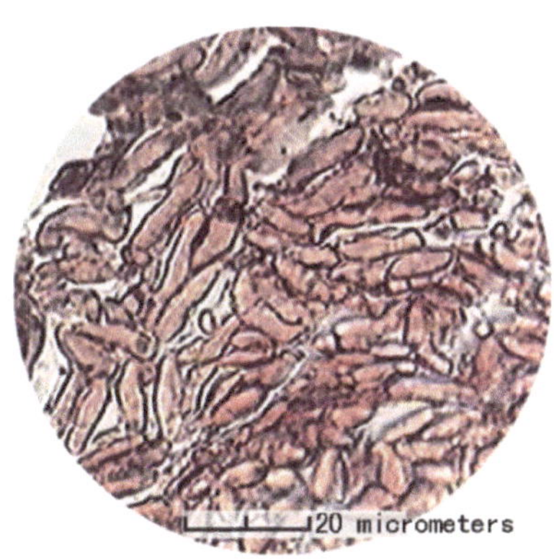

Figure 13 Section transversale d'un autre type de soie, de Munchak-Tepa

façonné tissé avec des fils de soie. Bien entendu, il y a de nombreuses possibilités concernant les origines de telles fibres de soie : on pourrait, par exemple, y voir le résultat de l'épisode célèbre de la princesse qui introduisit clandestinement des œufs de vers à soie et des techniques de tissage dans les régions occidentales. Si ces vers à soie ont mangé du mûrier sauvage local au Xinjiang, comment cela a-t-il affecté la soie qu'ils filaient ? Davantage de recherches sont requises pour déterminer comment la fibre de soie a évolué. Il nous faut de meilleurs échantillons et d'autres méthodes de recherche. Nous devons aussi étudier de plus près les échanges de soies et de textiles entre la Chine et l'Inde, ainsi qu'entre la Chine et l'Asie centrale et occidentale.

Notes

[1] Xuanzang, *Records of Western Regions in the Great Tang Dynasty*, compilées et annotées par Ji Xianlin. Beijing : Zhonghua Book Company, 1985 : 1021-1022.

[2] M.A. Stein. *Serindia*, traduit par Xiang Da, Shanghai : Shanghai Bookstore Publishing House, 1987.

[3] Tokyo National Museum et al (ed.). *The Lost Treasures of Silk*, 1985.

[4] Tang Changru. "The Spread of Silk Weaving Handicraft Technique in the Western Regions as Recorded in the Turfan Documents" in *Study of Excavated Documents*. Beijing : Cultural Relics Publishing House, 1985 : 146-151.

[5] Jia Yingyi. "The Origin and Characteristics of Silk Weaving Techniques in Xinjiang" in *Archaeology*, 1985(2) : 173-181.

[6] Zhao Feng, Wang Hui and Wan Fang. "The Silk Garment Unearthed from Bijiatan Tomb No. 26 at Huahai, Gansu" in *Western Imprints: Textiles from Han and Jin Dyanasties in China*. Hong Kong : ISAT/Costume Squad Ltd., 2008 : 94-113.

[7] Zhao Feng. "Evolution of Textiles along the Silk Road" in China : Dawn of a Golden Age, The Metropolitan Museum of Art, 2004.

[8] Zhao Feng. "A Study of Polychrome Silk Woven with Spun Silk Threads in Xinjiang" in *Study of the Western Regions*, 2005(1) : 51-59.

[9] Wang Mingfang."Polychrome Woven Silk and Embroidery of Zhagunluke from the 3rd Century to the 6th Century" in *Western Imprints : Textiles from Han and Jin Dyanasties in China*. Hong Kong : ISAT/Costume Squad Ltd., 2008 : 18-39.

[10] "Polychrome Woven Silk Fragment with the Pattern of Two People under a Tree". Nouvelle exposition de soie. Musée d'Edo-Tokyo, 2005 : 87.

[11] Zhao Feng, Wan Fang, Wang Le and Wang Bo. "Analysis and Research on the Silk Unearthed from TAM170" in *Turfan Study Research - Proceedings of the Third International Symposium of Turfan Study and the Origin and Migration of Eurasian Nomads*. Shanghai : Shanghai Ancient Books Publishing House, 2010 : 241-267.

[12] Wang Le. "Research on the Reconstruction of the He Li Pattern Polychrome Woven Silk" in Bao Mingxin (ed.) *Garments of the Western Regions – Research on the Reconstruction of Ancient Clothes Unearthed from the Silk Road*. Shanghai : Donghua University Press, 2007 : 109-115.

[13] Bokijon Matbabaev and Zhao Feng (eds). *Early Medieval Textiles and Garments of Ferghana Valley by Materials from the Burial Ground of Munchak-Tepa in Uzbekistan*. Shanghai : Shanghai Ancient Books Publishing House, 2010.

[14] "History of Xirong Nationality" in *Chronicles of the State of Wei* records that State of Daqin "often gained Chinese silks and regarded them as ghatpot of Hu (ethnic groups in Chinese history), thus they frequently used them to trade with Parthia and other countries."

Chapitre 6
Recherches sur le *zandaniji* : débat autour du samit de Sogdiane

Le tissu *zandaniji* est une sorte de soie tissée polychrome (samit) produite en Sogdiane, une région historique située au sud-ouest de l'actuel Ouzbékistan, au coeur de laquelle se trouvent les villes de Samarcande et Boukhara. Sous la dynastie Tang en Chine, cette zone était principalement peuplée de Sogdiens, qui étaient réputés pour le commerce et la fabrication de la soie. Les Sogdiens qui migraient vers les parties centrales et nord-ouest de l'empire Tang emportaient des soieries avec eux et celles-ci influencèrent, dans une certaine mesure, les soies produites en Chine. De fait, les techniques de production de soie des deux peuples bénéficièrent de ces échanges.

I. Motifs de samit observés dans des peintures murales

Pour les archéologues, les peintures murales constituent de riches sources de données pour la recherche sur le commerce de la soie au long de la route de la soie. Ils essaient d'identifier le lieu de fabrication de certaines soies en observant les motifs visibles dans des peintures murales ornant des tombeaux, ainsi que dans des reliefs et peintures murales bouddhistes. Un des exemples est le relief de Taq-e Bostan à Kermanshah, en Iran, sculpté à l'époque de Shapur III (383-388). Ayant étudié et identifié l'origine des motifs sur les vêtements de l'empereur et d'autres personnages, les chercheurs sont arrivés à la conclusion que les robes de la famille royale étaient probablement faites de samit persan (voir Figure 1). Les motifs de samit persan sont principalement composés de médaillons, qui exhibent un motif thématique à l'intérieur d'un cadre rond. Le médaillon de perles est un motif typique de samit persan et d'autres motifs fréquents comprennent le croissant de lune, *Semuvue* et l'oiseau debout.[1]

Figure 1 Motifs reconstitués de l'un des vêtements du relief de Taq-e Bostan à Kermanshah, en Iran

La Sogdiane connut son développement le plus prospère entre le VIème et le VIIème siècle. Le commerce fleurissait, les gens étaient riches et une capitale splendide fut construite à Afrasiab, vers Samarcande. Néanmoins, la campagne des Arabes à l'est, dont le but était de conquérir l'intégralité de l'Asie centrale, eut pour conséquence la destruction de nombreuses villes au début du VIIème siècle. Après que le roi de l'empire sassanide eut été tué, son fils se réfugia en Chine et demanda de l'aide à la dynastie Tang. La dynastie Tang envoya Gao Xianzhi se battre contre les Arabes, mais la défaite de son armée dans les monts du Pamir marqua le début de l'islamisation de l'Asie centrale, dont l'influence perdure encore de nos jours. Lorsque des archéologues menèrent des fouilles à Varakhcha, ils trouvèrent des vestiges de palais splendides et de peintures murales magnifiques dans ce site pré-islamique. Bien que le site ait été sévèrement endommagé, on y voit toujours quelques peintures murales bien préservées, dont une qui montre une silhouette humaine chevauchant un éléphant. Même si cette image n'est pas tout-à-fait nette, on peut encore y distinguer un motif de médaillon de perles sur les bords de la selle, ainsi que des médaillons floraux au milieu de la selle.[2]

La capitale sogdienne fut construite à Afrasiab, soit l'actuelle ville de Samarcande, au VIIème siècle. Un palais fut découvert en-dessous, avec des peintures murales contenant des formes humaines bien préservées. Le palais a trois côtés. Sur le mur ouest, on voit le roi dans sa robe de samit, accompagné de son émissaire. La robe est décorée d'oiseaux, qui portent des rubans dans leur bec (voir Figure 2), d'un *pseudo-simurgh* (une créature à tête de chien, avec des ailes et une queue de paon) et de deux personnages chevauchant un chameau ou un éléphant, avec des médaillons de perles sur la selle. Le mur sud affiche de nombreuses Figures humaines, dont celle du roi de Sogdiane, qui occupe une grande partie du mur.[3]

Le troisième site-clé des Sogdiens est Panjakent (Vème au VIIIème siècle), qui se situe dans l'actuel Tadjikistan. On y trouve de nombreuses peintures murales en assez mauvais état de conservation. Beaucoup d'entre elles ont été déplacées à Douchanbé, capitale du Tadjikistan. Selon les reconstitutions des spécialistes locaux, les motifs de médaillons floraux et de médaillons de perles sont les mêmes que ceux que l'on trouve sur le samit sogdien.

Figure 2 Motifs reconstitués d'un vêtement des peintures murales du palais d'Afrasiab

De semblables motifs de samit persan ou sogdien furent aussi trouvés en Chine. L'un des plus anciens est visible dans une grotte de la dynastie Sui, à Dunhuang, où les vêtements d'un bodhisattva présentent des motifs de médaillons de perles encerclant des tigres et des chevaux ailés.[4] De tels motifs sont rares dans les grottes d'autres dynasties. Un des groupes de Sogdiens qui commerçaient le long de la route de la soie a longtemps vécu à Datong et Taiyuan (province du Shanxi). Les grottes de Yungang, à Datong, sont l'un des trois principaux sites de grottes représentatives de l'apogée du bouddhisme en Chine. De tels endroits étaient aussi des lieux de communication fréquente entre l'Orient et l'Occident. Il y a quelques années, des archéologues ont découvert à Taiyuan le tombeau de Xu Xianxiu (décédé en 571) de la dynastie des Qi du Nord. Les peintures murales qui ornent le tombeau illustrent des scènes de sa vie ; elles comprennent de nombreuses Figures humaines et des textiles avec des motifs de médaillons de perles encerclant des têtes humaines, des lions, des fleurs et d'autres dessins.[5]

II. Identification d'un tissu *zandaniji*

Des archéologues ont fait des recherches sur les motifs des textiles ; en parallèle, ils ont mis au jour un grand nombre de soies tissées polychromes le long de la route de la soie et ils ont découvert des données historiques en lien avec celles-ci. Dans quelle mesure est-il possible de faire correspondre ces soies avec leurs désignations dans les documents de l'époque ?

L'identification du samit d'Asie centrale commença avec les travaux de W. B. Henning et D. G. Shepherd. Ils étudièrent le samit orné de médaillons floraux et de bouquetins appariés qui se situe à la cathédrale Huy, en Belgique. Cette pièce bien préservée comporte une inscription écrite à la main, à l'encre, sur deux lignes. Henning identifia la langue comme étant celle des Sogdiens et la traduisit de la manière suivante : « *Zandaniji* de 61 *zha* de long ».[6] *Zandaniji* fait référence au textile produit à Zandana, un petit village au nord de Boukhara. Cette pièce est donc considérée comme un samit sogdien standard. Des pièces semblables de samit sogdien furent identifiées au Musée du Vatican, à la cathédrale d'Aachen en Allemagne et à la cathédrale de Sens en France. De nombreux textiles mis au jour dans les cimetières de Mochevaya-Balka furent aussi identifiés par des spécialistes russes comme étant du samit sogdien.[7]

Cependant, à la fin du XXème siècle, tout particulièrement après l'exposition « Quand la soie était de l'or », organisée par James C. Y. Watt et Anne Wardwell au Metropolitan Museum of Art de New York, les gens commencèrent à douter de l'appellation *zandaniji*. Les premiers doutes furent soulevés par Boris Marshak, l'archéologue russe de renom, spécialiste sogdien. Selon lui, 61 *zha* devaient mesurer environ 12 m, ce qui était une contradiction évidente puisque la pièce en samit mesurait environ 2 m seulement.[8] Un autre doute vint du Professeur Nicholas Sims-Williams, spécialiste de langue sogdienne à l'Université de Londres. Après avoir minutieusement examiné les deux lignes de texte, il conclut qu'il ne s'agissait pas de la langue sogdienne et, après avoir consulté des experts en langue arabe, il déchiffra l'inscription comme voulant dire « appartenant à un officier, 37 2/3 dinars. »[9] Il fut donc conclu que cette étoffe n'avait rien à voir avec du samit sogdien.

Apparemment, le terme « samit sogdien » n'apparaît pas dans les archives chinoises, alors qu'il y existe des références au « samit persan ». Celui-ci apparaît même fréquemment, en grande quantité et en grande variété, dans des documents datant du IIIème au IXème siècle, mis au jour à Astana et Karakhoja. Pour ne citer que deux exemples, le samit persan est mentionné dans le document connu sous le nom de « Fragment d'un livre de comptes du commerce de chalcopyrite à Gaochang », datant d'environ 482 ap. J.-C., mis au jour dans la tombe 90 de Karakhoja. Un « tissu couvrant le visage fait de samit persan » est inclus dans la « liste de vêtements et de biens enterrés avec Tang Zhuanghai de la dynastie Tang », mise au jour dans la tombe 15 à Astana. Ces exemples prouvent que le terme « samit persan » était courant dans la région de Turfan, à partir de la fin du Vème siècle jusqu'au VIIème siècle.[10]

De plus, le samit persan est fréquemment évoqué dans les histoires officielles de Chine. Le volume 54 du *Livre de la dynastie Liang* rapporte qu' « en 520, l'Etat vassal de Hua paya un tribut à l'empereur Wu en samit persan ». Dans la *Biographie de He Chou* (env. 581-605), volume 68 du *Livre des Sui*, on peut lire : « La Perse a rendu hommage avec une robe de soie dorée de toute beauté ». Dans le volume 138 de l'*Ancienne histoire des Cinq dynasties*, on lit : « Sous le règne de l'empereur Shizong de la fin de la dynastie Zhou, Cao Yuanzhong et Cao Yuangong, qui étaient appointés aux postes de *Jiedushi* et *Guazhou tuanlianshi* (titres officiels des individus qui gouvernaient un petit Etat de Chine ancienne) de l'armée Guiyi, ont payé de nombreux tributs, dont du samit persan ».

En 822, le Gouverneur général du Khorasan déclara l'indépendance et, de 900 à 990, les Persans qui adhéraient à l'islam établirent la dynastie Samanide à Boukhara. Boukhara avait auparavant été le site du royaume sogdien An, ce qui explique pourquoi le samit persan apparaît dans des documents historiques chinois de cette époque.

Ayant fait des recherches sur cette matière, nous pensons que le « samit persan » des documents historiques chinois correspond à ce que nos universitaires contemporains appellent le « samit sogdien ». Lorsque la dynastie perse Sassanide entra dans son âge d'or, cette partie d'Asie centrale était considérée comme faisant partie de l'empire perse. Les Chinois, qui ne savaient pas exactement d'où provenait le samit des régions occidentales, utilisaient le terme générique « samit persan ». Ainsi, le samit avec les médaillons floraux et les bouquetins appariés de la cathédrale de Huy aurait été appelé « samit persan », qu'il ait été fait à Zandana ou ailleurs. C'était le même samit persan que celui mentionné dans les sources historiques. Selon *L'Histoire de*

Boukhara, tous les textiles de ce même type produits en Asie centrale étaient appelés *zandaniji,* de la même manière que tous les tissus présentant des motifs photographiques sont appelés *dujin, sheng zhijin* (stevengraphe) de nos jours. C'est donc ainsi que *zandaniji* devint un terme générique pour le samit sogdien ou le samit d'Asie centrale.

Une analyse technique met en avant trois caractéristiques du *zandaniji.* Premièrement, il s'agit d'un samit de style Tang, en sergé façonné à trames multiples. Deuxièmement, les fils de chaîne sont solidement tordus en Z, avec deux ou trois bouts par groupe, alors que les fils de trame ne sont pas tordus. Troisièmement, le motif a tendance à se répéter dans le sens de la trame, mais pas dans le sens de la chaîne, et les lisières présentent deux lats et deux bouts par unité. Ces trois attributs sont les critères-clé qui permettent d'identifier le *zandaniji.*[11]

A partir du moment où le premier *zandaniji* fut identifié en Europe, les experts commencèrent à en chercher d'autres du même genre. Ils en trouvèrent des exemplaires parmi les nombreux textiles conservés dans les cathédrales européennes, dont la plupart avaient été vendues à l'Europe au cours du Moyen-Age. D'autres apparurent dans des tombeaux. Par exemple, il existe un grand samit blanc avec des motifs de médaillons floraux, constitués de pétales pointus, et de lions appariés (voir Figure 3), dans la cathédrale de Sens, une petite ville française, au sud de Paris. De nombreuses étoffes similaires, avec des motifs de lions appariés, furent trouvées dans les Musées royaux des Beaux-arts de Belgique.

Des étoffes contemporaines furent aussi découvertes dans la cathédrale de Aachen, en Allemagne, parmi lesquelles se trouvait l'extrémité d'un samit à motif d'oiseau tenant des rubans dans son bec, sur fond rouge. Le tissu est identique à ceux mis au jour à Qinghai. Il y a également quelques pièces de samit au Musée du Vatican, dont une avec des médaillons floraux qui entourent des oiseaux debout et des couples de lions. Un grand nombre de reliques culturelles découvertes dans la région du Caucase nord, au sud de la Russie, se sont avérées être des produits chinois ou européens. Certaines pièces sont de confection assez brute et l'on croit qu'il s'agit là de tissus typiques d'Asie centrale. Il y a également une pièce de samit élaboré, orné d'un motif de *pseudo-simurgh* avec une grande queue de paon. Celui-ci fait écho aux motifs des vêtements portés par certains

Figure 3 Samit à motif de lions appariés, dans la cathédrale de Sens, en France

personnages des peintures murales d'Asie centrale. De nombreux musées aux Etats-Unis, tels que le Metropolitan Museum of Art et le Cleveland Museum of Art, possèdent des collections d'étoffes de ce type.[12] Vers la fin du XIXème siècle, l'intérêt des musées pour ce genre d'étoffes était tel que des gens les sortaient des cathédrales pour les vendre. Certains textiles furent découpés et les morceaux furent vendus en divers endroits. Il en résulte que des pièces issues du même tissu d'origine peuvent se trouver dans des musées différents.

Bien que Henning et Shepherd aient publié leurs travaux en 1959, il fallut du temps pour que les archéologues chinois se mettent à étudier le *zandaniji*.[13] Ceci dit, une fois qu'ils commencèrent à en chercher des références, ils trouvèrent beaucoup d'informations pertinentes. Par exemple, le terme *Shasha'na jin* (samit Shasha'na) apparaît dans un document de Dunhuang intitulé *Liste des cadeaux de fiançailles offerts par la famille Deng, le 10ème mois de la 9ème année de l'ère Taiping Xingguo (984) de la dynastie Song du Nord* (S.4609). *Shasha'na* peut renvoyer à *Zandana*, l'endroit où le *zandaniji* était produit. Le terme de « soie *zandanning* » apparaît dans le volume 55 des *Archives de guerre et de paix sous le règne des trois empereurs* (Zhao Ji, Zhao Huan et Zhao Gou de la dynastie Song), de Xu Mengshen. Xu note que, en automne 1126, Li Ruoshi fut envoyé à Yuci par la dynastie Song, afin de négocier les termes d'un traité de paix avec Wanyan Zonghan (Nianhan), général de l'armée de l'ouest, sous la dynastie Jin. Bien que les négociations aient échoué, les émissaires acceptèrent les présents, qui comprenaient 20 rouleaux de soies *zandanning*. Professeur Shang Gang pense que les soies *zandanning* font ici référence aux soies *zandaniji*. Sous la dynastie Yuan, en 1287 (24ème année de l'ère Zhiyuan), le département de gestion du *sadalaqi* fut établi au sein de ministère du Travail et Jamal al-Din fut désigné pour diriger l'équipe en charge de la production de *sadalaqi*. Ici, *sadalaqi* fait probablement référence au *zandaniji*.[14] Je pense que le terme « samit persan » peut avoir été utilisé encore plus fréquemment que ces exemples ne permettent de le supposer.

III. Samit centre-asiatique découvert à Turfan et Dulan

Grâce aux connaissances que nous ont apporté les données historiques et les vestiges culturels conservés en Occident, nous sommes aujourd'hui en mesure de mener des recherches détaillées sur des textiles mis au jour en Chine et d'identifier des pièces trouvées au Xinjiang et au Qinghai, fabriquées selon des techniques de tissage centre-asiatiques.

Un grand nombre de pièces de samit centre-asiatiques furent mises au jour dans le cimetière d'Astana, à Turfan. Ces soieries, qui datent du VIIème siècle, possèdent toutes des médaillons de perles encerclant différents motifs populaires de l'époque, tels qu'une tête de sanglier, un cerf ou un oiseau tenant un ruban dans son bec. Fabriquées de manière assez grossière, elles étaient tissées avec des fils de chaîne tordus en Z et leurs motifs se répétaient dans le sens de la trame. Aurel Stein fut le premier à découvrir une soie ornée d'une tête de sanglier à Astana et à l'identifier comme étant un samit persan (voir Figure 4).[15]

Figure 4 Samit à motif de tête de sanglier, de Turfan

Au départ, il existait un nombre limité d'exemplaires à étudier et l'on ne savait pas grand-chose du samit persan. Plus tard, les Chinois pratiquèrent des fouilles à grande échelle au Xinjiang et trouvèrent d'autres vestiges ornés du même dessin. Ils devaient être populaires à l'époque. Par exemple, pour ce qui est du motif du sanglier, il existe une pièce de samit avec une tête de sanglier rouge, blanche et bleue. Cette image ne représente pas une bête féroce et, à l'origine, les archéologues la décrivirent comme « un samit à motif de tête d'ours ». Le motif du cerf était en vogue, lui aussi. Les cerfs mâles sont généralement aussi forts que des chevaux et ils courent très vite. Cependant, les motifs du samit montrent des cerfs obèses avec des pattes toutes fines. Un autre dessin apprécié en ce temps-là était celui de l'oiseau tenant un ruban dans son bec, dont il existe plusieurs variantes. Certains oiseaux sont debout et ne tiennent pas de ruban. La forme du ruban peut varier. Souvent, on voit une banderole derrière le cou de l'oiseau ou derrière ses pattes. Le plus simple des motifs d'oiseau en position debout fut trouvé sur une pièce mise au jour à Turfan, ornée de médaillons floraux contenant des oiseaux appariés sur fond rouge. Les oiseaux sont différents, selon l'endroit où ils se situent. L'oiseau de la partie supérieure a une banderole ; celui de la partie inférieure n'en a pas. Il n'y a donc pas de répétition de motif dans le sens de la chaîne, mais les motifs sont parfaitement symétriques dans le sens de la trame, ce qui est caractéristique du samit sogdien.[16]

Dans les années 1980, d'anciennes étoffes de soie furent découvertes à Dulan, au Qinghai, dans les montagnes situées à l'ouest du lac Qinghai. Une rivière courant sur 200 km traverse ces montagnes et sur ses rives se trouvent des tombes dont la construction est attribuée à la tribu Tuyuhun. Il se pourrait que la plus grande des tombes soit un mausolée royal : elle ressemble à une haute plateforme et, contre le décor des montagnes, son aspect est impressionnant. Cette sépulture révéla une soierie ornée d'un motif inhabituel d'oiseau seul. L'oiseau fait face à l'observateur, ses ailes sont étendues et il se saisit d'un humain entre ses serres (voir Figure 5).[17] Des recherches ont indiqué qu'il pourrait s'agir du Garuda indien. Des motifs semblables furent observés dans les peintures murales des grottes de Kizil. En plus de cet oiseau, on y voit d'autres motifs d'animaux appariés, dont des taureaux, des chevaux et de chèvres, qui sont tout aussi rares. Le Musée national de la soie de Chine détient un samit à motif de cheval ailé ; des images similaires peuvent être vues sur les peintures murales sogdiennes d'Afrasiab.[18] Le motif du bouquetin fut aussi trouvé au Qinghai. Les dessins observés au Qinghai, exception faite des guirlandes extérieures, sont quasiment identiques aux dessins de la pièce conservée à la cathédrale de Huy, avec l'inscription du soi-disant *zandaniji*.

Figure 5 Motif reconstitué de l'aigle sacré, sur un samit de Dulan

IV. Samit sogdien découvert dans la grotte de la bibliothèque, à Dunhuang

Dunhuang occupe une position stratégique sur la route de la soie. Quiconque voulait voyager de Gansu au Xinjiang devait passer par Dunhuang. De la soie fut découverte dans la grotte de la bibliothèque (grotte 17, à Dunhuang), mais elle était fragmentaire et moins bien préservée que les soies de Turfan. Après des travaux minutieux, nous

nous aperçûmes que certains fragments étaient du samit sogdien. Selon des documents contemporains de Dunhuang, le samit sogdien était aussi connu sous le nom de *fan jin* (samit de l'ouest) et se mesurait en *zhang*. Par exemple, dans le document *Liste des statues de Bouddha, des offrandes votives et des sutras au pied de Zhao Shilao au temple de Longxing, dans la période Tubo* (P.3432), on peut lire : « Jupe ananda, faite de soie tissée polychrome, de broderie et de taffetas de soie avec un appliqué de fleur d'or. Une bordure est en samit et, après l'avoir lavée, elle mesure quatre *jian* (une unité de longueur) de long et deux *jian* de large. Il y en a deux exemplaires. »

Les reliques culturelles importantes qui furent découvertes dans la grotte de la bibliothèque se trouvent aujourd'hui dans des collections en Grande-Bretagne, en France et en Inde. Certains fragments peuvent être réunis afin de restaurer le dessin d'origine. Par exemple, une pièce de samit à motif de bouquetin, en France, se combine avec deux pièces de Grande-Bretagne pour former une image complète de bouquetins se tenant sur des fleurs (voir Figure 6).[19] Ce dessin est identique à celui de la pièce de la cathédrale de Huy.

Figure 6 Motif reconstitué de médaillons floraux entourant des bouquetins, découvert dans la grotte de la bibliothèque, à Dunhuang

Un autre exemple est celui du motif de lions appariés sur une couverture de sutra en samit. La plupart des sutras de la dynastie Tang étaient écrits sur des rouleaux. Les étoffes de soie en armure toile (taffetas) typiques de cette époque mesuraient 50 cm de large et étaient coupées en deux avant que les sutras y soient rédigés. Plus tard, lorsque les sutras furent écrits sur papier plutôt que sur soie, la dimension du rouleau ne changea pas. Les couvertures des sutras servaient à les protéger et elles étaient dotées d'un lien à une extrémité qui permettait d'attacher ensemble plusieurs rouleaux de sutras traitant d'un même sujet. Une de ces couvertures en soie comporte une inscription en chinois qui commence par le caractère 开 *kai*, probablement l'abréviation d'un nom de temple, sans doute du temple Kaiyuan. Puisque la grotte de la bibliothèque abritait des affaires d'autres temples ainsi que des grottes de Mogao, il semble logique que les couvertures de sutra aient été marquées de manière à identifier leur provenance. Deux couvertures de sutra en samit de ce type furent mises au jour à Dunhuang. Après reconstitution, nous nous rendîmes compte qu'elles ressemblaient, en couleur et en motif, aux samits d'Asie centrale des collections européennes. Il est possible qu'elles soient venues du même endroit et qu'elles aient été fabriquées par la même équipe d'artisans.[20]

Plusieurs autres étoffes intéressantes furent découvertes dans la grotte de la bibliothèque. Sur une pièce de samit ornée d'oiseaux appariés (aujourd'hui au British Museum), les médaillons qui les entourent sont faits de simples fleurs plutôt que de perles liées. Ce changement indique que le motif des perles liées avait perdu de sa popularité. Un lot constitué de plus de 50 fragments d'étoffes, principalement rouges (aujourd'hui au Victoria and Albert Museum), présente un très beau motif de fleurs sur fond rouge (voir Figure 7).[21] La technique de tissage semble venir d'Asie centrale, mais le style du motif est celui de la dynastie Tang. Rare combinaison d'influences, cette pièce a sans doute été confectionnée par des habitants d'Asie centrale après qu'ils eurent appris à reproduire le motif de la dynastie Tang.

Le dernier exemple est une pièce de samit avec un motif en forme de coeur. De nombreux fragments de celle-ci se trouvent actuellement au Victoria and Albert Museum, à Londres, et au Musée Guimet, à Paris. Le motif en forme de coeur est fréquent sur les vêtements et les peintures murales d'Asie centrale, ce qui indique qu'il était largement répandu.

Figure 7 Motif reconstitué du médaillon floral sur fond rouge, découvert dans la grotte de la bibliothèque, à Dunhuang

Les documents de Dunhuang font mention de termes tels que *fan jin* (samit de l'ouest) et *fan jin* rouge. Dans certains documents, même si le caractère *fan* est omis, il est clair, depuis la description des médaillons, qu'il est implicite. Par exemple, le document de Dunhuang intitulé *Liste des statues de Bouddha, des offrandes votives et des sutras au pied de Zhao Shilao au temple de Longxing, dans la période Tubo* (P.3432) comprend « une pièce de samit avec dix-huit médaillons ». Un autre document de Dunhuang intitulé *Reçu du moine Chong'en déposant son héritage à Shazhou, année inconnue* (env. 840, P.3410) mentionne aussi « une pièce de samit avec huit médaillons ». A cette époque-là, une pièce de *fan jin* mesurait environ 1 m de large et 2 m de long, au plus, et était donc plus large que le samit de la dynastie Tang. Le *fan jin* pouvait comporter dix-huit médaillons sur trois rangées de six lignes ou huit médaillons sur deux rangées de quatre lignes. La proportion entre les longueurs dans les sens de la trame et de la chaîne était d'environ 1:2.

Les documents de Dunhuang fournissent des entrées détaillées de *fan jin* rouge. Le document P.2613, *Liste des biens appartenant à un temple à Shazhou, le 4ème jour du 1er mois lunaire de la 14ème année de l'ère Xiantong de la dynastie Tang (873)* enregistre un dais de *fan jin* rouge neuf, mesurant 1 *zhang* 5 *chi* de long et 1 *zhang* de large, avec deux médaillons floraux entourant chacun une paire de lions, quatre bordures faites de *fan jin* rouge et 96 oiseaux de cinq couleurs. »

Dans ce temps-là, 1 *zhang* mesurait environ 3 mètres et 1 *chi* correspondait à environ 30 cm. Le *fan jin* en question était donc une grande pièce de samit qui mesurait environ 4,5 m de long sur 3 m de large, avec des médaillons floraux renfermant des lions appariés, des bordures de *fan jin* rouge et 96 oiseaux de cinq couleurs. Nous tentâmes de reconstituer le motif en fonction de la dimension et des caractéristiques de l'étoffe, et nous nous aperçûmes que certains agencements étaient tout-à-fait évidents alors que d'autres offraient de nombreuses alternatives. Selon la pratique courante, il est probable que les deux médaillons du centre aient mesuré environ 2 m de long sur 1 m de large et qu'à côté d'eux se soient trouvés 96 oiseaux plus petits, de cinq couleurs. Il existe plusieurs options :

> 18 oiseaux par *zhang*, 3 dans le sens de la trame et 6 dans le sens de la chaîne, requérant plus de 5 *zhang* de samit ;
> 24 oiseaux par *zhang*, 4 dans le sens de la trame et 6 dans le sens de la chaîne, requérant 4 *zhang* de samit ;
> 32 oiseaux par *zhang*, 4 dans le sens de la trame et 8 dans le sens de la chaîne, requérant 3 *zhang* de samit ;
> 48 oiseaux par *zhang*, 6 dans le sens de la trame et 8 dans le sens de la chaîne (ou 4 dans le sens de la trame et 12 dans le sens de la chaîne), requérant 2 *zhang* de samit.

La description « oiseaux de cinq couleurs » implique de la couleur et de la beauté. Il y a diverses possibilités : un seul oiseau par médaillon, une paire d'oiseaux dans chaque médaillon, et d'autres options encore. Datant du milieu de la période Tang, le coussin représenté sur la peinture murale parinirvana de la grotte 198 est orné d'un médaillon avec un seul oiseau. Ce coussin possède un motif d'oiseau de cinq couleurs semblable à celui du dais, avec un fond rouge similaire, un médaillon de pétales et un oiseau tenant un ruban dans son bec au milieu. Il y a aussi des motifs de lions dans les médaillons. Ce genre de samit apparut pour la première fois sous la dynastie Tang. Le plus grand médaillon à motif de lion encore existant mesure approximativement 80 cm de diamètre. Nous reconstituâmes le dessin en deux plans. Le premier plan montre un dessin comprenant deux médaillons de lions avec, arrangés autour de ceux-ci, des médaillons d'oiseaux appariés. Les dimensions de cette étoffe étaient de 4,5 m sur 3 m. Dans ce plan, le dessin de l'oiseau est très petit alors que celui du lion est grand. La forme de ce plan semble très différente de l'original et n'est donc pas viable ici. Le second plan montre un motif avec des médaillons de lions qui mesurent environ 1 m par 2 m, avec deux rangées de médaillons à un oiseau (voir Figure 8). En comparaison, le second plan est plus vraisemblable. Si nous basons le dessin de cette pièce sur d'autres que nous avons pu observer ailleurs,[22] il semblerait que les 96 oiseaux à cinq couleurs venaient probablement de trois pièces de samit avec 32 oiseaux, arrangés selon un schéma de 4 dans le sens de la trame et 8 dans le sens de la chaîne.

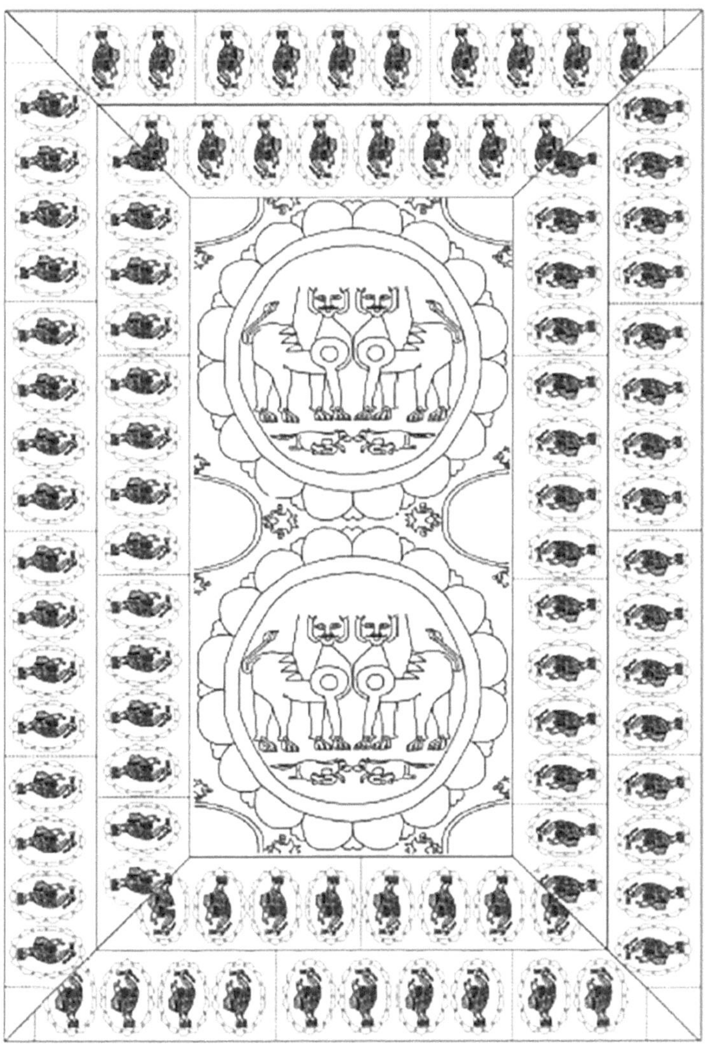

Figure 8 Reconstitution des motifs du dais de fan jin rouge, de Dunhuang

V. En visite au village de Zandana

Lorsque je commençai à étudier l'histoire de la soie, je choisis de me concentrer sur la dynastie Tang, autrement dit sur la section centrale de l'histoire de la Chine ancienne. Mon premier livre s'appelle *La soie de la dynastie Tang et la route de la soie*. J'avais toujours eu envie de réaliser une étude approfondie. Dans cette optique, j'ai visité divers sites sur la route de la soie afin d'apprendre des choses sur la production et l'expansion de la soie. Zandana est un lieu qui vaut le détour. Selon les données historiques d'Asie centrale, Zandana produisait des textiles, les célèbres *zandaniji*. Les sources écrites de Chine rapportent que la dynastie Yuan établit un bureau d'administration du *zandaniji*, en particulier pour produire du samit, avec des artisans sans doute originaires de Zandana. A cette époque-là, Genghis Khan conquit l'Eurasie et captura un grand nombre de tisserands de Perse et d'Asie centrale. Des étoffes célèbres, telles que le *nasij*, étaient vraisemblablement tissées par des artisans d'Asie centrale. En 2006, alors que j'étudiais des soies d'Asie centrale rassemblées par Aurel Stein, aujourd'hui conservées au British Museum, j'ai eu la chance de recevoir le financement d'une fondation qui me permit de visiter Zandana.

Le 21 août 2006, j'arrivai à Boukhara. C'est une magnifique ville ancienne où tous les édifices existants sont de style islamique. Il y a un bassin d'eau au centre de la ville et autour de ce bassin se dressent de nombreux mûriers. Un panneau accroché à l'un des arbres indique qu'il fut planté en 1477, témoignant ainsi de la longue histoire de production de soie à Zandana (voir Figure 9). Zandana se situe à 75 km au nord de Boukhara et, bien entendu, elle est très différente aujourd'hui de ce qu'elle a pu être par le passé.

De nos jours, la Zandana antique est en ruines et attend encore que l'on vienne y faire des fouilles. De nombreuses reliques culturelles doivent s'y trouver. Pendant que je visitais Zandana, je demandai aux villageois de me raconter l'histoire du tissage, mais ils n'en savaient rien. Il ne reste plus rien ni personne qui soit en lien avec ce savoir-faire. Bien que Zandana ait subi des changements bouleversants au cours de son histoire, j'espérais tout-de-même que mes recherches sur le terrain me permettraient d'établir si la tradition du tissage avait perduré ici et comment elle avait évolué. Les villageois me dirent qu'il y avait sans doute encore quelques tisserands dans le village voisin de Kukcha. Je suis allé sur place et j'ai rencontré quelqu'un qui répond au nom de Homraev. Il s'avéra que ses ancêtres avaient vécu à Zandana

Figure 9 Un vieux mûrier devant une mosquée de Boukhara

avant de s'installer à Kukcha. Jadis, les deux villages coopéraient : l'un était en charge du tissage et l'autre de la teinture. Le tissage et la teinture se pratiquaient dans des ateliers manuels où la famille était l'unité de référence. En d'autres termes, il s'agissait d'une opération privée sur la petite échelle de l'économie paysanne. Et puis la situation changea. Le père de Homraev fut tué pendant la Révolution Rouge, les entreprises privées furent bannies sous le gouvernement de l'ancienne Union Soviétique et ce fut la fin du *zandaniji*. L'histoire du *zandaniji* fait partie de l'histoire de la révolution en Union Soviétique.

A Boukhara, tous les étudiants, guides et historiens ont lu un ouvrage local intitulé *Histoire de Boukhara*, écrit au Xème siècle. Ce livre mentionne plusieurs fois le *zandaniji*. Et même lorsqu'il n'y est pas fait de référence directe, l'histoire du samit est archivée. Le guide me raconta que, dès les IXème et Xème siècles, la production de soie était déjà florissante en Asie centrale. En ce temps-là, Zandana n'était pas le seul endroit où l'on fabriquait de la soie, mais la survie du *zandaniji* à travers les âges en avait fait le plus célèbre des samits.[23] C'était exactement comme pour les villes de Suzhou et Hangzhou, qui sont célèbres pour leurs produits de soie, alors qu'en réalité de nombreuses autres régions des provinces du Jiangsu et du Zhejiang en produisaient aussi.

Bien que le *zandaniji* n'ait pas été produit sur le territoire de Chine, il influença profondément la route de la soie et il est important d'étudier cet aspect de l'histoire lorsque l'on s'intéresse à la route de la soie. Ce n'est que de cette manière que l'on pourra comprendre comment les techniques de tissage de la soie se sont répandues de Chine en Asie centrale sous la dynastie Tang. En Asie centrale, la soie était tissée selon le style local du taffetas façonné à trames multiples (taqueté), puis, en raison des améliorations technologiques, en sergé façonné à trames multiples (samit). Le samit d'Asie centrale était plus beau que celui produit en Chine et il inspira des Chinois de la dynastie Tang à imiter le samit sogdien. De cette manière, la Chine initia un nouveau cycle de réformes technologiques en apprenant la technique issue d'Asie centrale.

Notes

[1] *Splendeur des Sassanides.* Musées Royaux d'Art et d'Histoire. Bruxelles, 1993.

[2] Tokyo National Museum et al (ed.). *The Lost Treasures of Silk*, 1985.

[3] A.M.Belenizki. *Mittelasien Kunst der Sogden.* VEB E.A. Seemann, Buch-und-Kunstverlag, Leizig, 1980.

[4] Chang Shana. *Patterns of China Dunhuang Dresses and Adornments in Different Ages.* Beijing : China Light Industry Press, 2001.

[5] Shanxi Provincial Institute of Archaeology, Taiyuan Institute of Cultural Relics and Archaeology. "Brief Report on the Excavation of Xu Xianxiu's Tomb, of the Northern Qi Dynasty, in Taiyuan" in *Cultural Relics*, 2003(10) : 4-41.

[6] D.G. Shepherd and W.B. Henning. *Zandaniji Identified?*, in *Aus der Welt der islamischen Kunst : Festschrift für Ernst Kühnel zum 75. Geburtstag am 26. 10.* Berlin, 1959 : 15–40.

[7] Anna A. Ierusalimskaya. "Formation of the Sogdian School of Artistic Silk Weaving" in *Sredniaia* Asiia I Iran. Gosudarstvennyi Ordena Lenina Ermitazh. Leningrad, 1972 : 5-46.

[8] Boris Marshak 2006. "The So-called Zandaniji Silks: Comparisons with the Art of Sogdia" in *Schorta* 2006 : 49-60.

[9] Nicholas Sims-Williams and Geoffrey Khan. *Zandaniji Misidentified?* Bulletin of the Asia Institute, 2008.

[10] Wu Zhen. "Study and Comparison of Silks mentioned in Unearthed Documents in Turfan" in *Turfan and Unearthed Silk Fabrics*. Xinjiang Uygur Autonomous Region Museum, Nara : Nara Research Center for Silk Road Studies, 2000 : 84-103.

[11] Zhao Feng. *Jin, Taquete and Samite Silks : The Evolution of Textiles Along the Silk Road, in China : Dawn of a Golden Age (200AD-750AD)*. The Metropolitan Museum of Art and Yale University Press, 2004 : 67-77.

[12] James C.Y. Watt and Anne E. Wardwell. *When Silk Was Gold: Central Asia and Chinese Textiles*. New York : Metropolitan Museum of Art, in cooperation with the Cleveland Museum of Art, 1997.

[13] Jiang Boqin. *The Silk Road and Documents Found in Dunhuang and Turfan*. Beijing : Cultural Relics Press, 1994.

[14] Shang Gang. "Sadalaqi in China, *Road of Silk — 5000 Years of the Art of Silk* in China National Silk Museum. ROSIZO, St. Petersburg, 2007 : 26-27.

[15] Aurel Stein. *Innermost Asia*. Vol. III. Oxford, Clarendon Press, 1928.

[16] Xinjiang Uygur Autonomous Region Museum (Musée de la région autonome ouïghoure du Xinjiang). *Silk Road - Fabrics of the Han and Tang Dynasties*. Beijing : Cultural Relics Press, 1973.

[17] Zhang Feng(ed.). *Recent Excavations of Textiles in China*. Hong Kong : ISAT/Costume Squad Ltd., 2002 : 92-93.

[18] China National Silk Museum. *Road of Silk —5000 Years of the Art of Silk*. ROSIZO, St. Petersburg, 2007 : 23-24.

[19] Collection of Aurel Stein in the British Museum MAS.862, Collection of Paul Pelliot in Musée Guimet EO.1203/E. In Zhao Feng (ed.) *Textiles from Dunhuang in the UK Collections*. Shanghai : Donghua University Press, 2007 ; and *Textiles from Dunhuang in French Collections*, 2011.

[20] Collection of Aurel Stein in the British Museum MAS.858, Collection of Paul Pelliot in Musée Guimet EO.1199. In Zhao Feng (ed.) *Textiles from Dunhuang* — voir note 19.

[21] Collection of Aurel Stein in the British Museum MAS.865, Collection of Victoria and Albert Museum L:S. 642. In Zhao Feng (ed.) *Textiles from Dunhuang* — voir note 19.

[22] Zhao Feng and Wang Le. "Central Asian Textiles Found in Dunhuang" in *Dunhuang Research*, 2009.

[23] Narshaki. *The History of Bukhara* (translated by Richard N. Frye).

Chapitre 7
He Chou et Dou Shilun : deux noms-clé pour le samit de la dynastie Tang

Au long de l'ancienne route de la soie, les échanges culturels culminèrent sous la dynastie Tang. C'est d'abord la route des steppes qui émergea. Sous la dynastie Han, la soie arriva jusqu'en Occident, où la production développa un style propre et atteignit une certaine échelle. Puis, sous les dynasties Sui et Tang, les motifs et les techniques d'Asie centrale influencèrent la production et les motifs de Chine centrale. Le style artistique du samit de la dynastie Tang vit alors le jour, après l'assimilation du style de l'Asie centrale. He Chou et Dou Shilun furent les Figures-clé de cette époque.

I. L'influence occidentale sous les dynasties du Nord

Sous les dynasties Han et Jin, la soie produite en Chine fut principalement exportée. Sous la dynastie Jin de l'Est, il y avait une douzaine de petits Etats dans les régions du nord, dont certains étaient gouvernés par des peuples minoritaires. Après être arrivées en Chine centrale, certaines minorités ethniques furent complètement sinisées, alors que d'autres enrichirent le peuple Han de leur expérience migratoire et apportèrent une touche occidentale aux valeurs esthétiques et aux techniques de production du peuple Han. De cette manière, à la fin des dynasties du Nord, la Chine centrale était largement influencée par des peuples étrangers du nord et par leurs soieries ornées de motifs occidentaux.

Il est particulièrement remarquable que des motifs occidentaux soient apparus sur la soie à motif de chaînes, traditionnelle du peuple Han. Par exemple, le motif du lion n'avait pas été vu en Chine centrale auparavant, mais il était fréquemment utilisé en Egypte, en Inde et en Perse. A partir de la dynastie Han, pendant laquelle des pays voisins envoyaient des lions à la Chine en guise d'hommage, ce motif apparut sur les soieries produites en Chine centrale. Le motif de l'éléphant fut aussi introduit en Chine. Bien que des fouilles archéologiques aient révélé des objets d'ivoire en Chine, l'éléphant est un animal caractéristique d'Asie du sud-est, non de Chine. En Inde, les troupes les plus puissantes se battaient généralement à dos d'éléphant. Il en allait de même pour les Perses, lorsqu'ils combattaient les Grecs. En outre, ces bêtes constituaient un moyen de transport important. Certains dessins représentent des personnes installées sur des éléphants munis de selles et de dais (voir Figure 1). On voit aussi des scènes où des gens jouent du *pípa* à dos d'éléphant, ce qui indique que ces animaux pouvaient servir dans des contextes de spectacle.

Figure 1 Soie-jin avec un motif de bêtes dans des carreaux, de Turfan

Les motifs de soieries combinaient souvent des éléphants, des lions et des chameaux. Surnommé le « navire du désert », le chameau sert toujours de mode de transport en Afrique du nord, en Asie centrale, au Xinjiang et ailleurs. Une pièce de soie *jin* est connue comme la « soie *jin* avec un roi barbare conduisant un chameau », parce qu'on y voit un marchand qui mène un chameau par la bride et les deux caractères chinois *hu wang* (roi barbare) tissés dans le dessin. L'inscription indique que le marchand devait être de Sogdiane, en Asie centrale. Toutefois, ce genre de motif ne se trouvait pas seulement sur les produits de soie ; il ornait aussi des poteries colorées et des carreaux sculptés de l'époque. Toutes les pièces existantes qui faisaient Figurer dans des médaillons un homme occidental tenant un chameau par la bride furent produits sous la dynastie Sui ou avant celle-ci. Une étoffe de la collection du Musée national de la soie de Chine comporte un motif similaire, mais l'homme au chameau n'est pas entouré d'un médaillon. Près de la lisière, il y a un chameau avec le caractère chinois 胡 *hu*, un homme occidental, un lion et un éléphant. Au milieu de l'étoffe se trouve un édifice dans lequel se dresse la statue d'un dieu, qui pourrait être un Bouddha, bien qu'il soit difficile de distinguer son visage (voir Figure 2).[1]

Figure 2 Soie-jin avec un motif de roi barbare conduisant un chameau, un lion et un éléphant

Au-delà des motifs thématiques, l'influence occidentale se percevait aussi dans les motifs qui servaient de cadre. Par exemple, les vagues en forme de S, les nuages roulant comme des volutes et les perles liées, qui servaient tous de motifs-cadre, reflétaient l'influence de l'art persan sur l'art oriental. La soie *jin* ornée d'animaux et de vagues en S, mise au jour dans la tombe 170 d'Astana, à Turfan, était à l'origine le col rond d'un manteau. Après sa reconstitution, on y distingua des animaux appariés – phénix ou oiseaux, dragons et bêtes sauvages – dans un cadre de vagues. Ce motif est typique de Chine centrale, mais ce cadre puise ses racines dans les perles liées et les nuages roulants d'Asie occidentale et de Grèce.[2] La soie *jin* avec les motifs d'Hélios, découverte dans une tombe de Dulan, Qinghai, comporte aussi des éléments de perles liées et de nuages roulants.

L'influence occidentale se perçoit également sur la soie *jin* ornée d'un arbre entre deux bouquetins, motif très populaire en Chine centrale vers la fin des dynasties du Nord. La partie inférieure du dessin contient deux bouquetins avec des rubans. Entre eux se situe un grand arbre avec un tronc en forme de colonne de marbre et des lumières qui brillent dans ses branches. Au-dessus de cet arbre court une vigne. Tous ces motifs proviennent de l'Occident.[3] Dans un autre exemple, le motif semble être en lien avec les arts architecturaux de la Rome antique. Cette pièce, issue de la grotte de la bibliothèque du site des grottes de Mogao, à Dunhuang, se trouve actuellement au British Museum (voir Figure 3). Lorsque le motif fut reconstitué, il révéla un cadre où s'empilent des couches de nuages roulants de style grec, rappelant quelque peu les arcades du Colisée.[4]

Figure 3 Motif reconstruit d'une soie-jin de la grotte de la bibliothèque, Dunhuang (par Wan Le)

Le motif des perles liées, ou médaillon de perles, était également représentatif du style occidental, bien qu'il soit tissé avec la technique de soie *jin* de Chine centrale. Les médaillons de perles contiennent toute une variété de motifs, souvent des animaux ou des oiseaux appariés : par exemple, un couple de chevaux se tenant debout ou buvant de l'eau. Les perles liées servent parfois à former un cadre de vagues en forme de S, empli de dragons, de phénix ou de lions. On en voit aussi sur une figurine de céramique mise au jour à Astana, Turfan. La figurine a des médaillons de perles sur son manteau, qui entourent une paire d'oiseaux et une paire de chèvres ailées aux grandes cornes recourbées. On peut voir de nombreuses scènes intéressantes au sein de ces médaillons. Par exemple, sur une soie *jin* (voir Figure 4), deux hommes assis autour d'une cruche boivent du vin dans des coupes faites de cornes de bœuf. Les gens d'Asie centrale sont reconnaissables à leurs cheveux bouclés, leurs nez hauts, leurs robes serrées avec de petites manchettes et leurs bottes à mi-cuisse. Dans un autre médaillon, deux personnes centre-asiatiques assises portent des chapeaux différents mais des manteaux similaires.[5]

La taille et l'arrangement des médaillons de perles pouvaient varier. Par exemple, sur une soie *jin* ornée du caractère 同 *tong* (voir Figure 5), il y a des paons à l'intérieur des médaillons de perles et un lion à l'extérieur. Le motif du paon provient de l'Occident. Il était également populaire dans les dessins d'Asie du sud-est et cet oiseau pouvait être vu sur des pièces de monnaie de cuivre, exhibant sa queue en éventail.[6] Parfois, plusieurs motifs occidentaux sont combinés sur une même soie *jin*; par exemple, sur une pièce rouge mise au jour à Astana, Turfan, on voit les deux caractères 大王 *da wang* (grand roi) avec des motifs de chèvrefeuilles et d'herbes enroulées. Autour du VIème siècle, les soies *jin* à motifs feuillus étaient populaires au Xinjiang et il en existe des traces dans les documents de Turfan. Bien qu'il soit tout-à-fait banal de voir des feuilles dans la vie courante, les motifs de feuilles sont plutôt rares. Avec des rubans attachés aux pétioles, les feuilles de ces textiles rappellent les piques et les coeurs des cartes à jouer. Il semblerait qu'en allant plus à l'ouest, le motif de feuilles soit parmi les favoris.[7]

Il existe une pièce de broderie très intéressante au Musée du Xinjiang. A un certain moment, elle fut découpée en morceaux, puis cousue pour faire des gants (voir Figure 6). Après reconstitution, il fut découvert que les motifs de cette pièce étaient aussi courants dans

Figure 4 Soie-jin avec un motif de médaillon de perles entourant deux personnes centre-asiatiques, qui boivent du vin

Figure 5 Samit avec le caractère 同tong et une paire de paons, entourée d'un médaillon de perles

Figure 6 Motif reconstitué sur des gants brodés, Musée du Xinjiang (par Wan Fang)

l'art scythe. A titre d'exemple, les objets arrondis, ornés de bêtes à deux têtes, qui existaient en diverses tailles : les Scythes utilisaient les plus grands en tant qu'outils lors de sacrifices d'animaux et les plus petits en guise d'accessoires, comme des bracelets. Un motif de nuages roulants en forme de S orne la bordure de la broderie.[8] Ce dessin est un élément décoratif de l'art grec, où il apparaît dans de nombreuses oeuvres.

De nombreux motifs occidentaux apparurent en Chine sur des soies tissées polychromes, datant de la dynastie Jin de l'Est aux dynasties du Nord et du Sud. Il est possible qu'ils aient été copiés, car les Chinois adoraient ce genre de dessins importés ; mais il se pourrait aussi qu'ils aient été produits par des marchands en Chine centrale pour répondre aux goûts des consommateurs occidentaux.

II. Biographie de He Chou

En fabriquant de la « soie persane » avec des motifs occidentaux, les Chinois absorbèrent ces motifs et les adaptèrent. C'était un processus d'assimilation de l'art et de la technologie d'une culture étrangère. He Chou fut un représentant important de ce processus. Grâce aux histoires chinoises – l'*Histoire des dynasties du Nord* et le *Livre des Sui* – nous savons que He Chou est né au VIème siècle dans l'Etat de He. Celui-ci (aussi connu sous le nom de Kushanika) était l'un des neuf Etats de Zhaowu ; il se situait entre les Etats de Kang et An (respectivement les actuels Samarcande et Boukhara) et constituait une charnière qui reliait l'est et l'ouest de la Sogdiane. Plus tard, sous la dynastie Tang, Kushanika fut aussi connue sous le nom de Guishuangzhou (*Guishang* signifiant Kushan et *zhou* signifiant préfecture). Comme « He » était aussi un nom de famille chinois, l'identité sogdienne des personnes vivant dans l'Etat de He n'était pas toujours perçue, une fois qu'elles étaient entrées en Chine. Selon la *Biographie de He Chou* dans le *Livre des Sui* : « He Chou était très intelligent et il aimait réaliser de sublimes ouvrages d'artisanat. A l'âge de 10 ans, il quitta Jiangling pour rejoindre Chang'an avec son oncle. Il servit la dynastie Zhou du Nord en tant que *Yushi xiashi*. Quand Yang Jian (empereur Wendi de la dynastie Sui) était premier ministre, He Chou rejoignit l'armée et prit la tête de l'organisme responsable de la production artistique. Sous la dynastie Sui, il fut nommé *Dudu* et ensuite promu *Yufujian* et *Taifucheng*. He Chou avait l'habitude des objets anciens et il les connaissait bien. Après que les Perses eurent offert un hommage à l'empereur sous la forme d'une magnifique robe de soie tissée de fils d'or, l'empereur demanda à He Chou de la reproduire. La copie était encore plus belle que l'original. L'empereur était ravi et fit en sorte que le nom de He Chou entre dans l'histoire. »

Afin de bien comprendre les circonstances dans lesquelles He Chou imita la soie persane et la manière dont son travail affecta la technique de tissage pour la production de soie polychrome en Chine, il est important de se familiariser avec l'histoire de cette période.

He Chou vécut sous la fin des dynasties du Nord. Entre le IVème et le VIème siècle, la Chine était divisée et il y eut de fréquents changements de régime jusqu'à l'unification par la dynastie Sui en 581. Au nord, il y eut les dynasties du Nord : depuis la dynastie des Wei du Nord jusqu'aux Zhou du Nord, en passant par les Wei de l'Est et de l'Ouest et les Qi du Nord. Au sud, il y eut les dynasties du Sud : les dynasties Song, Qi, Liang et Chen. Le Sud connut une période relativement paisible à partir de la fondation de la dynastie Liang du Sud en 501. Cette dynastie est souvent désignée par le nom Xiao Liang (pour la distinguer des autres dynasties Liang), Xiao étant le nom de famille de son fondateur, Xiao Yan, aussi connu comme l'empereur Wu de Liang. Cette période de paix prit fin avec la rébellion de Hou Jing en 548. Hou Jing était un célèbre général Xianbei de la dynastie Wei du Nord, qui était doué au combat mais qui retournait souvent sa veste. Hou Jing se déplaça vers le sud et prit les régions proches du fleuve Yangzi. De manière inattendue, il s'empara de Jiankang (l'actuelle Nanjing), capitale des Liang du Sud. L'empereur Wu de Liang mourut en assignation à résidence et Xiao Zhengde, son fils adoptif, devint l'empereur Linhe, une marionnette contrôlée par Hou Jing. Les fils de Xiao Yan furent exilés. Deux d'entre eux, Xiao Yi (son septième fils) et Xiao Ji (son huitième fils), recrutèrent des partisans à Jiangling et Yizhou, respectivement, et préparèrent leur retour. En 552, Hou Jing assassina Xiao Zhengde et les fils de Xiao Yan se battirent pour le trône. Xiao Ji se proclama empereur mais fut rapidement tué par Xiao Yi. Xiao Yi devint à son tour empereur de Liang, mais il fut renversé deux ans plus tard par les Wei de l'Ouest.

Les origines de He Chou sont sujettes à débat. Certains défendent l'idée qu'il était Chinois, dû au fait que He était un nom de famille chinois. Mais il est généralement accepté que He Chou vient de l'Etat de He et qu'il est originaire d'Asie centrale. Le nom de son grand-père, He Xihu ou He Xijiaohu, suggère aussi des origines non-chinoises. Certains disent que la famille de He Chou était une branche des tribus étrangères du nord, mais il n'existe aucune trace écrite de *xihu* ou de *xijiaohu* (étrangers de l'ouest). Selon les données historiques dont nous disposons, He Xihu commerçait au Sichuan, savait beaucoup de choses sur « l'or et la soie », vivait à Pixian et se chargeait de l'or, de l'argent et de la soie pour le compte de Xiao Ji, empereur Wuling de Liang. La soie pouvait servir de monnaie d'échange, au même titre que l'or et l'argent, d'où l'expression « l'or et la soie ». Sa famille était très riche et avait la réputation d'une « famille aisée de Xizhou » (Xizhou fait ici référence aux régions occidentales de manière générale). Alors que Xiao Ji gouvernait le Sichuan (avant de devenir empereur), il fit des efforts particuliers pour utiliser la route menant du Sichuan aux régions occidentales et pour préconiser le commerce de la soie, dans le but de promouvoir les échanges culturels entre l'Orient et l'Occident. Au cours de cette période, He Xihu servit Xiao Ji. Lorsque l'empereur Wu de Liang mourut en 552, son fils Xiao Ji hérita du trône à Chengdu avec le titre royal de Tianzheng. Selon le *Miroir complet pour l'aide à la gouvernance*, lorsque son frère Xiao Yi lança l'attaque, Xiao Ji récompensa ses soldats pour leur bravoure au combat en leur offrant de l'or, de l'argent et de la soie. Et lorsque les jours de Xiao Ji furent comptés, il est bien connu qu'il tenta d'appâter le général Fan Meng avec un sac rempli d'or – démontrant ainsi combien il avait accumulé de richesses au Sichuan. Cette scène se répercute aussi sur He Xihu, qui était alors en charge de l'or et de la soie, et montre l'immense richesse que le commerce de la route de la soie apporta aux dirigeants et aux marchands.

Nous en savons un peu sur les autres membres de la famille de He Chou. Son père, He Tong, était un maître artisan qui travaillait le jade, soit de Kunlun, soit du Khotan – les preuves sont insuffisantes pour confirmer de laquelle il s'agissait, mais ces deux sources de jade se situent dans le Xinjiang actuel. Son oncle, He Tuo, travailla à partir de l'âge de 17 ans dans le domaine des arts, pour le compte de Xiao Yi, roi Xiangdong des Liang du Sud. Les archives montrent que He Tuo était doué en littérature et en musique, et probablement aussi habile dans les métiers de la soie. Xiao Yi se proclama empereur en 552, plaçant sa capitale à Jiangling, mais après un an seulement, il fut renversé par les Wei de l'Ouest. En 554, les Wei de l'Ouest déplacèrent plus de 100 000 personnes de Jiangling aux régions du nord. Ainsi, He Chou et son oncle migrèrent de Jiangling à Chang'an. La guerre fit de nombreuses victimes, mais les artisans étaient épargnés, parce que les vainqueurs avaient besoin de ces personnes qualifiées pour s'occuper de la production et de la construction à venir.

Voici, en résumé, la biographie de He Chou :

- Autour de 540 (6ème année du règne de l'empereur Datong des Liang du Sud) He Chou vient au monde sous le nom de Guilin.
- 554 (6ème année du règne de l'empereur Gong des Wei de l'Ouest) He Chou, adolescent, déménage à Chang'an. Plus tard, il sert les Zhou du Nord en tant que *Yushi xiashi*.

- 580 (2ème année de l'ère Daxiang des Zhou du Nord) après la mort de l'empereur Jing des Zhou du Nord, Yang Jian se proclame premier ministre à la gauche de l'empereur. He Chou est recruté à l'armée et prend la tête de l'organisme chargé de la production artistique.
- 581 (début de l'ère Kaihuang de la dynastie Sui) He Chou est nommé *Dudu* et se voit plus tard promu au rang de *Yufujian* et *Taifucheng*.
- 605 (début de l'ère Daye de la dynastie Sui) l'empereur Yang se rend à Yangzhou. En tant que *Taifu shaoqing*, He Chou organise une garde de 36 000 hommes en son honneur et prépare les carrosses, les chevaux et les vêtements de l'impératrice et des officiels avant leur départ pour Yangzhou. Il est ensuite successivement promu *Taifuqing*, *Shaofujian*, *Jinziguangludafu* et *Zuotunwei Dajiang*.
- 616 (12ème année de l'ère Daye) He Chou est nommé *Guangludafu* et accompagne l'empereur à Jiangdu.
- 618 (14ème année de l'ère Daye) Lorsque Yuwen Huaji lance une rébellion, He Chou est nommé *Shangshu* au ministère du Travail.
- 619 (2ème année de l'ère Wude de la dynastie Tang) Dou Jiande vainc Yuwen Huaji et nomme He Chou *Shangshu* au ministère du Travail et *Shuguogong*.
- 621 (4ème année de l'ère Wude) Dou Jiande est vaincu et recruté par la dynastie Tang. He Chou est nommé *Jiangzuo Shaojiang* avant sa mort.
- Il est estimé que He Chou vécut environ jusqu'à l'âge de 80 ans.

On sait donc que He Chou est né d'une famille d'artisans dans le sud, qu'adolescent, il déménagea à Chang'an et se mit au service de la dynastie Zhou du Nord. Ses talents dans les arts, et en particulier dans les arts de la soie, l'ont bien servi tout au long de sa vie, lui ouvrant la porte à des nominations de prestige dans plusieurs dynasties successives. Il fut recruté par l'armée, responsable de la production d'oeuvres d'art, et il fut promu à plusieurs reprises sous la dynastie Sui. Le voyage de l'empereur Yang à Yangzhou fut un triomphe pour He Chou, qui l'avait organisé. Il fit couvrir de soie tous les arbres le long de l'itinéraire et se chargea de la préparation des 36 000 membres de la garde d'honneur, ainsi que des carrosses, des chevaux et des habits de l'impératrice et des officiels avant leur départ pour Yangzhou. Il s'agissait d'une responsabilité énorme pour He Chou, qui était *Taifu shaoqing* chargé du trésor, à cette époque-là. En raison de son talent exceptionnel, He Chou fut encore promu et travailla douze ans de plus. En 618, Yuwen Huaji tua l'empereur Yang sur le compte de sa cruauté excessive. Par la suite, il nomma He Chou *Shangshu* au ministère du Travail, responsable de la production et de la construction. Peu après, Dou Jiande vainquit Yuwen Huaji et nomma lui aussi He Chou *Shangshu* au ministère du Travail. Après cela, Dou Jiande fut vaincu à son tour et recruté par la dynastie Tang, et He Chou fut nommé *Jiangzuo shaojiang*, toujours responsable de la production et de la construction. Il mourut peu après cette nomination.

De l'ère Kaihuang à l'ère Daye de la dynastie Sui, lorsque He Chou avait 40, 50, 60 ans, il reproduisait de la soie persane. Mais il n'y a aucune trace écrite qui permette de savoir à quoi ressemblait la « robe de soie aux fils d'or » qu'il confectionna. Etant donné que ce genre de vêtement était rare à cette époque, on suppose que He Chou recourut très vraisemblablement à un tissage en sergé façonné à trames multiples, qui était typique de l'Occident, pour créer le motif de chevaux ailés ou de cerfs appariés, encerclés de médaillons de perles.[9] Toutes les techniques utilisées n'étaient pas originaires de Perse, mais les motifs étaient assez semblables à ceux des soieries produites en Asie centrale, en Perse et en Sogdiane.

III. Samit de style persan fabriqué en Chine centrale

Comme il est mentionné plus haut, le « samit persan » était un samit d'Asie centrale. Dans le samit persan, les motifs de perles liées étaient assez grossiers : les perles avaient des bords crénelés et les éléments décoratifs étaient plutôt sommaires. Le fil de chaîne tordu en Z était une caractéristique technique majeure : en effet, de nombreux exemples tendent à prouver que le fil de chaîne tordu en Z est un élément-clé pour déterminer si un samit avec des médaillons de perles fut produit en Chine centrale ou dans les régions occidentales. Le samit de style persan produit en Chine centrale était basé sur l'armure du sergé façonné à trames multiples – en d'autres termes, il était fait selon une technique de tissage typiquement occidentale. Ceci dit, les perles du samit produit en Chine centrale étaient beaucoup plus arrondies et les motifs de fleurs en dehors du médaillon de perles étaient plus raffinés et plus complexes que ceux des soies persanes.

Au début du XXème siècle, l'explorateur japonais Tachibana Zuicho découvrit à Turfan un samit orné d'un arbre en fleur et d'une paire de cerfs. Le motif situé à l'intérieur du médaillon de perles est une paire de cerfs, accompagnée de deux lignes de caractères chinois *Hua shu dui lu* (arbre en fleur et cerfs appariés) (voir Figure 7). Les caractères dénotent un style plus calligraphique. Des éléments tels que les perles liées et les rubans montrent que le motif fut copié sur des modèles d'Occident, mais l'exécution elle-même est bien plus raffinée que celle des soieries sogdiennes.[10]

Figure 7 Samit au motif d'arbre en fleur et cerfs appariés, de Turfan

Les motifs représentés sur du samit avaient souvent un lien avec des chevaux et des chevaliers, comme par exemple la pièce de samit au motif de chevalier, mise au jour à Astana (voir Figure 8), produite au cours de la première moitié du VIIème siècle. Elle Figure un homme vêtu d'une Yunjian (écharpe), se tenant debout à côté d'un cheval, dont il enlace le cou de ses deux bras.[11] C'est le plus ancien exemple connu de Yunjian. Il existe au Horyu-ji, au Japon, un samit particulièrement splendide, avec un dessin de quatre chevaliers. Avec ses dimensions de 250 cm sur 130 cm, il est relativement grand. Techniquement, cette pièce fut aussi produite en Chine centrale. Vingt médaillons de perles sont arrangés de manière horizontale et verticale sur la soie. Chacun d'entre eux encercle un arbre de vie et quatre chevaliers chassant de part et d'autre de cet arbre. Les chevaliers portent des couronnes, ornées de motifs de soleil et de lune, et ils chevauchent des chevaux ailés. Etant donné que tous les chevaux étaient issus de la cour royale, ils étaient marqués de signes qui les identifiaient, tels que 山 *shan* (montagne) sur les pattes supérieures et 吉 *ji* (auspices favorables) sur les pattes inférieures. Parmi les médaillons se trouvent des motifs floraux de toute beauté tissés dans le style de la dynastie Tang. Il est dit de cette pièce qu'elle fut produite à la fin du VIIème siècle, sous la dynastie chinoise Tang, et emportée au Japon par un diplomate rentrant d'une visite à la cour des Tang. Elle fut utilisée comme drapeau impérial par le prince Shotoku. Son existence résulte d'échanges entre les cultures persane et Han, et c'est une pièce représentative de samit à médaillons de perles de la dynastie Tang.[12]

Figure 8 Samit au motif de chevalier, d'Astana

Une autre pièce importante fut mise au jour à Astana : il s'agit d'un samit de la dynastie Tang, présentant cette fois un motif de médaillon de cheval. Il fut produit en 620 (3ème année de l'ère Wude), peu après la mise en place de la dynastie Tang.[13] La présence de telles pièces prouve que des soies de qualité supérieure étaient déjà produites dans la région de Turfan à cette époque-là et même avant – c'est-à-dire, grosso modo, à l'époque où He Chou confectionnait sa « soie persane ». Le style du motif, l'armure et la technique de tissage de ces étoffes présentent tous des caractéristiques empruntées à la soie persane, à l'exception du sens de la torsion des fils, qui diffère. Qui plus est, ces étoffes étant plus splendides et délicates que la soie persane, elles illustrent l'excellence des compétences impliquées dans la fabrication de « soie persane » en Chine centrale.

IV. Biographie de Dou Shilun

Dou Shilun (593-671) est né quelque temps après He Chou. Son nom n'apparaît pas dans les histoires officielles, mais nous le connaissons grâce aux *Célèbres peintures des dynasties passées*, compilées par Zhang Yanyuan au IXème siècle, et grâce à un épitaphe qui se trouve actuellement au Musée Beilin, Xi'an.

Zhang Yanyuan (812-877) vécut à la fin de la dynastie Tang, environ deux siècles après Dou Shilun, mais la renommée de Dou était telle que des histoires à son sujet furent transmises de génération en génération. Ces témoignages disent que « sous les règnes de l'empereur Gaozu et de l'empereur Taizong de la dynastie Tang (c.-à-d. au début de la dynastie Tang, avant 650), l'entrepôt impérial contenait de la soie tissée polychrome ornée de motifs de faisans, de chèvres, de phénix et de *qilin*, créée par Dou Shilun et transmise de génération en génération jusqu'à aujourd'hui. » Les motifs de faisans et de chèvres appariés créés par Dou Shilun furent largement connus jusqu'au IXème siècle. Dans le cadre du développement du style des soies tissées polychromes, He Chou est le personnage phare de la dynastie Sui et Dou Shilun, celui de la dynastie Tang.

Dou Shilun est né d'une famille noble. Il était le cousin de Li Shimin, l'empereur Taizong de la dynastie Tang. L'épitaphe, découvert récemment et conservé au Musée Beilin, Xi'an, porte une inscription en écriture sigillaire qui déclare que Dou était le duc Lingyang, gouverneur de trois préfectures, Yin, Qiong et Fang, et sous-chef du département de Conseil de la résidence Qin de la dynastie Tang. Elle indique une date de naissance en 593 (13ème année de l'ère Kaihuang de la dynastie Sui) et une date de décès en 671 (2ème année de l'ère Xianheng de la dynastie Tang), ce qui ferait de Dou Shilun le cousin aîné de Li Shimin (né en 598).

La famille de Dou Shilun n'appartenait pas aux Han de Chine, mais au peuple Xianbei. A un certain moment, elle changea son nom Xianbei « Dou » pour adopter le nom chinois « Dou ». Les registres montrent que Dou Shilun est le descendant de Dou Lue, général des Wei du Nord. Dou Lue avait cinq fils, dont deux – Dou Yue et Dou Shan – étaient liés à la famille impériale. Le fils de Dou Yue, Dou Yi, épousa Yuwen, une sœur de l'empereur Wu des Zhou du Nord. Le fils de Dou Yi épousa la fille de l'empereur Wen des Wei de l'Ouest, et la fille de Dou Yi épousa Li Yuan, l'empereur Gaozu de la dynastie Tang – elle devint plus tard l'impératrice Taimu et Li Shimin fut son fils. Le fils de Dou Shan, Dou Rongding, épousa la sœur de l'empereur Wen de la dynastie Sui. Donc, la famille Dou était déjà fort distinguée au sein de la dynastie Wei du Nord et elle créa des alliances matrimoniales avec les familles impériales des dynasties Wei de l'Ouest, Zhou du Nord, Sui et Tang.

Dou Rongding avait deux fils, dont Dou Kang, neveu de l'empereur Wen de la dynastie Sui et cousin de l'impératrice Taimu. Dou Kang avait occupé une fonction officielle pour la dynastie Sui, mais, après que Li Yuan eut envoyé une armée, il changea de camp, rejoignit Li Yuan et fut nommé *Jiangzuo Dajiang*. Sous la dynastie Tang, c'était les membres de la famille de la mère de l'empereur, ou ceux du côté de l'épouse, qui étaient chargés des travaux de génie civil. En 618 (1ère année de l'ère Wude), Dou Kang fut nommé *Nayan*, ce qui était l'équivalent de premier ministre, mais avec très peu d'occupations. Il finit par mourir à un banquet. Tous les fils de Dou Kang apparaissent dans les archives officielles, sauf Dou Shilun. Dou Kang avait un frère qui s'appelait Dou Jin, qui avait servi en tant que *Jiangzuo Dajiang* et organisé la construction du palais de Luoyang. Mais ce palais fut construit dans un luxe extrême et les dépenses dépassèrent largement le budget. Cela mit en colère l'empereur Taizong de la dynastie Tang qui renvoya son chef de chantier et le projet fut abandonné.

Dou Shilun eut plus de chance. Il était le cousin aîné de Li Shimin, l'empereur Taizong de la dynastie Tang, et il avait déjà travaillé pour lui précédemment, en tant que consultant, lorsqu'il était encore roi de Qin. Lorsque Li Shimin devint *Shangshuling*, Dou Shilun servit de conseiller, occupant les postes de *Xiangguo*, *Lushi* et *Canjun*. Il organisa d'abord la construction du *Daxingtai* à Yizhou, puis il commença à se charger de travaux à titre indépendant. Le *Daxingtai* était une unité administrative de premier niveau pendant l'ère Wude. Yizhou (l'actuelle Chengdu) était l'un des centres commerciaux les plus importants de la dynastie Tang, y compris pour la soie, et il y fallait des officiels pour s'occuper de la production et des chantiers de construction. Le *Daxingtai* fut établi à Yizhou en 618 (1ère année de l'ère Wude) et aboli en 626 (9ème année de l'ère Wude). En 626, Li Shimin fomenta un coup d'Etat (connu sous le nom de « l'incident de la porte Xuanwu ») : il força Li Yuan à renoncer au trône, tua ses frères et devint empereur. Dou Shilun travailla au Sichuan pendant plus de dix ans. On dit qu'il est le créateur du style du « duc de Lingyang », réputé pour être celui des soies tissées polychromes les plus précieuses de la cour, déjà à l'époque mais aussi jusqu'à la fin de la dynastie Tang. Une fois que Li Shimin se fut emparé du trône (en tant qu'empereur Taizong), Dou Shilun fut nommé *Taifuqing* chargé de biens d'or et d'argent. Par la suite, il servit en tant que *Cishi* à Fangzhou (au nord de Chang'an). Il s'y trouvait encore en 664, lorsque Xuanzang y mourut, 15 ans après le décès de l'empereur Taizong.

V. Le style du duc de Lingyang de la dynastie Tang

Le style du duc de Lingyang fait référence aux créations de Dou Shilun, à qui l'empereur donna ce titre. Les témoignages concernant le style du duc de Lingyang ne mentionnent que des motifs, tels que des paires de faisans, de chèvres, de phénix et de *qilin*, plutôt que des formes détaillées. C'est pour cela que nous appelons « style du duc de Lingyang » tous les motifs d'oiseaux ou de bêtes appariés entourés de médaillons floraux.[15]

Les motifs de médaillons étaient populaires sous les dynasties Sui et Tang. Au début de la dynastie Tang, les médaillons consistaient principalement en des cercles de perles liées et leur style semblait plutôt occidental. He Chou et d'autres tisserands qui copièrent la « soie persane » empruntèrent le motif du médaillon de perles et l'améliorèrent, produisant quelques exemples d'un grand raffinement. Avant la fin de la dynastie Tang, les médaillons de perles étaient devenus moins courants et avaient été remplacés par le style du duc de Lingyang, plus sophistiqué, qui devint à son tour très populaire. On peut discerner trois catégories dans le développement de ce style :

1. Adaptation et développement du médaillon de perles

La première catégorie consiste en une adaptation du médaillon de perles. Par exemple, en passant à deux cercles concentriques de perles liées, le motif est tout-de-suite devenu plus décoratif. Certaines soies au Shoso-in, au Japon, appartiennent au style du duc de Lingyang : elles ont des perles liées à l'intérieur et des pétales ou des volutes à l'extérieur. Avec le temps, les perles liées ont perdu de l'importance, à mesure que les motifs floraux étaient mis en valeur et qu'apparaissait le thème des deux dragons. Les fouilles d'Astana révélèrent une étoffe de ce genre (voir Figure 9), au dos de laquelle une inscription écrite à la main, à l'encre, indiquait Shuangliu. Shuangliu étant un endroit au Sichuan, cette pièce indique donc un lien entre le style du duc de Lingyang et le Sichuan, où il est présumé que ce style prit racine.[16]

2. Médaillons de fleurs

La seconde catégorie est sans doute l'authentique style du duc de Lingyang. Le concept du médaillon est maintenu, mais un motif floral remplace à présent le motif de perles. Le médaillon floral est semblable au *baoxianghua*, un dessin de fleurs stylisé, populaire sur

Figure 9 Motif reconstitué de dragons appariés entourés de médaillons de fleurs, d'Astana

de nombreux supports sous les dynasties Sui et Tang. L'espace au sein du médaillon floral est empli de paires de lions ou d'oiseaux. Des tissus présentant ces deux motifs, découverts à Dulan, Qinghai, datent d'entre l'âge d'or de l'empire Tang et le milieu de la dynastie Tang. Une autre pièce, trouvée dans la grotte de la bibliothèque de Dunhuang, présente des médaillons composés de volutes et de vignes (voir Figure 10), entourant un phénix debout sur une patte - un motif typique de la dynastie Tang. Malheureusement, le motif du phénix est incomplet.[17] Sur une autre pièce de samit de Dulan, on voit un médaillon composé de fleurs, encerclant un phénix debout. Une pièce de samit au Shoso-in, au Japon, montre un phénix sur le point de prendre son envol. Et au Musée national de la soie de Chine, il existe une pièce de samit avec un motif du style du duc de Lingyang (voir Figure 11), dont la structure de tissage est celle d'un samit Liao. Cette combinaison indique qu'elle fut produite autour du IXème siècle. Le médaillon est très grand et constitué de fleurs complexes et réalistes. En son centre se trouve un petit lion. Ces motifs peuvent tous être considérés comme appartenant au style du duc de Lingyang.[18]

Figure 10 Samit à motif de phénix au sein d'un médaillon de volutes de vignes, découvert dans la grotte de la bibliothèque, Dunhuang

Figure 11 Motif reconstitué de lions au sein de médaillons floraux sur un samit, Musée national de la soie de Chine

3. Textiles aux motifs d'animaux teints par réserve par ligature

Le style du duc de Lingyang continua à évoluer à la fin de la dynastie Tang. On peut considérer comme la troisième catégorie : les textiles aux motifs d'animaux teints par réserve par ligature. Cette méthode de teinture apparut sous le règne de l'empereur Xuanzong, dans la première moitié du VIIIème siècle. Une pièce découverte dans la grotte de la bibliothèque, à Dunhuang, pourrait dater d'une époque ultérieure, mais elle est faite dans le style du duc de Lingyang (voir Figure 12). Une pièce de broderie ovale, représentant une paire de phénix au sein d'un médaillon de volutes, à présent conservée dans la collection du Musée national de la soie de Chine, doit aussi être considérée comme une variante du style du duc de Lingyang.[19]

Des recherches minutieuses nous portent à croire que le style du duc de Lingyang est apparu pendant l'ère Wude (618-626) de la dynastie Tang et qu'il s'appliquait aussi bien aux étoffes tissées qu'imprimées. Il s'agissait d'un dessin qui combinait des médaillons de fleurs et des motifs d'animaux.

Le médaillon de perles ne peut pas être considéré comme appartenant au style du duc de Lingyang car il apparut très tôt, ne dura pas longtemps en Chine et aurait probablement semblé trop « occidental » pour satisfaire les goûts chinois. Par conséquent, les

Figure 12 Motif reconstitué d'une paire de cerfs sur une étoffe teinte à réserve par ligature, de la grotte de la bibliothèque, Dunhuang

motifs occidentaux furent adaptés. Puisque Dou Shilun remplissait la fonction de *Shaofuqing*, les styles de motifs qu'il créa influencèrent aussi d'autres œuvres d'art à la cour. Par exemple, on peut observer des ornements rappelant le style du duc de Lingyang sur de précieuses argenteries et orfèvreries. De la même manière que He Chou copia des textiles, y compris des « soies persanes », lorsqu'il migra d'Asie centrale en Chine centrale, d'autre stylistes puisaient leur inspiration dans des motifs étrangers, tout en cherchant à innover. Ils créèrent de nouveaux styles, caractéristiques de la dynastie Tang. Dou Shilun était réputé pour cela et son style du duc de Lingyang éponyme devint célèbre à travers tout le pays.

IV. Médaillons floraux

En plus du style du duc de Lingyang, le médaillon floral est un autre des motifs créés sous la dynastie Tang, marqué d'une influence occidentale. Ce type de médaillon connut aussi un processus évolutif. Les ornements en forme de calice de kaki, qui apparurent sur des miroirs de bronze ou d'autres objets sous la dynastie Han, ne peuvent pas vraiment être considérés comme des motifs floraux. Les vrais motifs floraux ne firent pas leur apparition avant les dynasties du Nord. On trouva alors des fleurs à quatre, six ou huit pétales, des quartefeuilles et des petits médaillons floraux. Sous la dynastie Tang, de nombreux tissus imprimés étaient ornés de fleurs, souvent de quatre petites fleurs qui en formaient une grande. Ces motifs peuvent être vus sur les vêtements des peintures murales des grottes de Mogao, à Dunhuang. Au début de la dynastie Tang, de petits médaillons floraux étaient parfois associés à des médaillons de perles, qui ressemblaient davantage à des couronnes de bourgeons de fleurs. Plus les médaillons floraux se complexifiaient, plus ils embellissaient. Par exemple, sur une chaussette mise au jour à Dulan, Qinghai, la partie supérieure était faite de soie tissée polychrome et la partie inférieure de broderie ; les deux parties étaient décorées de simples médaillons floraux. Pendant l'âge d'or de l'empire Tang, de vrais médaillons floraux apparurent sur des soieries ; les archéologues en mirent au jour d'importants exemples à Astana et Dulan. Les fragments d'Astana furent rapiécés et les motifs reconstitués. Hélas, seule une moitié de la pièce de Dulan survécut. De tels médaillons formels portaient le nom de « médaillons de pétales ».

Sous la dynastie Tang, le samit mesurait généralement 50 cm de large. Celui d'un mètre de large était un samit spécial. Appelé *da zhang jin* (grande feuille de samit), il copiait le samit produit en Asie centrale. Nous savons ceci car seuls les textiles semblables au samit sogdien se mesuraient en *zhang* (feuille ou pièce), alors que les autres textiles se mesuraient à leur longueur. Selon les archives historiques de la dynastie Tang, il y eut un moment où le gouvernement interdit le tissage de grandes pièces de samit, en raison du fait que cela requérait trop de main d'oeuvre et de matières premières. Pour trouver de magnifiques exemples de médaillons floraux, nous pouvons nous pencher sur un étui de *pípa* (instrument à cordes semblable au luth) fait de samit, aujourd'hui conservé au Japon. La pièce reconstituée semble très luxueuse et exhibe des médaillons floraux composés de plusieurs cercles de fleurs de formes diverses sur fond bleu. La couronne de fleurs située le plus à l'extérieur possède le plus d'effet tridimensionnel, alors que le cercle le plus intérieur est le plus régulier. Ces fleurs ne reproduisent pas nécessairement des plantes qui existent dans la nature, mais sont une combinaison imaginaire de toute une variété de fleurs.[20]

Les médaillons floraux étaient typiques du style de la dynastie Tang, arrangés de manière à créer une symétrie autant horizontale que verticale. Ceci reflète pleinement les excellentes techniques de tissage de la dynastie Tang. En Chine ancienne, la technique de tissage ne permettait qu'une symétrie verticale. La technique de tissage occidentale permettait une symétrie horizontale. L'absorption de la technique occidentale avancée, à l'époque de la dynastie Tang, permit donc de réaliser une symétrie à la fois horizontale et verticale sur une même pièce, rendant possible l'apparition de motifs tels que les médaillons floraux.

A l'âge d'or de la dynastie Tang, les médaillons de perles liées relativement petits, qui étaient au départ un motif importé de l'ouest, se développèrent jusqu'à devenir de grands médaillons floraux confectionnés localement, dont les exemples les plus raffinés sont ceux du style du duc de Lingyang. Ceux-ci prirent forme sous l'âge d'or des Tang et exercèrent une profonde influence sur les périodes ultérieures. La période Tang est bien connue pour avoir embrassé des influences étrangères. Cette tendance est évidente si l'on observe les échanges de technique et de style entre les étoffes orientales et occidentales, en soie et en laine, qui aboutirent au style élégant et luxurieux de la dynastie Tang.

Notes

[1] China National Silk Museum. *Road of Silk - 5000 Years of the Art of Silk*. ROSIZO, Saint Petersburg, 2007 : 78-79.

[2] Zhao Feng, Wan Fang, Wang Le & Wang Bo. "Analysis and Research on the Silk Unearthed from TAM170" in *Journal of the Turfan Studies - Essays on the Third International Conference on Turfan Studies : The Origins and Migrations of Eurasian Nomadic Peoples*. Shanghai : Shanghai Ancient Books Publishing House, 2010 : 241-267.

[3] Wu Min. Zhixiu *Woven and Embroidered Textiles*, Taipei : Youth Cultural Co. Ltd., 1992 : 101.

[4] Zhao Feng. *Textiles from Dunhuang in UK Collections*. Shanghai : Donghua University Press, 2007 : 124.

[5] Zhao Feng and Qi Dongfang. *Design with Western Influence on the Textiles of Silk Road from 4th Century to 8th Century*. Shanghai : Shanghai Ancient Books Publishing House, 2012 : 96-99.

[6] Xinjiang Uygur Autonomous Region Museum. *The Silk Road – Fabrics in the Han and Tang Dynasties*. Beijing : Cultural Relics Press, 1973.

[7] Les soies à motif de feuilles étaient très populaires sous les dynasties du Nord et de nombreux textiles de ce type furent mis au jour à Turfan M170, ainsi que des documents. Zhao Feng, Wan Fang, Wang Le & Wang Bo. "Analysis and Research on the Silk Unearthed from TAM170" in *Journal of the Turfan Studies - Essays on the Third International Conference on Turfan Studies : The Origins and Migrations of Eurasian Nomadic Peoples.* Shanghai : Shanghai Ancient Books Publishing House, 2010: 241-267.

[8] Wang Mingfang. "Newly Collected Fabrics in the Xinjiang Museum" in *Xinjiang Cultural Relics*, 2007(2) : 88-95.

[9] Zhao Feng. "Taquete with the Pattern of Winged Horses in the Tang Dynasty and Persian Silk Imitated by He Chou" in *Cultural Relics*, 2010(3) : 71-83.

[10] Yishiduka Ota. "Silk with the Pattern of Lions" in *Collection of Yishiduka Ota about the Dyeing and Weaving History*, Vol. 2. Kyoto : Kawashima Fabric Culture Publishing House, 1986 : 107-131.

[11] Xinjiang Uygur Autonomous Region Museum. *The Silk Road - Fabrics in the Han and Tang Dynasties.* Beijing : Cultural Relics Press, 1973.

[12] Tokyo National Museum. *National Treasure Exhibition in Horyu-ji : Commemoration for the Completion of Financial Investigation of Horyu-ji in the Showa Period.* Tokyo : NHK, 1994 : 157.

[13] Wu Min. "A Primary Study of Silk Products from Han and Tang Dynasties Excavated in Xinjiang" in *Cultural Relics* 1962(7-8) : 64-75.

[14] Wang Qingwei. "Newly-Found Epitaph of the Famous Early-Tang artist Dou Shilun and Related Issues" in *Research on Unearthed Documents*, Vol. 10. Beijing : Zhonghua Book Company, 2011 : 392-405

[15] Zhao Feng. "Roundel Patterns on Silk in the Sui and Tang Dynasties" in *The National Palace Museum Monthly of Chinese Art (Taipei)*, 1996(7) : 14-21.

[16] Wu Min. Woven and Embroidered Textiles. Taipei : Youth Cultural Co. Ltd., 1992 : 134-135.

[17] Zhao Feng. *Textiles from Dunhuang in French Collections.* Shanghai : Donghua University Press, 2010.

[18] China National Silk Museum. *Road of Silk - 5000 Years of the Art of Silk.* ROSIZO, Saint Petersburg, 2007 : 93.

[19] China National Silk Museum. *Road of Silk - 5000 Years of the Art of Silk.* ROSIZO, Saint Petersburg, 2007 : 95.

[20] Kaneo Matsumoto. *7th and 8th Century Textiles in Japan from the Shoso-in and Horyu-ji.* Kyoto : Art Books Shikosha Publishing Co. Ltd., 1984.

Chapitre 8
Textiles de « style nouveau » sous la dynastie Tang : soieries de Dunhuang et du Famensi

Le style du duc de Lingyang, créé par Dou Shilun, atteignit le sommet de sa popularité entre le début et le milieu de la période Tang. Puis, le « style nouveau » entra en scène. Il dut avoir un certain impact, car le terme apparaît dans des documents historiques et des poèmes de l'époque. Les textiles eux-mêmes devaient être visuellement éblouissants pour attirer autant d'attention et l'impact social devait être significatif pour mériter de faire couler autant d'encre. Le terme chinois *Xinyang* se traduit directement par « nouvel échantillon ou style de motif ». Le poète réaliste Bai Juyi (772-846) fait référence à des « échantillons » dans plusieurs de ses poèmes. Dans son poème « Damas de Liaoling », on peut lire : « L'an dernier, les émissaires proclamèrent un ordre impérial. Ils rapportèrent des échantillons du paradis pour que les humains les tissent. » En d'autres termes, l'empereur envoya ses officiels avec des échantillons de textiles raffinés pour enseigner au peuple comment les copier et ainsi produire de grandes quantités de damas pour la cour. Dans un autre poème, « Tapis de soie rouge », il se réfère de nouveau à un échantillon ou un motif : « Le préfet de Xuancheng apporte encore davantage de motifs à tisser, il ne s'épargne aucun effort dans l'exercice de ses fonctions officielles. » Ici, le poète raconte comment les officiels de la région de Anhui rivalisaient pour attirer l'attention de l'empereur, en montrant qu'ils pouvaient produire les plus beaux tapis de soie, mais sans tenir compte des souffrances infligées au peuple. Autrement dit, les échantillons ne venaient pas du palais, mais des officiels qui cherchaient à gagner la faveur de l'empereur et qui créaient eux-mêmes de nouveaux motifs.

I. Textiles de « style nouveau » dans les poèmes de style Tang

Le terme « style nouveau » apparaît fréquemment dans les documents historiques de la dynastie Tang. Des recherches menées par Lu Huayu, professeur à l'Université du Sud-Ouest, montrent que les premiers textiles de « style nouveau » furent probablement créés par Huangfu Xun, au cours de l'ère Kaiyuan de la dynastie Tang.[1] Il s'en trouve une trace écrite dans l'*Ancienne histoire Tang*, vol. 88, Biographie de Su Ting : « Pendant la 8ème année de l'ère Kaiyuan (720 ap. J.-C.), Su Ting démissionna du ministère des Rites, cessa de s'impliquer dans des affaires politiques, prit le poste de *zhangshi* au gouvernement Yizhou et annula tous les tributs de soie affichant des motifs de style nouveau, fournis par le précédent sima, Huangfu Xun. » En d'autres termes, Huangfu Xun fournissait l'empereur en soieries de style nouveau, fabriquées à Chengdu, mais il mit un terme à la production lorsque l'empereur Xuanzong appela à réfréner toute forme de luxe excessif. Malgré cela, le « style nouveau » demeura très populaire après l'ère Kaiyuan.

Les soieries de « style nouveau » devinrent très réputées. Le poète Wang Jian (env. 767-830), qui est né après la rébellion de An Lushan et Shi Siming au milieu du VIIIème siècle, composait beaucoup autour du thème du tissage de la soie au Sichuan. Par exemple, dans son poème « Tissant de la soie polychrome », on lit :

> La fille aînée tisse de si belles soieries
> Que son nom est inscrit sur la liste des tisserands du comté.
> Le contremaître fait approuver les échantillons.
> Il est très difficile d'être sélectionné.
> Ses fleurs et ses feuilles sont extraordinaires,
> Si réalistes que l'on craint qu'elles se dessèchent en automne.
> Faits de délicats fils rouges et de pourpre velouteux
> Des papillons virevoltent parmi les fleurs.

Le poème décrit une situation dans laquelle la fille a copié les échantillons créés par le contremaître, qui les avait soumis à l'approbation de l'officiel avant d'obtenir le droit de les produire en gros. Wang Jian fit souvent mention d'échantillons ou de motifs de style nouveau dans ses œuvres plus tardives, exprimant son appréciation et le grand plaisir qu'ils lui procuraient. Par exemple, dans son poème « Quittant le secrétaire Tian », il écrivit : « Comme il me manque de voir les nouveaux motifs sur le métier à tisser. » Il évoqua aussi « le dur labeur requis pour réaliser la meilleure soie de style nouveau » où, dans le cas présent, le motif est tissé dans l'étoffe. Dans son « Recueil des cent poèmes du palais », son poème « A la recherche de soies de style nouveau dans des régions reculées de Jiannan », illustre l'exubérance du style nouveau au Sichuan. On remarque que le « style nouveau », populaire entre le milieu et la fin de la dynastie Tang, présentait des différences drastiques avec les motifs de soie pré-existants.

Wang Jian n'est pas le seul poète à avoir mentionné des motifs de soieries. En effet, dans son poème « Adieux à l'officiel aux chevaux », le poète Zhang Hu (env. 782-852) écrivit que « les motifs de style nouveau sont parfaits pour la gaze de Shu ». Il s'agit encore une fois d'une référence au style nouveau du Sichuan. La gaze était de la soie tissée avec des fils de chaîne tressés et il en existait des variantes régionales : la gaze de Shu provenait de Shu (Sichuan), la gaze de Yue était de Yue (Zhejiang).

Le poète Zheng Gu (env. 851-910), qui vécut sous la fin de la dynastie Tang, écrivit dans son poème « Soie polychrome » :

> Les famille nobles ne remarqueront pas les tissus de chanvre
> Les textiles ordinaires n'atteindront pas les banquets.
> Le rouge doit être enchanteur comme le soleil
> Le pourpre doit être splendide comme l'orchidée
> Pour que des oies sauvages puissent atterrir sur l'eau au printemps
> La nuit, des lampes tempête projettent leur lumière crue sur les métiers à tisser
> Avec un œil attentif au Style Nouveau, elles tournoient et dansent
> Sans une pensée pour les vagabonds ou les mûriers.

Ce poème reflète les aspects sociaux de l'habillement et de la mode. Si l'on portait des vêtements ordinaires, on n'était pas accepté par les échelons supérieurs de la société. Les gens de l'époque recherchaient de la soie avec des motifs de style nouveau de la même manière que les gens d'aujourd'hui recherchent des styles innovants dans les milieux de la mode et du divertissement. Il n'était guère accordé d'importance à la manière dont elle était produite. La mode était très importante sous la dynastie Tang et il se dégagea une tendance à concevoir et à présenter des motifs non-conventionnels.

Il existe quelques références à l'apparence des motifs de style nouveau. Dans son poème, Wang Jian nous raconte que « ses fleurs et ses feuilles sont extraordinaires » et que « faits de délicats fils rouges et de pourpre velouteux, des papillons virevoltent parmi les fleurs ». Les papillons, les oiseaux, les fleurs et les feuilles figuraient tous dans le style nouveau – tout particulièrement les fleurs.

Dans le poème de Zhang He « Wen Jun lave de la soie au bord de la rivière Shujiang au printemps », le poète décrit les feuilles éparses, les fleurs denses et les oiseaux très présents dans les roses trémières.[2] Clairement, la flore et la faune occupaient une place importante dans les soies du Sichuan. On peut aussi citer la poétesse Xue Tao, qui, dans son poème « Trois poèmes en essayant des vêtements nouvellement taillés », écrit : « Le printemps passa devant la maison de Dongjun et vola des motifs au monde des humains ». Autrement dit, les motifs des nouveaux vêtements étaient tellement beaux que les esprits s'inspirèrent du monde des hommes ! Les références littéraires indiquent que les motifs de style nouveau, notamment les oiseaux, les papillons, les fleurs et les plantes, étaient tous splendides et naturalistes.

Les motifs d'oiseaux et de fleurs étaient rares au début de la dynastie Tang, mais ils commencèrent à se répandre à l'âge d'or des Tang. La plupart des exemplaires qui subsistent encore se trouvent au Shoso-in, au Japon. Nous pouvons observer des développements de ce style à partir de textiles mis au jour par les archéologues. Une pièce de samit découverte à Astana, Turfan, dans une tombe du milieu de l'époque Tang (voir Figure 1), représente les premiers stades de développement : elle possède le motif du médaillon floral des premiers temps, mais elle est aussi ornée de pies à longues queues et d'autres oiseaux autour des médaillons.[3] Les soies mises au jour à Dulan, Qinghai, datent pour la plupart du milieu de la période Tang et beaucoup d'entre elles sont ornées de fleurs et d'oiseaux. Même lorsque des lions ou d'autres animaux viennent s'intercaler entre ces motifs, l'attention demeure sur les oiseaux et les fleurs. Les soieries découvertes dans la grotte de la bibliothèque, à Dunhuang, et dans le Famensi (temple de Famen), à Fufeng, Shanxi, datent de l'époque Tang tardive. Ce sont les sites les plus riches en termes de soieries à motifs d'oiseaux et de fleurs.

Figure 1 Samit de la dynastie Tang à motifs d'oiseaux et de fleurs

II. Soieries des grottes de Mogao, à Dunhuang

Dunhuang était un lieu important sur la route de la soie qui menait vers les régions occidentales. En partant de Chang'an (l'actuelle Xi'an), on voyageait en direction du nord-ouest, passant par le corridor Hexi, jusqu'à Dunhuang. De Dunhuang, on avait le choix entre trois routes. On pouvait continuer vers le nord-ouest jusqu'à Hami, puis prendre la route de la soie du nord jusqu'à Turfan. On pouvait se diriger vers l'ouest, en passant par la ville fantôme de Loulan. Ou encore, on pouvait emprunter la route de la soie du sud jusqu'à Niya. Dans tous les cas, Dunhuang occupait une position stratégique. Le plus célèbre site de Dunhuang est celui des grottes de Mogao, une série de grottes taillées dans la roche de la colline, couvertes de peintures murales qui furent bien préservées. En 1900, le moine taoïste Wang Yuanlu découvrit une petite grotte remplie de documents et de peintures, que l'on connaît aujourd'hui sous le nome de « grotte de la bibliothèque » (ou grotte 17). En 1907, Aurel Stein (un Hongrois naturalisé britannique) se procura une grande quantité de ces reliques culturelles à bas prix et les ramena en Grande-Bretagne. Il retourna à Dunhuang et récupéra de nouvelles reliques en 1914. De nombreux Chinois connaissent bien cette histoire. Les grottes de Mogao avaient été l'entrepôt de plus de dix mille rouleaux de sutras et d'un grand nombre de peintures sur soie. Les sutras emportés par Aurel Stein se trouvent désormais dans la Bibliothèque nationale du Royaume-Uni (British Library) et les peintures sur soie sont au British Museum.[4] Depuis qu'ils furent retirés de Chine il y a plus d'un siècle, de nombreux chercheurs et universitaires du monde entier ont mené des recherches extensives et approfondies sur les documents et les peintures de Dunhuang, obtenant des résultats encourageants et créant le domaine des Etudes de Dunhuang. Plus tard, ce domaine fut élargi pour inclure des recherches sur Turfan et, ainsi, la Société pour les Etudes de Dunhuang et de Turfan fut établie en Chine. Concentrée sur l'étude des textes découverts dans ces deux sites, elle a publié un grand nombre de monographies. La plupart des recherches sur les peintures sur soie de Dunhuang ont été menées par des spécialistes occidentaux, en grande partie à cause du fait que les collections de peintures sur soie se trouvent à l'étranger.

Depuis quelques années, des spécialistes chinois se penchent sur des textiles de Dunhuang qui appartiennent à des collections britanniques. Depuis 2006, le Musée national de la soie de Chine, l'Université de Donghua, le British Museum, la British Library et le Victoria and Albert Museum ont travaillé conjointement pour générer un collationnement systématique de plus de six cents pièces de textiles de Dunhuang rassemblées par Aurel Stein (voir Figure 2). Ces institutions ont publié leurs résultats sous la forme d'un livre intitulé *Textiles de Dunhuang dans les collections britanniques.*[5] Une partie de la collection d'Aurel Stein se trouve au Musée national de l'Inde, à New Delhi : étant donné que ses explorations furent co-financées par le British Museum et le gouvernement indien, les vestiges culturels qu'il a pu réunir furent divisés entre eux. Hélas, les reliques qui se trouvent en Inde attendent encore d'être examinées et étudiées aussi scrupuleusement que celles qui se trouvent au Royaume Uni.

Le sinologue français Paul Pelliot est le second personnage le plus important à avoir visité Dunhuang. A l'instar de Stein, il acheta des reliques culturelles à Wang Yuanlu à bas prix. Il eut plus de chance que Stein, puisqu'on lui permit d'entrer dans la grotte de la bibliothèque pour choisir lui-même des reliques, sans avoir à négocier

Figure 2 Tour-de-lit de Dunhuang, British Museum

ou à marchander avec Wang Yuanlu. Pelliot prit des photos qui montraient que la grotte de la bibliothèque était, à l'origine, remplie de piles de rouleaux et de peintures sur soie, mais qu'elle était vide lorsqu'il s'en fut. La plupart des reliques qu'il acquit alors se trouvent aujourd'hui à Paris – les objets au Musée Guimet et les documents, pour la plupart, à la Bibliothèque Nationale de France, y compris quelques couvertures de sutras (voir Figure 3).[6] Néanmoins, ces collections sont plus modestes que les britanniques. Les collections textiles de Paris ont été publiées sous le titre *Textiles de Dunhuang dans les collections françaises.*[7]

Une équipe japonaise, sponsorisée par Otani Kozui, se rendit aussi à Dunhuang à la même époque. Otani Kozui était un moine, qui avait auparavant servi comme abbé au temple de Nishi-Honganji. Il avait fait ses études à l'Ecole des études orientales et africaines (SOAS), qui faisait partie de l'Université de Londres. Dès que Otani eut vent des expériences de Stein et d'autres explorateurs à Dunhuang, il mit sur pied une expédition pour partir en quête de trésors au Xinjiang, prétendant explorer des traces bouddhistes. Otani partit en direction de l'Inde, alors que deux autres membres de son expédition, Tachibana Zuicho (encore adolescent lorsqu'il arriva au Xinjiang) et Yoshikawa Koichiro, se rendirent au Xinjiang et à Dunhuang en 1911 et 1912. Les reliques culturelles dont ils firent l'acquisition furent d'abord gardées dans le temple de Nishi-Honganji, Kyoto, mais elles n'y restèrent pas longtemps. Otani fit faillite. Bien que certaines des reliques de son expédition furent vendues à la Corée et que d'autres demeurèrent au Japon, la plupart furent cachées dans les régions de Dalian et Lüshun, qui étaient alors des concessions japonaises situées au nord-est de la Chine. Elles furent subséquemment transférées aux autorités compétentes de Lüshun et sont actuellement conservées au Musée de Lüshun. Heureusement, la plupart des vestiges rassemblés par l'expédition d'Otani sont demeurés en Chine, mais ils sont loin du nord-ouest.[8] Au début, on s'attendait à ce que ces pièces, dont on en dénombre plus de cent, soient originaires du Xinjiang, mais elles furent ensuite identifiées comme provenant de Dunhuang. Il y a aussi une centaine d'étoffes de Dunhuang au Musée national de Tokyo, au Japon.[9]

Sergei Oldenburg mena une expédition russe en Chine entre 1913 et 1914. Celle-ci se rendit à Dunhuang, entre autres, et obtint également des textiles. Ceux-ci sont aujourd'hui conservés au Musée de l'Hermitage, à Saint-Pétersbourg.[10]

Figure 3 Etoffes teintes à réserve par ligature, Bibliothèque nationale de France

Encore davantage de vestiges culturels furent découverts plus tard au cours de fouilles archéologiques menées par l'Académie de Dunhuang (voir Figure 4). La plupart furent mis au jour lors de l'entretien de la zone sud des grottes des Mogao autour de 1965. Les trouvailles les plus anciennes remontent à la période Wei du Nord.[11] Jadis, la coutume voulait que les objets bouddhiques portent une marque de leur fabrication ; puisqu'une oriflamme en patchwork porte l'inscription *Kaiyuan* (la période du règne, 713-741), nous pouvons déduire que les vestiges culturels conservés dans les grottes 122 et 123 datent de l'âge d'or de la dynastie Tang.[12] A l'heure actuelle, les zones centrale et méridionale des grottes de Mogao sont ouvertes au public. A contrario, la zone septentrionale est relativement isolée et a souffert des dégâts importants. Dans les années 1980, l'Académie de Dunhuang y entreprit des fouilles et mit au jour des reliques culturelles datant des Xia de l'Ouest et de la dynastie Yuan.[13]

Figure 4 Bannière brodée découverte à Dunhuang par l'Académie de Dunhuang

Les archéologues ont effectué de nombreuses recherches pour déterminer avec certitude de quelle époque datent les objets découverts dans la grotte de la bibliothèque du site de Mogao. Le plus récent des documents remonte au début de la dynastie Song du Nord (960-1126), fournissant ainsi un terminus ante quem. La grande majorité des livres découverts à Dunhuang datent de la fin de la dynastie Tang aux Cinq dynasties (Xème siècle). Cependant, les analyses des motifs sur un grand nombre de vestiges suggèrent qu'ils sont du milieu de la période Tang, voire du début, ou même plus anciens encore. Il est généralement admis que les reliques culturelles de la grotte de la bibliothèque datent d'entre le milieu et la fin de la dynastie Tang.[14]

Outre ses textiles, le site de Dunhuang nous fournit une autre précieuse ressource à étudier : ses peintures murales. Les plus anciennes furent réalisées sous la dynastie Jin de l'Est (317-420) et les dynasties du Nord et du Sud (420-589). Elles nous offrent des représentations visuelles de Figures humaines et de styles vestimentaires de l'époque, ainsi qu'une mine d'informations au sujet des motifs de textiles. Après la dynastie Sui, de plus en plus d'images d'êtres humains sont apparues sur les peintures murales et les motifs ont affiché un style de plus en plus réaliste. Ces observations nous permettent de mieux comprendre les styles des motifs sur soie de l'époque. Chang Shana (fille de Chang Shuhong, premier directeur de l'Académie de Dunhuang) a mené des recherches approfondies sur ce sujet. Elle a travaillé à l'Académie centrale des arts et du design (aujourd'hui devenue l'Académie de l'art et du design, à l'Université Tsinghua). Elle a passé du temps à Dunhuang, à peindre d'après nature et à copier des peintures, avec ses collègues Huang Nengfu et Li Jinlu, à étudier les costumes et les motifs des peintures murales et des sculptures peintes de Dunhuang, et à compiler le livre *Motifs de vêtements et d'ornements de Dunhuang à différentes époques.*[15]

III. Soieries de Dunhuang

La majorité des textiles de soie découverts à Dunhuang sont associés à des bannières. Nous appelons le haut de la bannière « tête de la bannière », le remplissage triangulaire « visage de la bannière », les bordures « bordures de tête », les rubans de part et d'autre « mains de la bannière », le panneau central « corps de la bannière » et les rubans en-dessous « pieds de la bannière ». Les extrémités inférieures des bandelettes du bas étaient attachées à une planche pour éviter qu'elles prennent le vent. Puisque les bannières servaient principalement pour des célébrations bouddhistes, les peintures sur les corps des bannières représentaient des statues et des motifs bouddhistes.

Le Musée Guimet, à Paris, héberge une collection importante de bannières, dont toutes présentent de superbes motifs décoratifs sur les corps des bannières. Le corps d'une des pièces est peint de manière particulièrement belle (voir Figure 5), mais malheureusement, la tête, les mains (bandelettes latérales) et les pieds en bas sont tous endommagés. Sur le corps, trois fleurs sont peintes : en haut et en bas, deux fleurs qui ne sont pas spécialement remarquables, et au milieu, une fleur de grenadier. Comparées aux médaillons floraux, dont la symétrie est à la fois horizontale et verticale, ces fleurs-ci paraissent plus réalistes.[16]

Figure 5 Bannière peinte en couleurs, Musée Guimet, Paris

De petits motifs sont peints sur les pieds et sur les bordures de tête inclinées. On voit des formes de papillons ainsi que des marques, aux endroits où le tissu était plié, et sur les pieds il y a des fleurs minuscules et des oiseaux qui tiennent une fleur dans leur bec, ce qui était très courant à l'époque. Ils correspondent à la description du poème de Wang Jian. La représentation des jeunes garçons est aussi digne d'attention. Peu courante au début de la dynastie Tang, elle est peu à peu devenue populaire au milieu et à la fin de cette même dynastie, grâce à la prospérité du bouddhisme. Puis, sous la dynastie Song, elle était en vogue partout. Un grand nombre de pièces des collections françaises comportent des fleurs brodées. Après reconstitution, un dessin montre un bouquet de feuilles autour de plusieurs fleurs et, éventuellement, encore plus de feuilles au-dessus (voir Figure 6).[17] De tels motifs sont aussi très courants dans les peintures murales de Dunhuang. Ils reflètent la description que Zhang He fait des soieries du Sichuan : « Les feuilles sont éparses, les fleurs sont denses. » Ceci était clairement un motif typique de la dynastie Tang. Il s'agissait d'une représentation réaliste de fleurs, à laquelle s'ajoutait parfois un oiseau tout aussi réaliste. Des images comme celles-ci trouvent écho dans les motifs décrits par Qin Taoyu, dans *Femmes tissant de la soie*, tels que « des cigales entre deux nœuds de ruban » et « une ligne d'oies sauvages tenant dans leur bec de petits rameaux fleuris ».

Figure 6 Motif reconstitué d'une broderie de Dunhuang, aujourd'hui à Paris

Sur les étoffes brodées découvertes dans la grotte de la bibliothèque, on trouve également des motifs asymétriques de fleurs et d'oiseaux. On peut y contempler des phénix parmi des plantes grimpantes et florissantes, certaines clairsemées, d'autres touffues. Il y en a différents types : par exemple, un phénix brodé en blanc sur fond rouge, dans un agencement lâche ; des fleurs arrangées selon un schéma plus dense, piquées de fil d'or, avec des feuilles au contour doré ; ou les mythiques oiseaux-*luan*, tout dorés, dispersés dans le feuillage (voir Figure 7).[18] Dans son poème « Wen Jun lave de la soie au bord de la rivière Shujiang au printemps », Zhang He écrit qu'il est difficile de distinguer l'oiseau-*luan* du phénix. Parmi les broderies mises au jour à Dunhuang, certains motifs concordent parfaitement avec cette description. Une autre pièce brodée de Dunhuang présente un motif plus élaboré : en plus du motif floral central, il y a des papillons, des oiseaux blancs, des chevreuils et toute une variété de gentilles créatures, qui contrastent beaucoup avec les féroces cerfs, sangliers et lions qui ornaient les soieries du début de la dynastie Tang. Zhang He peupla aussi son poème de papillons et d'orioles au sein du feuillage, créant une scène pleine de vie, inspirée par la beauté de la soie. Ce sont là des description littéraires des nouveaux motifs de ce temps-là. Sur les pièces qui sont parvenues jusqu'à nous, nous voyons que les broderies et les samits sont tous de couleurs vives. En comparaison, les damas sur toile auraient semblé quelque peu ternes et monotones. Des oiseaux, des fleurs et des grenades apparaissaient bien sur des damas en toile et en sergé, mais puisque ce sont là des soies monochromes, avec les répétitions de motifs intégrées au tissage, il est aisé de s'imaginer à quel point le nouveau style devait sembler lumineux et rafraîchissant.

De nombreuses soieries de Dunhuang sont incomplètes, rendant impossible l'identification des dessins entiers sur ces étoffes. Toutefois, des motifs de fleurs et d'oiseaux sont toujours visibles. Vers la fin de la dynastie Tang, ces deux motifs-là se sont diversifiés et un nouveau motif symétrique est apparu ; il fut nommé « joyeuse rencontre », car il représente deux animaux qui courent l'un après l'autre dans un cercle sans fin. Bien qu'il soit circulaire, ce motif diffère des médaillons floraux. La « joyeuse rencontre » peut mettre en scène des lions et des oies sauvages (voir Figure 8).[19] Parfois on y voit deux oiseaux, tête à queue, comme un motif taiji.

Figure 7 Broderie de Dunhuang avec volutes et oiseaux-luan

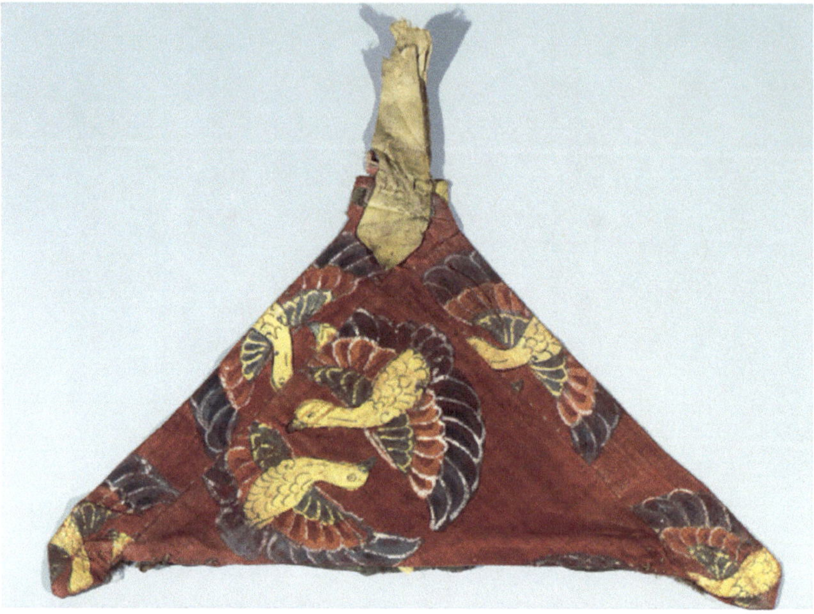

Figure 8 Tête de bannière peinte avec un motif d'oies sauvages, aujourd'hui en France

Les motifs de vigne et de plante grimpante sont apparus assez tôt en Chine. Ces motifs, introduits depuis les régions occidentales, jouissaient d'une grande popularité au début et au milieu de la dynastie Tang, et même jusqu'à la fin de cette dynastie. En l'occurence, on peut observer des motifs de vigne et de plante grimpante sur les peintures murales de Dunhuang. On les retrouve aussi en poésie. Par exemple, dans son poème « Ancien ton », Shi Jianwu (780-861) évoquait de vrais tissus lorsqu'il écrivait : « Découpe du damas en toile à motifs de canards mandarins pendant la nuit et tisse du damas en sergé à motif de vigne le matin ».

Chang Shana a copié les petits motifs de fleurs présents sur les tenues vestimentaires des peintures murales de Dunhuang. On compte parmi eux des fleurons sur des vestes, des brindilles sur des jupes, des fleurs et des oiseaux arrangés avec beaucoup de finesse.[20] Ils rappellent les vers du poème de Bai Juyi « Liaoling » (un damas en sergé) : « Au-delà des nuages du tissage, des oies d'automne donnent aux eaux de Jiangnan des teintes de printemps ». Le damas en sergé est une étoffe dont le motif est tissé dans le tissu. Les motifs décoratifs sont d'une couleur semblable au fond et les rehauts sont réalisés par le lustre. Les oiseaux et les fleurs étaient les motifs de prédilection entre le milieu et la fin de la période Tang, avec des motifs d'oies sauvages ou d'oiseaux tenant dans leur bec de petits rameaux fleuris. Sous le règne de deux familles importantes à Dunhuang (Zhang Yichao et Cao Yijin), les motifs des vêtements des donateurs représentés sur les peintures murales de Dunhuang étaient d'une grande délicatesse. On y voit des oiseaux et des guirlandes sur les épaules et les poitrines, ou bien des oiseaux portant des rameaux dans leur becs, sur les manchettes. Et surtout, il y a l'image d'oiseaux en vol portant de longues branches dans leur bec – image que l'on retrouve dans le poème « Femmes qui tissent » de Qin Taoyu : « Une ligne d'oies sauvages tenant dans leur bec de petits rameaux fleuris ». Dans la *Nouvelle histoire Tang*, on peut lire les règles qui concernent les robes des officiels : « Au troisième rang ou au-dessus, on porte des robes faites de damas en sergé, avec des motifs de cygnes sauvages tenant des herbes dans leur bec et d'oies sauvages tenant des rubans dans leur bec ». Puisque le motif était utilisé pour des habits officiels, il devait s'agir d'un dessin populaire.

Voilà pourquoi, parvenu à la fin de la dynastie Tang, le motif de l'oiseau tenant dans son bec un ruban ou un rameau était bien connu et servait de symbole d'identification d'un rang officiel. Des vêtements aux motifs d'oie, de cygne, de phénix, de grue et de Rokh étaient mentionnés dans de nombreux poèmes.

IV. Le dépôt souterrain du Famensi

Le Famensi (Temple Famen) fut construit il y a environ 1700 ans, sous les règnes des empereurs Huan et Ling de la dynastie Han de l'Est. On le surnomme « l'ancêtre de toutes les pagodes et de tous les temples de la plaine centrale du Shaanxi ». Le soir du 24 août 1981, la pagode du Famensi s'écroula pendant un orage. Le 6 avril 1987, une équipe d'archéologues, constituée d'experts de Xi'an, Baoji et Fufeng, ouvrit le dépôt du palais souterrain. Trois personnages très importants participèrent aux fouilles du Famensi : Shi Xingbang, le chef d'équipe, directeur de l'Institut provincial d'archéologie ; Han Wei, expert en orfèvrerie et argenterie ; et Han Jinke, ancien directeur du Musée du Famensi, qui avait déjà effectué des travaux archéologiques.

Le dépôt souterrain du Famensi consiste en trois chambres : celle de devant, du milieu et de l'arrière. Les reliques culturelles les plus importantes furent trouvées dans la chambre du milieu. Au cours des investigations, le renommé spécialiste en textile Wang Xu était responsable de la recherche sur les soieries. Ce n'était pas une tâche facile, car les étoffes étaient dans un piètre état de conservation et les équipements pour la recherche étaient limités. Les chercheurs purent mettre au jour quelques soies, mais l'essentiel des trouvailles fut placé en chambre froide, où il demeura pendant quinze ans. Lorsque l'Institut d'archéologie de la province du Shaanxi invita des experts allemands à entamer une recherche collaborative, quelques textiles de plus furent mis au jour. Jusqu'à maintenant, les recherches sur les soieries du Famensi ont avancé très lentement et seules quelques une de ces reliques culturelles ont été révélées. Sur la base de celles-ci, on observe que les motifs sont de style nouveau. La dynastie Tang était une grande puissance, donc des soies de toutes parts étaient offertes à la famille impériale Tang. Au départ, dans un souci de justice et d'honnêteté, des restrictions furent mises en place sur la quantité de soies données par certaines régions, mais ces règles furent ensuite assouplies. Les soies les plus fines étaient offertes à la famille impériale, qui choisissait ensuite les plus délicates parmi celles-ci pour en faire don à Bouddha. Par conséquent, les reliques culturelles découvertes au Famensi doivent être considérées comme faisant partie des soies Tang les plus sublimes jamais produites.

Les soieries du dépôt souterrain du Famensi ont été trouvées en mauvais état de préservation et, aujourd'hui encore, il reste un travail conséquent à fournir pour révéler au grand jour de nombreuses soies pliées. Wang Xu nota que, vu de profil, le dernier paquet de soies découvert semblait contenir plus de 700 couches de tissu. Cela ne correspond pas nécessairement à 700 pièces de soie différentes, étant donné qu'un vêtement peut être constitué de plusieurs couches, dont une partie extérieure, une doublure et une autre doublure derrière la broderie. Un tel vêtement peut comporter trois couches et plusieurs vêtements empilés peuvent donc vite constituer un grand nombre de couches.[21] Il y a aussi une pièce de soie imprimée d'or dans laquelle est emballée une boîte de fer. La soie elle-même est presque complètement brisée, mais l'or imprimé est toujours intact et dessine un motif réaliste de fleurs en épis et de rangées de papillons. Ces motifs peuvent aussi être considérés comme du style nouveau.

Parmi les premières soies qui furent mises au jour au Famensi, et qui étaient mieux préservées que les autres, se trouvait une série de cinq vêtements miniatures. Ce sont des modèles d'objets placés dans les mains de bodhisattvas, tels qu'un *kasaya*, une jupe, une veste et un coussin. Les archéologues se souviennent que lorsqu'ils ouvrirent le dépôt souterrain, il y avait de nombreux fils d'or, qui se brisaient quand on les touchait. Ils se rendirent compte qu'il y avait jadis eu un rideau de soie, brodé de fil d'or. La soie s'était désintégrée, laissant les fils d'or pendre sur place, jusqu'à ce qu'ils soient effleurés. Des broderies de ce type étaient réalisées en point de couchure, utilisant du fil d'or pour réaliser les motifs. Certains motifs étaient en lien avec le bouddhisme, mais la plupart étaient floraux.

Le contenu du dépôt est enregistré sur une stèle à proximité, ce qui s'avère très utile. Y sont consignés tous les tributs en soie, notamment toutes sortes de robes, jupes, châles, couvertures, matelas, chapeaux, écharpes, chaussures, chaussettes, mouchoirs, oreillers et autres objets. Bien que le contenu du dépôt ait été abondant, il était difficile de faire correspondre les termes de la liste aux objets physiques. De toutes les soieries mises au jour au Famensi, la plus spectaculaire serait la jupe brodée de Wu Zetian. Les archéologues avaient prédit qu'ils découvriraient un jour sa jupe (tant qu'elle existait dans le palais), parce qu'elle vécut environ deux cents ans avant que le Famensi soit définitivement fermé. Toutefois, ils ne purent la localiser immédiatement parce que les découvertes du dépôt n'avaient pas été minutieusement classées. Plus tard, l'équipe du musée exposa une photo comme substitut temporaire pour satisfaire la curiosité du public. Cependant, ce qui était montré sur la photo n'était clairement pas une jupe. L'étoffe présentait un grand lotus en son centre, avec une cosse contenant des graines de lotus et un médaillon de fleurs à côté, donc il devait s'agir d'un motif de médaillon floral (voir Figure 9).[22] D'autres étoffes mises au jour au Famensi comprennent aussi le même genre de broderie, toutes destinées à servir de gaze d'emballage carrée, donc il est estimé que cette étoffe brodée est aussi un tissu d'emballage.

Une autre pièce de gaze d'emballage est brodée de paons sur les quatre côtés et de papillons au milieu, ainsi que d'un couple de paons dans un motif de « joyeuse rencontre » au centre. Les broderies sont réalisées avec des fils de soie colorés et leurs contours sont en fil d'or. Cette technique portait à l'époque le nom de broderie colorée aux contours d'or. Les soies du Famensi témoignent du fait que les motifs d'oiseaux et de fleurs réalistes étaient très populaires en broderie.

Figure 9 Motif de lotus en point de couchure, de l'entrepôt souterrain de Famensi

Les reliques culturelles du Famensi mentionnées ci-dessus furent mises au jour il y a plus de vingt ans. Plus récemment, dans le cadre de la collaboration entre les archéologues du Shaanxi et les conservateurs allemands, de nouvelles pièces de soie ont été ouvertes au grand jour. La première sur laquelle ils ont travaillé était une jupe. Elle comportait une ceinture faite de soie tissée de fils d'or, brodée d'un couple de phénix réunis dans un motif de « joyeuse rencontre ». L'ourlet de la jupe était peint à la main avec de l'argent, qui avait noirci avec l'oxydation. Ils ont aussi travaillé sur un fragment de soie tissée polychrome avec un motif d'oie sauvage (voir Figure 10), très semblable à l'oie qui se tient dans le médaillon floral que l'on peut voir sur des ouvrages d'or et d'argent de la même époque.[23] Bien que ces étoffes soient à présent fragmentaires, elles donnent une image vivante de la combinaison fleur-oie.

Figure 10 Samit à motif d'oies sauvages, de Famensi

Notes

[1] Lu Huayu. *Annotation and Research of the Economic Data in the Complete Tang Poems*. Chongqing : Chongqing Publishing House, 2007.

[2] Zhang He. "Wen Jun Washes Silk by the Shujiang River in Spring" in *Complete Prose Works of the Tang*. Vol. 457.

[3] Xinjiang Uygur Autonomous Region Museum (Musée de la région autonome ouïghoure du Xinjiang). *The Silk Road - Fabrics of the Han and Tang Dynasties*. Beijing : Cultural Relics Press, 1973.

[4] Sir Aurel Stein. *Serindia*. Vol.2. Oxford : Clarendon Press, 1921.

[5] Le projet des *Textiles de Dunhuang* commença en 2006. Fondé par l'Université de Donghua, il s'agit de l'un des projets de publication majeurs des 11ème et 12ème Plans quinquennaux nationaux, qui reçoit des soutiens financiers de la part d'un fonds de publication national. L'objectif premier est de réaliser une étude complète sur les textiles de Dunhuang qui se trouvent actuellement au Royaume-Uni, en France, en Russie, en Inde, au Japon, en Chine et à d'autres endroits, et notamment de les classer, les étudier et les publier dans une série à volumes multiples. *Textiles de Dunhuang dans des collections britanniques* fut publié dans des éditions chinoise et anglaise (deux volumes séparés), par Donghua University Press, en 2007.

[6] Paul Pelliot et al. *Pelliot's Explorations in the Western Region*, translated by Geng Sheng. Kunming : Yunnan People's Publishing House, 2001.

[7] Zhao Feng (ed.). *Textiles from Dunhuang in French Collections*. Shanghai : Donghua University Press, 2010.

[8] Zuicho Tachibana, *Zuicho Tachibana's Journey to the West*, translated by Liu Hongliang. Urumqi : Xinjiang People's Publishing House, 1998.

[9] J'ai reçu ces informations au cours de ma visite au Musée national de Tokyo, au Japon, au début 2011.

[10] Musée de l'Hermitage. *Treasures from Dunhuang in Russian Collections*. Shanghai : Shanghai Ancient Books Publishing House, 2002.

[11] Académie de Dunhuang. "Embroidery from the Northern Wei Dynasty Newly Found in Dunhuang" in *Cultural Relics*, 1972(2) : 54-60.

[12] Equipe archéologique de l'Académie de Dunhuang. "Woven Silks and Other Objects Silk of the Tang Dynasty Found at the Mogao Grottoes" in *Cultural Relics*, 1972(2) : 55.

[13] Peng Jinzhang and Wang Jianjun. *The Caves in the Northern Area of the Mogao Grottoes*. Vols 1-3. Beijing : Cultural Relics Press, 2000 and 2004.

[14] Rong Xinjiang. *Eighteen Lectures on Dunhuang Studies*. Beijing : Peking University Press, 2001.

[15] Chang Shana. *Patterns of China Dunhuang Dresses and Adornments in Different Ages*. Beijing : China Light Industry Press, 2001.

[16] Voir note 7

[17] Voir note 7.

[18] Voir note 7.

[19] Voir note 7.

[20] Voir note 15.

[21] Wang Xu. "Preservation of the Opened-out Textiles from Famen Temple, and Preliminary Research" in *Wang Xu & Textile Archaeology in China*. Hong Kong : ISAT/Costume Squad Ltd., 2001 : 120-122.

[22] Han Jinke (ed.). *Famen Temple*. Hong Kong Publishing Co., 1999.

[23] Yang Junchang, Lu Zhiyong and Zhang Jing. "Protective Opening out, and Research, of the Decomposed Woven Silks Unearthed in the Tang Dynasty Underground Repository at Famen Temple", Department of Museum and Social Heritage of the State Administration of Cultural Heritage (compiled), in *Technical Manual for the Preservation of Museum Textile Heritage*. Beijing : Cultural Relics Press, 2009.

Chapitre 9
Vers l'est et par-delà les mers : la diffusion des soies chinoises au Japon

La soie chinoise s'est diffusée au Japon sous les dynasties Sui et Tang, faisant du Japon l'extrémité orientale de la route de la soie. Le Japon possède une longue histoire : modeste pays insulaire au départ, il a toujours été voisin de la Chine. L'histoire montre que le Japon a commencé à prospérer au IIIème siècle (la période des Trois Royaumes en Chine). Les relations que le Japon entretenait avec la Chine permirent aux influences culturelles chinoises d'y entrer. De la fin du VIème siècle au début du VIIème, alors que l'Etat de Sui vainquait progressivement les autres Etats et que le royaume de Silla répandait son influence sur la péninsule coréenne, le Japon mit en place une série de réformes. Il chercha à apprendre des dynasties Sui et Tang dans la seconde moitié du VIIème siècle et envoya de nombreux émissaires acquérir des connaissances en Chine au cours de la première moitié du VIIIème siècle – c'était alors l'âge d'or de la dynastie Tang, sous les règnes de Kaiyuan et Tianbao. Le Japon était devenu stable et toute l'Asie orientale connaissait la paix et la prospérité, de sorte que la conjoncture était favorable au commerce de la soie, aux échanges culturels et à l'expansion du bouddhisme.

I. Du prince Shotoku à l'empereur Shomu

Le Japon adopta la soie et le bouddhisme qui lui vinrent de Chine et deux Figures japonaises importantes jouèrent un rôle-clé dans ce processus : le prince Shotoku et l'empereur Shomu.

Le prince Shotoku (574-621) était un homme d'Etat hors pair de l'époque d'Asuka. Après l'accession au trône de la 33ème génération de l'empereur Suiko en 592, le prince Shotoku fut désigné comme prince héritier et, l'année suivante, il assista l'empereur dans sa gestion des affaires d'Etat. Il fut surnommé Toyosatomimi (oreilles intelligentes) en raison de son extraordinaire intelligence naturelle. On disait que si dix personnes lui parlaient simultanément, il pouvait identifier chacune d'entre elles individuellement. Bien qu'il ne devînt jamais empereur, il contribua de manière significative au développement du Japon. Par exemple, il mit en œuvre plusieurs politiques, dont le système des douze niveaux de rangs (formulé en 603) et la constitution à dix-sept articles (formulée en 604), afin d'établir la centralisation du pouvoir autour de l'empereur et ainsi supprimer les despotes locaux. Il mit l'accent sur la réforme et l'ouverture. Il envoya Onono Imoko à la dynastie Sui en tant qu'émissaire, il incita d'autres étudiants à partir en Chine pour y apprendre du système et de la culture avancée, et il établit des relations diplomatiques en 607. Il défendait la cause de la revitalisation du bouddhisme. Les générations suivantes firent référence à lui en tant qu'« ancêtre du bouddhisme japonais », parce qu'il fit construire deux temples – le Horyu-ji et le Shitenno-ji – et qu'il écrivit *Sangyo Gisho (Commentaires annotés de trois sutras)*. Il a beaucoup d'autres réalisation politiques à son actif, dont l'adoption du calendrier et la compilation de *Koukuki (Archives de l'Etat)*, *Tennoki (Archives du Mikado)* et d'autres écrits historiques.

L'autre Figure-clé est l'empereur Shomu (701-756), qui vécut environ un siècle après le prince Shotoku et qui était plus ou moins contemporain avec l'empereur Xuanzong de la dynastie Tang. Il était la $45^{\text{ème}}$ génération d'empereur japonais (Mikado). Il fut désigné prince héritier en 714, monta sur le trône en 724 et donna l'autorité souveraine à sa fille en 749. En dépit de sa mauvaise santé permanente, l'empereur Shomu était remarquablement doué pour gouverner. Pendant son règne, il envoya des émissaires impériaux aux Tang en deux occasions et il essaya d'adopter la culture et le système de la dynastie Tang afin d'améliorer sa propre politique intérieure. Egalement fervent bouddhiste, il fit construire plusieurs temples – dont le Kokubun-ji et le Todai-ji – promouvant ainsi le développement du bouddhisme au Japon.

L'impératrice Komyo (701-760) est née la même année que l'empereur Shomu. Issue de la famille Fujiwara et mariée à l'empereur, elle nourrissait l'intention secrète de prendre le pouvoir souverain. Après l'abdication de l'empereur Shomu, l'impératrice Komyo eut encore plus de pouvoir entre les mains. Elle renomma la position d'impératrice « Shibichuudai » et nomma son neveu, Fujiwara

Nakamaro, officier exécutif de cette position. L'empereur Shomu mourut en 756 et l'impératrice Komyo en 760. A ce jour, on peut encore admirer son portrait et sa calligraphie signée « Tosanjo » qui, selon les dires, aurait été écrite de sa main quand elle avait quarante ans. Il y eut un certain nombre d'empereurs de sexe féminin à cette époque et le pouvoir souverain passa entre les mains de plusieurs impératrices, au Japon. Les femmes impériales japonaises était plus actives que quiconque dans la sphère politique.

II. Emissaires impériaux envoyés aux Sui et aux Tang

C'est sous le prince Shotoku et l'empereur Shomu que culminèrent les envois d'émissaires impériaux du Japon aux Sui et aux Tang. Pendant sa régence, le prince Shotoku envoya des représentants impériaux aux Sui à quatre reprises (en 600, 607, 608 et 614). Ils symbolisent le début des échanges officiels entre la Chine et le Japon, à un moment où les dirigeants japonais avaient décidé d'adopter une attitude positive et d'envoyer des missions à grande échelle pour apprendre de la civilisation chinoise directement à la source. Une fois l'empire Tang établi, sa prospérité sans précédent ainsi que son économie et sa culture développées en firent l'empire le plus puissant d'Asie orientale, le rendant très attrayant pour le Japon et d'autres pays asiatiques. En 623, des moines japonais - Keisa, Keihi et d'autres - qui étudiaient alors en Chine depuis de longues années, retournèrent au Japon et rapportèrent à l'empereur que l'empire Tang disposait d'un système légal plus complet que tout autre. Ils lui suggérèrent d'envoyer des émissaires pour apprendre des Tang. Le gouvernement japonais décida alors de mettre sur pied de grandes équipes de représentants et d'envoyer des personnes extraordinairement talentueuses pour accompagner des étudiants et des moines en Chine.

Les envoyés japonais voyagèrent en trois vagues, empruntant un itinéraire différent à chaque période. Dans un premier temps (630-669), sept voyages eurent lieu, regroupant des équipes relativement petites, consistant de 100 à 200 membres et de 100 à 200 navires, qui suivirent la route du nord le long de la péninsule coréenne. Dans un second temps (702-752), il y eut quatre voyages à très grande échelle, chaque équipe étant constituée de plus de 500 membres, qui se rendirent en Chine sur de grands navires en passant par les îles du sud. Enfin, au cours de la dernière période (759-874), la dynastie

Tang avait entamé son déclin après les rebellions d'An Lushan et Shi Siming, et puisque le Japon trouvait moins d'intérêt à s'enrichir de la culture chinoise, moins de personnes furent envoyées en Chine et celles-ci voyagèrent via la route principale de l'océan, en traversant directement la mer de Chine orientale. De nombreuses peintures de l'histoire japonaise représentent des scènes d'émissaires allant rejoindre les Tang en bateau et des commémorations ont encore lieu à ce jour. Pendant l'Exposition Universelle accueillie par la Chine en 2010, le 12 juin fut dédié au pavillon japonais. Ce jour-là, un navire, qui fut modélisé à partir de l'un des vaisseaux qui avaient transporté des émissaires, remonta le fleuve Huangpu à Shanghai, en passant devant le Musée maritime de Chine. Le navire, construit à Jiangsu, en Chine, avait effectué un aller-retour au Japon et était sur le chemin du retour. L'événement était censé reproduire la grande scène des représentants japonais arrivant chez les Tang à cette époque lointaine, avec un seul détail différent : le navire était équipé de moteurs modernes.

Lorsque les émissaires japonais arrivèrent en Chine pour la première fois, la dynastie Tang, qui se considérait comme une super-puissance, se comporta avec générosité et les traita avec courtoisie et enthousiasme. Selon les archives historiques, dès que le gouvernement local était prévenu d'une arrivée imminente, il s'arrangeait pour aller à l'encontre des hôtes, pour les escorter à leurs hébergements, organiser leur séjour et faire un rapport à la cour impériale. De la même manière que les grandes délégations politiques qui voyagent à l'étranger de nos jours, chaque équipe était constituée de centaines de membres, dont des officiels, des hommes d'affaires, des artisans et des moines, qui s'investissaient tous dans diverses activités en Chine. Une fois arrivés, ils devaient d'abord se faire approuver, puis se faire assigner à Chang'an par le gouvernement Tang. Ils étaient accueillis par des dignitaires qui leur offraient à boire et à manger avant de les accompagner au *Sifangguan*, soit l'équivalent d'une maison d'hôtes. La plupart des équipes de représentants apportaient des cadeaux à la Chine. Ils rencontraient des chefs de gouvernements centraux qui s'assuraient qu'ils soient bien reçus. Il était courant que les membres de ces délégations demeurent en Chine pendant un an et de nombreux étudiants restaient même plus longtemps, afin d'en apprendre davantage. Lorsque venait le moment de quitter la Chine pour retourner au Japon, des officiels chinois les escortaient jusqu'à la côte et fêtaient leur départ de manière à ce qu'ils rentrent chez eux en gardant le souvenir d'une visite fructueuse.

Une fois de retour, les émissaires contribuaient de manière significative au développement de leur pays. Tout d'abord, ils mirent en place des lois et des systèmes de la dynastie Tang afin de promouvoir l'innovation du système social japonais. Ensuite, ils adoptèrent la culture de la dynastie chinoise et rehaussèrent le niveau de l'art et de la culture au Japon. Chaque mission revenait chargée de documents et d'écritures bouddhistes en provenance de Chine et tout le monde – des plus hauts membres du gouvernement aux plus ordinaires des civils – avait hâte de pouvoir s'inspirer de poèmes Tang et de textes chinois. La poésie Tang, notamment celle de Bai Juyi, se répandit au Japon comme une traînée de poudre. Les étudiants et les moines qui avaient étudié les œuvres Tang en Chine créèrent le kana du système d'écriture japonais, en adoptant les radicaux des caractères chinois ou des caractères en forme cursive. Et ils empruntèrent à la dynastie Tang sa calligraphie, sa peinture et sa sculpture, sa musique et sa danse, et d'autres arts encore qui, dans leur version digérée, furent intégrés à la culture nationale japonaise. C'est ainsi que le jeu de go (en chinois, *weiqi*) et d'autres sports et jeux, tels que le sumo ou le polo, leur parvinrent grâce à la dynastie Tang.

III. Le Horyu-ji et le Todai-ji

Le Horyu-ji (voir Figure 1) et le Todai-ji étaient aussi associés au prince Shotoku et à l'empereur Shomu. Le Horyu-ji, aussi connu sous le nom de « Temple Ikaruga » en raison de sa localisation à Ikaruga-cho, à Ikoma-gun, Nara, était un temple bouddhiste doté d'une structure en bois, construit par le prince Shotoku au cours de la période Asuka. Il est dit que le Horyu-ji fut construit en 607, mais aucune preuve formelle ne vient étayer cette hypothèse. Le temple couvre une surface d'environ 187 000m^2 et se compose de plusieurs bâtiments, qui ont abrité de précieuses reliques culturelles depuis l'époque d'Asuka : plus de 2300 pièces, classées en 190 catégories de vestiges culturels désignés comme des trésors nationaux, soit un patrimoine culturel de grande valeur. Le Horyu-ji se divise en deux parties, est et ouest. Dans la partie est se trouve le palais Yumedono et dans la partie ouest, le hall Kondou et le Goju-no-to (la pagode aux cinq étages). De plus, le temple bouddhiste de la partie ouest constitue le plus ancien regroupement d'édifices en bois au monde. Le complexe du Horyu-ji fut officiellement classé au patrimoine culturel mondial de l'UNESCO en 1993.

Figure 1 Le Horyu-ji, à Nara

Le Todai-ji fut construit du vivant de l'empereur Shomu. En 728, après la mort prématurée du fils qu'il avait eu avec l'impératrice Komyo, l'empereur Shomu fit bâtir une maison au pied du mont Wakakusa. C'était un endroit où pouvaient vivre des moines ; on l'appelait le Konshu-ji (tempe à la cloche d'or). Pendant la 12ème année de l'ère Tenpyo (740), la rébellion de Fujiwara Hirotsugu plongea le Japon dans le chaos. Afin de prier pour le retour de la paix et de la prospérité, l'empereur Shomu ordonna la construction des temples de Kokubun (*Kokubun-ji*) et des temples annexes (*Kokubun ni ji*).

Le Todai-ji (grand temple oriental) fut construit à l'est de la capitale Heizeikyo. Le moine chinois Jianzhen mit en place un autel pour prêcher au Todai-ji. Aujourd'hui encore, cet endroit marque profondément les touristes et les visiteurs qui viennent découvrir Nara. En 1998, le Todai-ji fut inscrit au patrimoine culturel mondial de l'UNESCO comme faisant partie de l'ancienne Nara. Le grand palais de Bouddha (voir Figure 2) est le plus ancien bâtiment en bois de grande envergure encore debout sur la surface du globe. Il abrite un superbe Bouddha Rocana, qui mesure plus de 15 mètres de haut.

Le Shoso-in (voir Figure 3) dans le Todai-ji fut construit en guise d'entrepôt en 750 et fut mis en opération en 756. Il s'agissait du plus grand entrepôt existant à cette époque, d'où son nom (Shoso signifie

Figure 2 Le grand palais de Bouddha, au Todai-ji, Nara

Figure 3 Le Shoso-in, Nara

« entrepôt majeur »). Après la mort de l'empereur Shomu, l'impératrice Kyomo fit don au Todai-ji des effets personnels quotidiens de son époux défunt et ceux-ci furent placés dans le Shoso-in. Dans un premier temps, le Shoso-in n'accueillit que des objets ayant appartenu à des empereurs ou des impératrices, mais par la suite, la collection fut étendue à d'autres objets, tels que des artefacts utilisés lors de la cérémonie qui célèbre l'achèvement du grand Bouddha du Todai-ji, ainsi que des offrandes données par des croyants. Pendant l'ère Meiji, le Shoso-in ne dépendait plus du Todai-ji, mais était directement géré par la famille impériale japonaise.

La structure en bois du Shoso-in est identique à celle des maisons résidentielles de certaines minorités ethniques au sud-ouest de la Chine, où l'étage supérieur sert de lieu de vie aux gens alors que l'étage inférieur est dédié aux bêtes. Structurellement parlant, il s'agit d'une sorte d'édifice sur pilotis. La structure de la partie supérieure est communément appelée « construction Kyoso » ; autrement dit, c'est une structure architecturale dénuée de piliers, mais bâtie avec des pièces de bois triangulaires qui se chevauchent pour créer une forme de « # ». Le Shoso-in est une structure entièrement faite de bois, avec un toit en bois dont les rampants sont inclinés vers les quatre côtés. Il est agencé de manière à ce qu'il y ait un entrepôt au nord, un au sud et un au centre. En général, il n'est pas ouvert au public, sauf pendant l'exposition annuelle qui dure environ trois semaines.

IV. Les trésors du Shoso-in

Pour quiconque souhaite entrepredre des recherches sur la route de la soie, il est indispensable de se pencher sur les trésors du Shoso-in. L'histoire chinoise connut de fréquents changements dynastiques ; au cours de combats pour la souveraineté, en particulier contre des peuples non-Han, de nombreux sites et vestiges culturels furent sévèrement endommagés. A titre d'exemples : les « cinq barbares » du début de la dynastie Han, l'impact de la dynastie mongole Yuan sur la compréhension ultérieure de la dynastie Song et l'impact de la dynastie mandchoue Qing sur la dynastie Ming. Bien qu'il reste des objets de la dynastie Qing au Musée du Palais, rares sont les pièces datant d'avant la dynastie Ming qui furent ainsi transmises à la génération suivante. Par conséquent, notre accès à du matériel antérieur passe principalement par des fouilles archéologiques, notamment par l'exploration de tombeaux impériaux. Ceci dit, la plupart des tombeaux impériaux pré-Ming ont déjà été visités par des pilleurs, à l'exception du tombeau Qianling de la femme empereur Wu Zetian. C'est pour cela que les objets de la dynastie Tang qui furent bien conservés au Shoso-in revêtent une telle importance pour la recherche sur la route de la soie. Ils méritent donc amplement leur appellation de « trésors du Shoso-in ».[1]

Figure 4 Archive des dons offerts au Todai-ji

Ces trésors du Shoso-in sont principalement des objets laissés par l'empereur Shomu et offerts au Todai-ji par l'impératrice Kyomo. L'empereur Shomu connut l'époque la plus prospère et florissante de la dynastie Tang. Ces pièces proviennent en majeure partie de trois sources. Il y a des objets splendides que les premiers émissaires japonais rapportèrent de leurs missions en Chine. Puis, il y a des objets achetés en Chine, mais provenant originellement de Perse. Et enfin, il y a des imitations fabriquées au Japon au cours de la période Nara. En ce temps-là, les somptueuses pièces de la dynastie Tang étaient à l'origine des tendances de la mode, à échelle internationale, et la mode vestimentaire inspirée des Tang occupait au Japon le devant de la scène.

L'impératrice Kyomo enregistra tous les objets dont elle fit don et le sceau impérial fut estampillé sur chaque objet figurant dans les *Archives des dons offerts au Todai-ji* (voir Figure 4). Il s'agit d'un registre considérable, constitué de cinq volumes :

1. *Archive des trésors nationaux du Japon*, contenant 650 trésors offerts le 21 juin 756, le 49ème jour (7 x 7 jours) après le décès de l'empereur (8ème année de l'ère Tenpyo Shoho) ;
2. *Archive de diverses herbes*, contenant 60 sortes d'herbes offertes le 21 juin 756 (8ème année de l'ère Tenpyo Shoho) ;
3. *Archive du paravent, de la couverture imprimée et d'autres objets*, contenant 82 objets, dont un paravent offert le 26 juillet 756 (8ème année de l'ère Tenpyo Shoho) ;
4. *Archive de calligraphies authentiques des deux Wang*, contenant des œuvres calligraphiées par Wang Xizhi et son fils Wang Xianzhi, offertes le 1er juin 758 (2ème année de l'ère Tenpyo Hoji) ;
5. *Archive du paravent avec une inscription authentique de Fujiwarano*, contenant le paravent avec les inscriptions de Fujiwarano Fuhito et d'autres, offert le 1er octobre 758 (2ème année de l'ère Tenpyo Hoji).

Ces archives nous permettent de constater que l'impératrice Komyo fit don du premier lot de 650 trésors et du lot de 60 herbes le même jour, soit 49 jours après le décès de l'empereur. Un mois plus tard, elle fit don de paravents, de tapis et de chaussures. Certains des objets de la collection correspondent à des entrées dans les archives, mais tous ne peuvent être vérifiés de la sorte. Après mille ans, il n'est pas toujours possible de procéder ainsi ! Je vais me pencher ci-après sur quelques pièces en lien avec la soie : des *kasayas* (soutanes), des *pipa* (luths) et des paravents.

Les premiers trésors cités sur la liste des *Archives des trésors nationaux du Japon* sont neuf *kasanas*. Le *kasana* puise son origine dans le bouddhisme indien. Les moines ascètes des anciens temps menaient des existences frugales et se vêtaient généralement de haillons, désignés par l'expression « vêtements débarrassés », qui avaient été portés (mais pas trop usés) puis « débarrassés » suite au décès de leur propriétaire. A mesure que le bouddhisme gagnait du terrain, les gens de souche noble ou royale commencèrent à fabriquer des *kasayas* exprès. Au lieu de transformer des guenilles, ils utilisaient des techniques traditionnelles pour travailler des tissus de qualité, faisant appel à des artisans de grand talent pour créer l'effet visuel recherché, comme, par exemple, pour donner au kasaya la teinte de l'écorce d'un arbre.[2]

Le *pipa* est un instrument à cordes semblable au luth. Originaire des régions occidentales, il devint très populaire sous la dynastie Tang. De nombreux *pipas* étaient des œuvres d'art à part entière, avec des incrustations de nacre et des ornements picturaux en surface. Les *Archives des trésors nationaux du Japon* dressent la liste des « pipas en bois de santal rouge incrustés de nacre ». Dans la collection actuelle se trouve un pipa orné d'une peinture représentant un joueur de *pipa* chevauchant un chameau. Le *pipa* était traditionnellement rangé dans un sac de soie. Il existe d'ailleurs dans la collection du Shoso-in une grande pièce de soie polychrome ornée de médaillons floraux, datant de la dynastie Tang, qui servit à confectionner des sacs à *pipa*.[3]

Figure 5 Paravent au motif de paysage teint à réserve par ligature, collection du Shoso-in

Les paravents sont aussi étroitement liés à la soie. Il existe de nombreuses sortes de paravents. Le « paravent au paysage teint par réserve par ligature en douze plis » listé dans les *Archives* est identifiable dans la collection (voir Figure 5).[4] Il existe aussi des paravents teints avec une technique de réserve par application de cire. Un des paravents peints représente des dames de la cour, dans le même style que les dames de la cour des peintures de la dynastie Tang, avec « des visages rondelets et des sourcils arqués, portant des habits simples, de couleurs douces et magnifiques ». Un autre paravent était décoré de plumes et de calligraphie de style Han, en écriture sigillaire.

Les *Archives de paravent, feutres à motifs et autres objets* dresse la liste de 82 pièces, y compris deux paravents, constitués chacun de 12 panneaux. Le premier comportait une calligraphie authentique de Ouyang Xun et le second, une copie de Wang Xizhi, mais hélas, leur trace a été perdue avec le temps. La liste mentionne aussi 60 couvertures en feutre. Il devait s'agir de feutres de laine non-tissés, originaires des régions occidentales, peu utilisés en Chine centrale à cette époque-là. De nos jours, de tels feutres servent majoritairement de tapis absorbant pour la calligraphie. Les *Archives* font aussi référence à huit paires de chaussures brodées, une paire de chaussures en soie violettes, une paire de chaussures en soie carmin, un brûleur d'encens en argent et une boîte à peigne en argent. Au cours de nos recherches dans la collection du Shoso-in, nous avons découvert que le feutre le mieux conservé était une grande couverture à médaillons floraux (voir Figure 6).[5] Nous avons aussi vu des couvertures aux motifs plus simples : par exemple, avec un dessin de petits garçons au centre, entourés d'un arrangement de rameaux fleuris, du même style que celui observé à Dunhuang. Nous avons aussi vu des couples d'oiseaux dans un motif de « joyeuse rencontre » – cette pièce de la collection du Shoso-in est plus ancienne que toute autre pièce que nous ayons vue en Chine, suggérant que ce motif ait pu apparaître plus tôt que nous le pensions, bien qu'il n'ait initialement été utilisé que par les classes supérieures.

L'Archive des diverses herbes nous informe que la plupart des spécimens offerts étaient des épices. Dans le cadre du commerce entre la Chine et l'Inde, la Chine exportait de la soie en Inde par la route de la soie terrestre et l'Inde exportait des épices en Chine par la route de la soie maritime. Les épices étaient largement utilisées pour des événements bouddhistes et les récipients d'or et d'argent, mis au jour récemment dans le palais souterrain de la dynastie Song, dans la tour de porcelaine du Temple Da Bao'en de Nanjing, contenaient tous des épices.

Tout en faisant don d'objets au Todai-ji, l'impératrice Kyomo offrit aussi d'autres trésors au Horyu-ji, construit par le prince Shotoku. Les *Archives des dons offerts au Horyu-ji* sont plus modestes ; la plupart des objets listés sont des ceintures et des couteaux. Outre des boîtes à couteaux, nous avons trouvé « 20 pièces d'encens » conservées dans des boîtes faites de soie. Parmi les soies qui constituaient ces boîtes, il y avait de la soie polychrome de Goryeo (Koryo), de la soie teinte par réserve par application de cire et par ligature. La soie de Goryeo peut avoir été fabriquée dans la péninsule coréenne ou dans le style de la soie de la péninsule coréenne.

Figure 6 Couverture de feutre à motif de médaillon floral, collection du Shoso-in

V. Conservation et recherche

Les reliques culturelles de soie du Horyu-ji sont généralement en bon état de conservation, bien classées et étudiées par des chercheurs spécialement désignés pour cette tâche. Selon les informations délivrées par le Japon, il existe 170 000 pièces de tissu teint au Shoso-in et on estime qu'il y en a 3000 au Horyu-ji. L'archéologie des textiles est un domaine spécialisé, entre autres parce que les textiles sont si difficiles à préserver : une tenue vestimentaire portée par un défunt lors de son inhumation peut, au moment des fouilles, des siècles plus tard, apparaître comme des milliers de fragments. Les archéologues doivent alors numéroter et prendre en compte chaque fragment, et ceci exige beaucoup de temps et d'expertise.

Les bannières découvertes au Horyu-ji sont très grandes : la partie qui pend du toit peut, à elle seule, mesurer 2-3 m de long. La plupart des bannières observables à l'heure actuelle existent sous forme de bandes de soie fragmentaires, parce que les fils de trame sont devenus cassants et se sont rompus, et que seuls les fils de chaîne ont subsisté. La majorité des textiles du Horyu-ji se situent maintenant au Musée national de Tokyo, ayant été transférés sur ordre impérial afin de garantir leur conservation optimale. Le Musée national de Tokyo construisit un hall dédié au Horyu-ji et Mlle Sawada fut nommée spécifiquement à la réparation des textiles du Horyu-ji. Ce musée présente en permanence des trésors qui témoignent des anciens temps et les expositions sont renouvelées tous les trois mois.[6]

Plusieurs experts sont impliqués dans la recherche sur les textiles du Shoso-in : Matsumoto Kaneo s'occupe de l'historique de la collection, Ume Shunro est responsable de l'analyse des fibres, Tada Ezo, de l'analyse des textiles et Sato Masanori, expert en teintures, est spécialisé en recherches technologiques. Certains artisans spécialisés sont employés par le Shoso-in pour faire des copies des trésors et travailler pour la famille royale. Ils organisent aussi des événements académiques ; le plus récent des événements de grande envergure fut la conférence internationale sur les textiles anciens, organisée conjointement par le Shoso-in et le Musée national de Tokyo, fin 2010. Afin d'assurer la sécurité de certaines reliques culturelles d'importance majeure, le gouvernement japonais décida de les transférer de Nara à Tokyo, pour toute la durée de la seconde guerre mondiale. Mais en ces temps chaotiques, un lot de vestiges du Horyu-ji fut envoyé par erreur au Musée national de Tokyo et la bévue ne fut découverte que plus tard. Cela nous permit d'explorer et d'étudier des textiles des diverses collections. Nous avons notamment découvert que, bien que les reliques culturelles du Shoso-in soient généralement datées de la première moitié du VIIIème siècle, ceci n'est peut-être pas totalement exact. L'origine de ces vestiges fait débat : par exemple, selon nous, certaines « soies Goryeo » devraient être ré-étiquetées comme provenant de la Chine de la dynastie Tang. Il faudrait vérifier de quand datent les premiers tissages de soie polychrome dans la péninsule coréenne et ainsi déterminer si de telles pièces étaient confectionnées à Goryeo ou bien en Chine, pour être ensuite exportées au Japon via Goryeo. Les recherches actuelles sur cette importante collection impliquent des analyses et des essais de teintures, des études sur l'histoire de l'art et les échanges culturels au long de la route de la soie.

VI. L'influence occidentale

Les textiles du Shoso-in et du Horyu-ji nous permettent d'en apprendre davantage sur les liens entre les soies japonaises, les soies chinoises et la route de la soie. Dans la collection du Shoso-in se trouve une pièce de damas en sergé avec un motif d'hexagones sur fond jaune (voir Figure 7), qui fut identifiée comme étant une étoffe de la dynastie Tang.[8] Selon les écrits de l'époque, le motif hexagonal devait rappeler la carapace ou le dos d'une tortue, d'où le terme « damas en sergé à motif de carapace ou dos de tortue ». Les hexagones contenaient souvent un motif de tortues et de fleurs. Cette description se rapproche beaucoup de celle des textiles mis au jour à Dulan (Qinghai) et à Turfan (Xinjiang). On considère en général que les étoffes de Dulan datent de l'âge d'or ou du milieu de la période Tang, et les reliques culturelles du Shoso-in de l'âge d'or Tang. Pourtant, le damas en sergé à motif de carapace de tortue, mis au jour à Turfan, fut découvert dans un tombeau des dynasties du Nord et son dessin comprend des tortues et des rosettes. Il semblerait donc que ce motif remonte à une date antérieure à celle que nous avions initialement estimée.

Il existe au Shoso-in une pièce de soie *jin* intéressante, figurant un masque d'animal, ainsi qu'un personnage qui court, avec de longues manches, semblable aux apsaras de la dynastie Wei du Nord.[9] Ce motif n'est pas rare : de nombreux textiles avec un masque d'animal

Figure 7 Damas en sergé à motif hexagonal, collection du Shoso-in

ont été mis au jour au Xinjiang. Une soierie avec un masque d'animal et un motif de léopard fut découverte à Loulan. Une autre, avec un masque d'animal et une inscription en kharoshthi, fut mise au jour à Yingpan. Les soies de Loulan et de Yingpan sont généralement identifiées comme ayant été fabriquées entre le IIIème et le IVème siècle, mais le motif du masque d'animal resta très populaire jusqu'au VIème siècle. La technique et les motifs des pièces du Shoso-in suggèrent qu'elles furent confectionnées entre le Vème et le VIème siècle, au temps de la dynastie Wei du Nord.

L'hexagone apparaît aussi dans d'autres motifs. Dans la collection du Shoso-in, une pièce de soie *jin* est ornée d'un motif de « hall de Bouddha » (voir Figure 8).[10] Il se constitue d'un cadre de forme hexagonale, contenant le dessin d'un édifice. Une Figure humaine est assise à l'intérieur de l'édifice et quatre Figures se tiennent auprès d'elle, deux de chaque côté. Dans chaque paire, un personnage est debout du côté intérieur de la colonne, avec un objet à la main, et l'autre se tient à l'extérieur de la colonne. Une pièce semblable à celle-ci fut intégrée à l'exposition « Souvenirs d'Asie centrale – Influence occidentale sur des textiles trouvés au long de la route de la soie entre les dynasties Wei et Tang », au Musée national de la soie de Chine, en 2011 (voir Figure 9). Elle possède aussi un cadre hexagonal, qui entoure un piédestal en lotus et des perles symbolisant le siège de

Bouddha, ainsi que des éléphants sur des lotus, sur les côtés, qui sont un autre motif bouddhiste. La pièce du Shoso-in comporte encore un motif de chaque côté, vraisemblablement des lions. Il est probable qu'il y ait un lien entre ces deux pièces.

Figure 8 Soie-jin à motif de hall bouddhiste, collection du Shoso-in

Figure 9 Motif reconstitué de piédestaux en lotus, de lions et d'éléphants sur une soie-jin

Le damas avec des motifs de médaillons de perles entourant des dragons était très populaire au début de la dynastie Tang. Le dragon est souvent représenté avec la tête haute et le corps enroulé autour d'un pilier, les serres visibles à l'avant et la queue à l'arrière. Il y a plus de dix étoffes de cette sorte au Shoso-in. Des pièces similaires ont été découvertes à Turfan et à Dulan, et aussi plus loin, dans les tombes de Tujue, en Sibérie (Russie) et même dans un site sogdien en Ouzbékistan. Il est évident que ce modèle jouissait d'une grande popularité à cette époque.[11]

Dans la collection du Horyu-ji, il y a une pièce de samit qui représente quatre rois célestes chassant le lion et qui semble être un ornement à suspendre (voir Figure 10). Toutefois, elle n'apparaît dans aucune des archives des dons au Horyu-ji et nous ne savons pas quand elle fut acquise par le temple. Le motif de cette pièce est un très grand médaillon de perles encerclant quatre archers à cheval. Elle peut être identifiée comme une sorte de « samit persan » créé par He Chou, en Chine.[12] De nombreux textiles mis au jour à Turfan présentent des motifs semblables et ont été fabriqués avec la même technique. Etant donné que cette technique était rarement utilisée au Japon, les spécialiste japonais estiment qu'elle fut introduite depuis la Chine à l'âge d'or des Tang.

Il existe une sorte de soie connue sous le nom d' « atlas » (un terme ouïghour), au Xinjiang. Les fils de chaîne sont teints en tie-dye avant le tissage : les chaînes sont disposées et attachées de manière à ce que différentes sections des fils de chaîne soient teintes de couleurs différentes. Cette technique est appelée *kasuri* au Japon et *ikat* en Asie du Sud-Est. La pièce du Shoso-in est décrite comme *Guangdong lie*, qui signifie littéralement « fragments de Guangdong », en lien avec la province du Guangdong, en Chine.[13] Des textiles semblables sont visibles dans les peintures murales de Dunhuang et des étoffes de ce type sont encore fabriquées de nos jours, au Xinjiang et en Ouzbékistan. Ces tissus sont souvent de couleur rouge et leur nom alternatif est très parlant : *zhaoxia chou*, «soie d'aurore magnifique ». Selon la littérature historique chinoise, les étoffes de ce genre étaient confectionnées dans la péninsule coréenne et offertes en hommage à l'empereur de la dynastie Tang. Ceci dit, nous devons aussi envisager la possibilité qu'elles soient originaires de l'ouest, ou peut-être d'Inde.

Figure 10 Samit avec quatre rois célestes à la chasse au lion, au Horyu-ji (détail)

VII. Textiles colorés, teints par réserve par ligature

Les textiles teints par réserve par ligature constituent une partie importante de la collection du Shoso-in. Les *Archives des trésors nationaux du Japon* listent de nombreux exemples de tissus et de paravents teints de cette manière, tels que « le paravent à quatre panneaux teint par réserve par ligature avec des Figures humaines et des oiseaux », « le paravent à dix panneaux teint par réserve par ligature avec des oiseaux et des herbes » et « le paravent à un panneau teint par réserve par ligature avec des aigles et des grues ». Dans la collection se trouve un paravent avec un arbre en fleur et un couple de cerfs, teints par réserve par ligature (voir Figure 11). Sur une autre étoffe, on peut admirer des médaillons de perles entourant un cerf, teints de la même manière. Le cerf assis sous un autre médaillon est une combinaison de motifs qui était jadis associée à l'Asie centrale et, par conséquent, les experts supposent que cette pièce est en lien avec l'Asie centrale.

Figure 11 Etoffe teinte à réserve par ligature avec un arbre en fleur et des cerfs appariés, collection du Shoso-in

La technique de la teinture par réserve par ligature fut inventée par les Chinois. Une étoffe est pliée et placée entre deux blocs concaves, sculptés de manière symétrique, qui sont ensuite solidement fixés l'un à l'autre, et le tout est plongé dans une cuve de teinture. Le processus nous est connu grâce aux *Anecdotes archivées* de la dynastie Tang : « Liu Jieyu (concubine impériale de l'empereur Xuanzong) était très talentueuse et hautement estimée par l'empereur. Sa sœur, mariée à Zhao, était dotée de mains habiles et de bon sens. Elle demanda à des artisans de sculpter des blocs concaves symétriques, puis elle réalisa plusieurs motifs en fixant deux blocs autour de tissus pliés et en les plaçant dans des bacs de teinture. Elle présenta une de ses créations à l'impératrice Wang, à l'occasion de l'anniversaire de Liu Jieyu. L'impératrice la félicita et ordonna que soient fabriqués, au palais impérial, des tissus basés sur cet échantillon. Au début, la technique n'était connue qu'à la cour, mais plus tard, elle se répandit dans le monde entier. »

Le règne de l'empereur Xuanzong fut contemporain de l'époque florissante de la dynastie Tang et de l'ère Tenpyo au Japon. Le plus ancien exemple de textile teint par réserve par ligature fut découvert à Astana, Turfan.

La teinture monochrome par réserve par ligature existe encore à ce jour dans le Zhejiang du sud, où elle est connue sous le nom de « réserve par ligature Zhejiang du sud » ou « réserve par ligature bleue ». Si plus d'une couleur est requise, de petits trous peuvent être percés dans les blocs avant de faire parvenir la (ou les) teinture(s) de couleur(s) différente(s) au tissu plié et fixé.

Des textiles teints par réserve par ligature furent également découverts à Dunhuang et ceux trouvés dans la grotte de la bibliothèque enrichissent aujourd'hui les collections du monde entier. Ils comprennent des textiles monochromes et polychromes, tous ornés de très beaux motifs, tels que l'étoffe aux oies sauvages appariées, se tenant sur un piédestal de fleurs. En Russie, une pièce teinte par ce même procédé représente un motif de cerfs appariés. Plusieurs pièces sont conservées au British Museum, dont une avec un griffon assis dans un médaillon. Le médaillon ressemble à une corde enroulée sur elle-même et le griffon a une tête étrange, avec le bec, les oreilles et les ailes d'un aigle, ainsi qu'une queue décorative. Il s'agit d'une représentation du griffon de la mythologie occidentale, connu pour son corps de lion, son bec d'aigle et sa qualité de gardien de trésors d'or. Ce motif était très populaire dans les steppes eurasiatiques des anciens temps.[14]

La teinture par réserve par ligature était en vogue tout au long de la route de la soie, y compris au Japon. Dans le cadre d'un projet à échelle nationale, intitulé « Recherche sur d'anciens outils et techniques de teinture par réserve par ligature en Chine », nous avons pu recréer d'anciens textiles teints à l'aide de ligatures. Le plus grand était une pièce de la dynastie Liao, recréée par Zheng Juxin.

Pour en revenir aux origines de cette technique, nous savons que la soeur cadette de Liu Jieyu est entrée dans la famille Zhao par alliance et que cette famille-là était de Zhejiang. A-t-elle appris cet artisanat des habitants locaux ou l'a-t-elle inventée elle-même ? Ayant vérifié les traces historiques et documentaires qui se rapportent à Dunhuang et à Turfan, ainsi que toutes les données sur les pièces mises au jour, nous n'avons trouvé aucune preuve indiquant que la teinture par réserve par ligature ait pu exister avant l'âge d'or des Tang. Cela suggère que les archives sont exactes et que la soeur de Liu Jieyu est bien l'inventrice de cette technique. Au Japon, les plus anciens textiles témoignant de ce procédé datent aussi de la grande époque des Tang. Or, puisque l'empereur Shomu n'envoya que deux expéditions en Chine, est-il envisageable qu'autant de textiles teints selon cette méthode aient été rapportés de ces deux seuls voyages ? Sont-ils venus directement de Chine ? Ou bien les Japonais avaient-ils déjà appris à maîtriser cette technique ? Le Japon accorde une grande importance à la préservation des savoir-faire traditionnels, mais, bien que l'on puisse encore rencontrer des techniques anciennes, telles que la teinture par réserve par application de cire ou le tie-dye, on ne trouve aucune trace de teinture par réserve par ligature. En contraste, les traditions sont souvent beaucoup moins bien préservées en Chine, et pourtant, nous trouvons des preuves de teinture par ligature sous les dynasties Liao et Yuan, de teinture par ligature bleue et blanche au Zhejiang du sud sous les dynasties Ming et Qing, et de teinture colorée par ligature dans les régions tibétaines. Nous pensons que les Japonais n'ont peut-être pas appris cette technique aussi tôt, mais ce n'est pas logique de suggérer qu'ils ont importé une si grande quantité de textiles de ce genre depuis la Chine. Des recherches plus approfondies sont donc nécessaires pour établir si les Japonais ont copié ou non la technique chinoise de la teinture par réserve par ligature et quels changements advinrent après son apparition au Japon.

Notes

[1] Yoneda Yusuke and Sugimoto Kazuki (eds). *The Shoso-in Gallery*. Tokyo : Kodansha, 2000.

[2] La 58ème exposition du Shoso-in. Nara : Musée national de Nara. 2006.

[3] La 61ème exposition du Shoso-in. Nara : Musée national de Nara. 2009.

[4] La 62ème exposition du Shoso-in. Nara : Musée national de Nara. 2010.

[5] La 59ème exposition du Shoso-in. Nara : Musée national de Nara. 2007.

[6] Musée national de Tokyo. *Treasures Hall in Horyu-ji*. Tokyo : Tokyo National Museum, 1999.

[7] Matsumoto Kaneo. *Fabric Fragments in Shoso-in and Dyed Fabrics in Asuka and Tennpyou Periods*. Kyoto : Shikosha Press, 1984.

[8] Voir note 7.

[9] Voir note 7.

[10] Voir note 7.

[11] E. I. Lubo-Lesnitchenko. "Western Motifs in the Chinese Textiles of the Early Middle Ages" in *National Palace Museum Bulletin 28*. N° 3-4. 1993 : 1–28.

[12] Musée national de Tokyo. "The Exhibition National Treasures in Horyu-ji : Completion Memorial of the Survey on Showa Property List of Horyu-ji". Tokyo : NHK. 1994.

[13] Voir note 7.

[14] Zhao Feng (ed.). *Textiles from Dunhuang in UK Collections*. Shanghai : Donghua University Press, 2007 : 192-195.

Chapitre 10
Le paysage du nord : échanges de soie entre Khitans, Toungouses et Ouïghours

Après la chute de la dynastie Tang (618-907), l'autorité centrale fut perdue et elle ne fut pas restaurée avant la dynastie Song (960-1127). Le demi-siècle qui sépara les dynasties Tang et Song est connu sous le nom de la « période des Cinq Dynasties et des Dix Royaumes », ce qui en dit long sur la complexité de la situation de l'époque. Les Song du Nord étaient entourés de quatre puissances voisines : les Liao au nord, les Xia de l'Ouest pris entre les deux, les Ouïghours au nord-ouest, et Dali et le peuple Tubo au sud-ouest. Autour du Xème siècle, plusieurs régimes non-Han établis dans les régions du nord furent associés aux échanges de soie. Parmi ces échanges, les plus significatifs étaient ceux entre la Chine centrale et les Khitans, les Toungouses et les Ouïghours.

I. Grandes puissances au nord

Le terme « Khitan » fait référence à la dynastie Liao. Yelü Abaoji, l'empereur Taizu des Liao, donna à l'Etat le nom de Khitan en 916. Son second fils, Yelü Deguang, qui devint l'empereur Taizong des Liao, renomma l'Etat Liao en 938. Il y avait cinq villes importantes en territoire khitan : Dongjing, Shangjing, Nanjing, Xijing et Zhongjing.

On peut distinguer trois étapes dans le développement de la dynastie Liao. Tout d'abord, il y eut la période allant de l'empereur Taizu à l'empereur Muzong (907-969), quand Liao gagnait en puissance. Les empereurs Taizu et Taizong conquirent la Chine centrale, vainquirent les Etats voisins et établirent l'empire khitan. Les Khitans existaient déjà au début de la dynastie Tang et ils surent maintenir des liens avec l'empire Tang. En revanche, lorsque la dynastie Tang commença à décliner, les Khitans se manifestèrent et prirent le pouvoir. L'empereur Taizong (Yelü Deguang) prit la quasi-totalité des régions du nord de la Chine et occupa la Chine centrale à plusieurs reprises.

La seconde étape s'étendit de 970 à 1055. Durant ce temps-là, sous le commandement des empereurs Liao Shengzong et Xingzong, la dynastie Liao atteignit son apogée en termes de développement politique, militaire, économique et culturel. Le traité de Shanyuan, signé en 1004, définit les frontières territoriales entre la dynastie Liao au nord et la dynastie Song au sud. Il s'ensuivit presque un siècle de paix.

L'étape finale fut la période des empereurs Daozong et Tianzuo (1055-1125), au cours de laquelle la dynastie Liao déclina. Une tribu Jurchen de la dynastie Liao commença à se rebeller. La dynastie Song du Nord prit le parti des Jurchen et, ensemble, ils lancèrent une offensive commune. Yelü Dashi, descendant de la huitième génération de Yelü Abaoji, prit la fuite vers l'ouest et fonda les Liao de l'Ouest (annexés plus tard par les Mongols, au début du XIIIème siècle). Bien que les Liao aient périclité à la suite de cette guerre, la frontière de la dynastie Song fut repoussée vers le sud.

Les Ouïghours occupaient une grande partie du Gansu et du Xinjiang actuels, ainsi qu'un territoire considérable en Asie centrale. A l'origine, ils étaient une branche des Tiele ; au début de la dynastie Tang, on les appelait les Huihe. Ils établirent le Khaganat ouïghour (744-840) à l'époque glorieuse de la dynastie Tang, qu'ils soutenaient fréquemment au combat contre les Tubo et d'autres voisins. En 788 (4ème année de l'ère Zhenyuan, sous la dynastie Tang), les Huihe furent renommés les Huihu, ce qui signifie « planant comme le faucon ». Toutefois, en 840, le Khaganat ouïghour fut divisé en plusieurs Etats par les Kirghizes, séparant notamment le Royaume de Qocho (autour de Gaochang, soit l'actuelle Turfan), des Ouïghours Hexi (dans le corridor Hexi, en actuel Gansu) et de la dynastie Qarakhanide (au nord-ouest de la Chine).

Les Ouïghours de Gaochang, qui étaient aussi appelés Ouïghours Xizhous, s'auto-proclamèrent les descendants directs des Huihu. Ils choisirent pour capitale la ville de Bieshibali (en ouïghour, Beshbalik ; en chinois, Beiting), voisine de Turfan. A l'époque, la dynastie Tang établit la ville de Xizhou au Royaume de Qocho pour administrer les régions occidentales, où les peuplades croyaient au bouddhisme et au manichéisme. Autour du XIIème siècle, le Royaume de Qocho fut renversé par les Liao de l'Ouest. Une des troupes, en suivant Yelü Dashi, se battit en direction de l'ouest jusqu'en Asie centrale, où elle fonda un Etat dépendant des Liao de l'Ouest. Lorsque les Liao de l'Ouest disparurent, cet Etat devint dépendant de la Mongolie.

Les Qarakhanides (« les Khans noirs », qara étant un mot turc signifiant « noir ») occupèrent un territoire encore plus à l'ouest. Au milieu du Xème siècle, les Ouïghours joignirent leurs forces aux peuples locaux ; ensemble, ils renversèrent la dynastie samanide, avec sa capitale à Boukhara, et établirent leur propre Khaganat qarakhanide. Deux capitales furent instaurées : la principale à Balasagun (dans l'actuel Kirghizstan) et la secondaire à Kashi (Kashgar). Le fondateur, le Shah Wakbugraham (942-955), croyait en l'islam. Après que son fils Karhan eut accédé au trône, il conquit le Khotan au début du XIème siècle et promut l'islam à travers tout le Khaganat. Dans les années 1130, les Qarakhanides se rattachèrent aux Liao de l'Ouest et, plus tard, à la Mongolie.

Les Ouïghours Hexi étaient aussi appelés Ouïghours du Ganzhou. Ils se situaient principalement dans le corridor Hexi, où se trouvait la plus forte concentration d'Ouïghours, à des endroits comme Ganzhou (aujourd'hui Zhangye), Shazhou (Dunhuang), Liangzhou (Wuwei), Suzhou (Jiuquan) et Qinzhou (Tianshui). Après la période des Cinq dynasties, les Tubo quittèrent Dunhuang et, bien que cette zone ait successivement été gouvernée par les familles de Zhang Yichao et Cao Yijin, la plus importante partie du corridor Hexi demeura dans la sphère d'influence des Ouïghours et même les peuples Han se devaient de leur obéir. Les Ouïghours Hexi furent enfin conquis pas Zhao Deming et son fils du régime Xia de l'Ouest, entre 1028 et 1036. Ils devinrent tributaires des Xia de l'Ouest et, plus tard, de la Mongolie.

Les Tangut, tribu appartenant au peuple Qiang, furent actifs sous les dynasties Tang et Song. Initialement implantés dans la partie occidentale du Ningxia actuel et en Mongolie intérieure, ils se répandirent ensuite jusqu'à occuper l'intégralité du corridor Hexi. Ils fondèrent l'Etat des Xia de l'Ouest en 1038. C'était un peuple très puissant qui repoussa les Ouïghours hors de la région de Hexi.

II. Un pays, deux systèmes

Selon l'*Histoire des Liao*, les premiers Khitans « attrapaient des oiseaux et des animaux sauvages dans des filets », mangeaient de la viande et se couvraient de peaux de bêtes. Ils ne portèrent pas de robes officielles jusqu'à l'époque de l'empereur Liao Taizong. C'est alors que les Liao adoptèrent une approche basée sur le principe d' « un pays, deux systèmes ». Selon les *Archives de l'Etat Khitan*, « l'impératrice ou l'impératrice douairière du pays ainsi que les officiels locaux se vêtaient d'habits non-chinois, alors que l'empereur et les officiels Han portaient des habits Han ». Nous pouvons constater cette distinction sur les peintures murales des tombeaux de la dynastie Liao. Par exemple, sur celles qui ornent le passage vers le tombeau Qingling, on voit deux rangées d'officiels du nord et du sud qui portent des costumes différents. Le costume khitan reflète les caractéristiques des Khitans.

Bien que des guerres aient éclaté entre les Khitans et la dynastie Song du Nord, les échanges entre les deux nations furent aussi renforcés – certains Han furent capturés pour servir d'artisans et certains intégrèrent les classes supérieures des Khitans. Ceux-ci avaient des avis différents concernant leurs tenues et celles des Han. Nous avons déjà constaté ceci dans les peintures murales des tombeaux de Qingling. Des figurines de céramique de la dynastie Liao indiquent que la tenue des femmes khitanes de cette époque était généralement identique à celle des femmes Han, alors que les tenues des hommes étaient clairement khitanes, identifiables par leur col rond, avec la pièce avant-gauche attachée par-dessus la droite et une fente dans le dos pour leur permettre de monter à cheval.[1] La coiffure khitane était unique : la ligne de cheveux centrale était rasée et des couettes étaient faites sur les côtés. Les différentes manières traditionnelles d'attacher les vêtements – de droite à gauche pour les Han, de gauche à droite pour les minorités ethniques – existaient déjà avant la dynastie Han. Des peintures murales découvertes dans les villes actuelles de Shanxi et Beijing (qui étaient des régions Han, à cette époque-là) représentent des personnages portant des tenues Han. Ceci implique que, même s'ils étaient sous la domination des Khitans, les Han locaux continuaient à porter des vêtements de style Han. D'un autre côté, nous devons prendre en considération le fait que les Khitans communiquaient avec la dynastie Tang et qu'ils acceptaient, et même adoptaient, l'étiquette vestimentaire élaborée du peuple Han. Les tenues Han étaient populaires auprès des Khitans. Je vais développer trois exemples ci-après.

1. Robe dragon

Seuls quelques vêtements de la dynastie Liao sont parvenus jusqu'à nous. Parmi ceux-ci, une robe brodée de médaillons de dragons sur fond de gaze est peut-être la plus ancienne robe dragon de Chine. Après restauration, on peut y observer deux médaillons sur les parties supérieure et inférieure, constitués chacun de deux dragons, et un médaillon dragon unique sur chaque manche (voir Figure 1). Seul l'empereur avait le droit de porter des robes dragon jaunes et seuls les officiels de très haut rang étaient autorisés à porter des robes dragon violettes. Des analyses de teinture montrent que la couleur violette était obtenue à partir de grémil violet (*Lithospermum erythrorhizon)*. Plus le violet était foncé, plus il avait requis de travail et plus il était précieux. Des documents historiques rapportent que la teinte violette quasi-noire des dynasties Liao et Song s'appelait *youzi* (violet foncé) et était hautement estimée. Les dragons brodés étaient réalisés en point de couchure avec du fil d'or (*cujin xiu ; panjin xiu*). Certaines broderies étaient réalisées avec des fils d'argent, mais ceux-ci ont noirci avec l'oxydation.

Figure 1 Robe brodée de médaillons de dragons, dynastie Liao

2. Robe phénix

Une robe phénix nous est aussi parvenue depuis la dynastie Liao. Celle-ci est ornée de médaillons de phénix et de motifs de phénix appariés (voir Figure 2), qui rappellent les médaillons de la robe de dragon, outre le fait que les motifs des manches sont plus petits. Les concepts du dragon et du phénix ainsi que la forme du médaillon sont issus de Chine centrale. On constate, dans des peintures allant de la dynastie Tang aux Cinq dynasties, que le motif des deux médaillons était largement utilisé pour décorer des vêtements. Les robes phénix de l'époque était surtout destinées aux femmes aristocratiques, mais elles n'étaient pas réservées à l'usage exclusif de l'impératrice.

Figure 2 Robe brodée de médaillons de phénix, dynastie Liao

3. Robe de samit avec des oies sauvages tenant des rubans dans leur bec

Les robes officielles de la dynastie Liao sont aussi très intéressantes. On en découvrit quelques unes faites de samit, avec un motif d'oies sauvages tenant des rubans dans leur bec (voir Figure 3). Une de ces robes fut mise au jour dans la tombe de Yelü Yuzhi à Aluke'erqinqi, en Mongolie intérieure, et une autre dans une tombe de Daiqin Tala de Xing'anmeng. Il est remarquable que ces deux robes soient

Figure 3 Motif d'oies sauvages tenant des rubans dans leurs becs, dynastie Liao (dessiné par Du Xiaofan)

faites de la même étoffe. Il existe des traces écrites du motif d'oies tenant des rubans dans leur bec, sous la dynastie Tang. Par exemple, *l'Histoire institutionnelle de la dynastie Tang (Tang Huiyao)* nota que, sous le règne de l'empereur Dezong (780-805), « lorsque l'empereur attribuait des habits, il se rendait compte que les motifs manquaient de régularité et d'uniformité. Il décida donc d'offrir au *jiedushi* (gouverneur militaire) des robes aux motifs de faucons tenant des rubans dans leur bec, dans l'attente de comportements héroïques, et il offrit aux *guanchashi* (officiels civils) des robes aux motifs d'oies sauvages tenant des herbes dans leur bec, dans la perspective qu'ils honoreront les rituels et obéiront aux ordres. »

Bien que l'étoffe de ces deux robes soit identique, leur confection est différente. La robe de Daiqin Tala a un col en biais alors que celle du tombeau de Yelü Yuzhi a un col rond, avec la pièce avant-gauche couvrant la droite (à la manière non-Han).

Chacune de ces robes requit une longueur de tissu comprenant vingt paires d'oies sauvages. Ce motif étant très difficile à réaliser, il a dû falloir un an à deux tisserands pour fabriquer l'étoffe nécessaire à la confection d'une de ces robes.

Les deux robes en question furent découvertes dans des tombeaux du début de la dynastie Liao. Cependant, on présume que le tissu fut probablement fabriqué sous la dynastie Tang, étant donné que les Liao ne maîtrisaient pas cette technique. Selon un des scénarios vraisemblables, lorsque Yelü Deguang envahit le sud et vainquit la dynastie Tang en 936, il aurait pris ces robes en guise de butin, les aurait envoyées au nord et les aurait offertes à Yelü Yuzhi et au propriétaire de la tombe de Daiqintala en 941 (4ème année du règne Huitong), en même temps qu'il offrit du samit Liao aux hauts-fonctionnaires.[2] Les Khitans avaient bien conscience des rituels Tang et ils savaient que certains motifs étaient alloués à certains officiels. La *Nouvelle histoire Tang* note que l'empereur Wenzong de la dynastie Tang mit en place le « système des vêtements » et que les officiels du troisième rang ou au-dessus portaient des robes avec des faucons tenant des herbes dans leur bec, des oies tenant des rubans dans leur bec et des paons appariés. Les Khitans apprirent ces motifs des plaines centrales, ainsi que les motifs de dragon et de phénix. Bien qu'ils continuèrent à se vêtir en suivant le style du nord, ils adoptèrent des motifs du sud.

III. Découvertes archéologiques de la dynastie Liao

En termes d'archéologie, la dynastie Liao se divise généralement en trois phases. La première phase est la seconde moitié du Xème siècle, depuis la fin de la dynastie Tang jusqu'au début de la dynastie Liao. La deuxième phase est le milieu du XIème siècle, lorsque la dynastie Liao était florissante. La troisième phase est la fin de la dynastie Liao. Lorsque des fouilles mettent au jour des soies de cette dynastie, celles-ci peuvent être classées selon deux styles.

En septembre 1994, des archéologues trouvèrent deux sépultures adjacentes sur le versant sud de Baoshan à Aluke'erqinqi, en Mongolie intérieure, mais elles avaient toutes deux été pillées. Heureusement, de nombreuses peintures murales riches en couleurs demeuraient visibles dans la Tombe 1 et des douzaines de fragments de soie furent trouvés dans la Tombe 2. Les inscriptions murales de la Tombe 1 identifient le propriétaire de la tombe comme étant un *Dashaojun* (prince aîné) et indiquent la date de 923. Il s'agit de la plus ancienne tombe Liao pour laquelle une date est confirmée. En 1992, j'ai analysé et étudié toutes les soieries mises au jour dans la Tombe 2 et j'ai achevé le rapport d'identification en 1997. Ces soieries comprennent du taffetas de soie, de la gaze, de la soie à motifs, du damas en sergé et du samit. Néanmoins, les objets les plus célèbres de ce tombeau ne sont pas des textiles ou des robes, mais les peintures murales de la dynastie Liao, qui illustrent avec une extrême finesse des personnages vêtus de tenues de l'époque, tels que des dames de la cour apprêtées selon le style de la dynastie Tang (voir Figure 4). L'une de ces oeuvres représente un homme tenant sur l'épaule une perche chargée de paquets, prenant la route pour un grand voyage, et plusieurs dames qui lui font leurs adieux.[3] Cette scène fut identifiée comme « Envoi de samit », l'histoire de Su Ruolan (née en 357, connue aussi sous le nom de Su Hui) qui envoya un message tissé dans du samit à son mari, Dou Tao. Après avoir combattu au front, Dou Tao fut promu général et son amour se porta sur une autre femme. Affligée et rancunière, Su Ruolan écrivit un poème pour exprimer ses sentiments, le tissa dans une pièce de samit et le fit parvenir à son époux. Lorsque Dou Tao vit le samit et lut le poème, il en fut ému et revint immédiatement sur sa décision.

Figure 4 Vêtements des dames de la cour dans la peinture murale de la dynastie Liao

Cette histoire, qui appartient au folklore chinois Han, est antérieure à la dynastie Liao. Les plantes de cette peinture murale – des bambous et des bananiers – ne poussent pas en Chine du Nord. La scène représentée n'est donc pas une illustration de la vie courante des locaux, mais une projection de ce à quoi ils aspiraient. Une autre peinture murale, représentant une dame faisant de la calligraphie et jouant avec un perroquet, est considérée comme une illustration de « Yang Guifei jouant avec un perroquet ».

La tombe de Yelü Yuzhi est la plus importante tombe Liao dans le cadre de mes recherches. En 1992, lorsque j'appris que cette tombe avait été pillée, je me trouvais par hasard à Balinyouqi pour faire des études de terrain et je me précipitai sur place pour visiter le site. La tombe est clairement marquée comme ayant appartenu à Yelü Yuzhi ; les histoires officielles rapportent des témoignages précis à son sujet. Né en 890, il était le cousin de Yelü Abaoji. Les deux fils d'Abaoji étaient aussi d'importants personnages historiques. Le fils aîné, Yelü Bei, étudia la sinologie et mena à bien de grandes réalisations. Il défendait la culture Han et suggéra une fois à son père de construire un temple confucéen ; en revanche, sur le champ de bataille, il n'était pas aussi vaillant que son frère. Leur mère, l'impératrice Shulü, préférait son second fils Yelü Deguang et elle finit par le faire empereur. Après que les Liao eurent renversé l'Etat de Bohai, son Etat dépendant, Dongdan, tomba sous le règne et la juridiction de Yelü Bei. Yelü Yuzhi fut alors nommé *youcixiang* de l'Etat de Dongdan, soit un poste de haut-fonctionnaire. Lorsque Yelü Deguang accéda au trône, Yelü Bei fuit vers la dynastie Tang et mourut sur son territoire. Yelü Yuzhi décéda en 941 et fut enterré en 942. Dix-huit jours après son inhumation, son épouse mourut à son tour, de chagrin et d'épuisement.

En juin 1992, les tombes communicantes de Yelü Yuzhi et de sa femme furent pillées et subirent de lourds dégâts. Heureusement, certains précieux artefacts d'or et d'argent furent retrouvés par la suite. Il restait de nombreux fragments de soie dans les tombes et l'équipe archéologique, menée par Qi Xiaoguang, vida les lieux et rapporta le moindre fragment de soie. Au total, il y en avait plus de 600, de presque cent sortes différentes, notamment en taffetas de soie, soie monochrome à motifs, damas sur toile, gaze damassée de sergé, samit et samit de satin. Il y avait également de nombreuses étoffes imprimées ou brodées. Puisque les tombes sont datées, ces tissus constituent une ressource capitale pour l'étude des textiles de la dynastie Liao et pour l'identification de techniques et de dessins divers.[4]

Des soieries furent aussi découvertes dans d'importantes pagodes du milieu et de la fin de la dynastie Liao. Par exemple, en 1970, lorsque la pagode de bois de Yingxian, Shanxi, construite en 1056, fut soumise à des réparations, l'équipe effectuant les travaux sous les ordres de Qi Yingtao découvrit des peintures bouddhistes et trois pièces de taffetas de soie, teintes par réserve par ligature et figurant des images de Sakyamuni. Ce sont les seuls exemples connus de soies teintes par réserve par ligature en trois couleurs, puis peintes, sous la dynastie Liao.[5] Une autre pagode importante est la Pagode blanche de Qingzhou, Balingyouqi. Qingzhou était une petite ville construite en 1049 dans le but précis d'abriter le tombeau impérial, à l'apogée de la dynastie Liao. Au cours de réparations en 1988, des archéologues découvrirent un total de 276 pièces textiles dans l'entrepôt supérieur de la pagode. Ce lot de textiles de soie exhibait des couleurs vives, mais les pièces étaient petites, principalement destinées à un usage d'emballage. Les textiles d'emballage étaient généralement de forme carrée, d'une longueur de 28-30 cm, et ils servaient à envelopper des pagodes miniatures, dont chacune arborait une petite bannière bouddhiste. Ils servaient aussi de couvertures à sutras et d'enveloppes pour d'autres objets. Parmi ces étoffes, on trouve du taffetas de soie, de la soie polychrome, du damas de sergé, de la gaze complexe, de la soie teinte par réserve par ligature et de la broderie.[6]

La plus récente découverte archéologique de soie de la dynastie Liao fut faite dans le tombeau de la colline Turki. Nombreux sont ceux et celles qui connaissent ce site grâce au programme de CCTV, *Mystère de la couronne phénix*, qui tire son nom de la couronne phénix trouvée sur le cercueil de ce tombeau. Il date d'entre la fin de l'époque Tang et le début de la dynastie Liao. Il ne recouvre qu'une petite parcelle et n'avait jusqu'alors pas encore été touché. Les textiles mis au jour à cet endroit sont presque tous du style qui prévalait entre la fin des Tang et le début des Liao. L'occupante du tombeau est une femme non-identifiée d'une trentaine d'années. Certains archéologues pensent qu'il pourrait s'agir de Zhigu, la seule princesse née de l'empereur Yelü Abaoji et l'impératrice Shulü (une Ouïghoure), qui mourut des suites d'une maladie à l'âge de 35 ans. D'autres pensent que ce pourrait être la princesse Yüludugu, soeur de l'empereur Taizu de la dynastie Liao et épouse du premier ministre Xiao Shilu. Elle était *aogu* (chamane) et elle mourut en 907, après avoir pris part à une rébellion.[7] D'autres encore pensent que l'occupante de la tombe pourrait être Abuli (nom chinois : Yelü Ruan), petite-fille de l'empereur Taizu de la dynastie

Liao, fille de Yelü Bei et soeur de l'empereur Shizong (Yelü Wuyu), qui fut emprisonnée pour trahison avec son mari Xiao Han. De nombreuses hypothèses ont circulé autour de ce tombeau, la plupart étant liées d'une manière ou d'une autre à Yelü Abaoji et requérant de plus amples recherches. Malgré tout, cette sépulture nous permet d'approfondir nos connaissances en matière de soie khitane.

IV. Styles de soie khitane

Pour les Khitans, la soie provenait principalement des plaines centrales. Au cours de ses premières années, Yelü Abaoji conquit de nombreuses villes à la frontière de la dynastie Tang et captura un grand nombre de Hans. Pendant l'hiver 905, Li Keyong, le *jiedushi* de Hedong, envoya des messagers pour conclure une alliance avec les Khitans. Yelü Abaoji, « avec une cavalerie de soixante-dix mille, rencontra Keyong à Yunzhou (l'actuelle Datong, Shanxi). Après un festin arrosé de vin, ils échangèrent des vêtements d'apparat et des chevaux, et ils devinrent frères jurés. »[8] Ceci est un rapport officiel décrivant comment les Khitans obtinrent des vêtements de soie de Chine centrale. Plus tard, en 938 (1ère année de l'ère Huitong), Yelü Deguang prit seize préfectures de la dynastie des Jin postérieurs. En 946 (9ème année de l'ère Huitong), il occupa Bianzhou (l'actuelle Kaifeng), capitale de la dynastie des Jin postérieurs. Il pilla sans vergogne et sans raison, et il envoya tout son butin à Shangjing. C'est pour cela que parmi les soies mises au jour dans les tombes du début de la dynastie Liao, en Mongolie intérieure, on peut trouver des soies de qualité supérieure, provenant de ces endroits pillés. De surcroît, la Chine centrale fournissait aussi des soies à la dynastie Liao en guise de tribut. Shi Jingtang fournissait 300 000 rouleaux (*pi*) de soie par an à la dynastie Liao en échange de Yunzhou et Yizhou. Après le traité de Shanyuan en 1004, la dynastie Song fournit chaque année 100 000 *liangs* d'argent et 200 000 rouleaux (*pi*) de soie à la dynastie Liao. Ce montant fut ensuite augmenté à 300 000 rouleaux, en soies ordinaires telles que le taffetas.

Les Khitans bénéficiaient aussi de la soie produite par les artisans Han. La plupart de ceux-ci étaient des prisonniers. En temps de guerre, les artisans étaient protégés mais, s'ils se faisaient capturer, ils étaient mis au travail au service de l'ennemi. Parmi ces prisonniers, on comptait des eunuques, des académiciens impériaux, des techniciens, des musiciens, des lutteurs, des universitaires, des moines, des nonnes et des taoïstes, qui étaient tous des Chinois Han. La majorité d'entre eux venait de Bingzhou (l'actuelle Taiyuan, Shanxi), Fenzhou (l'actuelle Fenyang, Shanxi), Youzhou (l'actuelle Beijing) et Jizhou (l'actuelle Jixian, Hebei). Sous le règne de l'empereur Shizong, « le district de Hongzheng fut établi avec les captifs de Dingzhou. »[9] Dingzhou est réputée pour sa porcelaine très fine et pour le tissage de la soie, en particulier le kesi de la dynastie Song du Nord. Su Bai, une autorité dans le domaine de l'archéologie, me suggéra de faire des recherches sur le lien entre les soies de Dingzhou et celles de la dynastie Liao. Nous estimons que les prisonniers devaient majoritairement être des artisans qui maîtrisaient la production de la soie. En plus d'avoir capturé de nombreux Chinois Han, les Liao firent aussi des prisonniers à Bohai et parmi les Ouïghours. Il fut enregistré qu'à Zuzhou (au sud-ouest de Donglin), « à l'est se trouvaient les bureaux du gouverneur et d'autres officiels, ainsi que les ateliers de production des soies polychromes et des damas en sergé. Il y a trois cents personnes Han et Bohai à l'intérieur du Banyuan, qui subviennent aux besoins de la famille impériale ».[10] On peut imaginer que, si des artisans de Dingzhou furent amenés au district de Hongzheng, au Khitan, il devait y avoir beaucoup d'ateliers produisant des soies polychromes et des damas en sergé. Même si les artisans étaient presque tous Han, tout ce qu'ils produisaient pour les Khitans devait certainement inclure au moins quelques caractéristiques ethniques khitanes. La paix régna pendant plus d'un siècle entre la dynastie Song du Nord et les Khitans. Cette période fut propice au développement d'un commerce frontalier prospère et les deux gouvernements s'échangeaient parfois des présents en soie.

1. Le style de Chine centrale

Sous la dynastie Liao, la soie provenait de deux sources et correspondait donc à deux styles différents : celui de Chine centrale et celui du nord. Sur les étoffes qui nous restent de la dynastie Liao, la plupart des motifs sont marqués d'une influence de Chine centrale, tout particulièrement ceux qui représentent des fleurs ou des oiseaux. Les motifs du début de la dynastie Tang étaient plutôt dans le style du duc de Lingyang et les motifs Tang postérieurs était de style nouveau, consistant principalement en fleurs et en oiseaux, et toujours sur la base du médaillon, jusqu'à ce que les motifs se dispersent progressivement. Sous les dynasties Liao et Song du Nord, des dessins tels que des arbres en fleur ou des oiseaux appariés devinrent très populaires. L'arbre en fleur est mieux connu sous le nom d'arbre de vie, avec toutes ses associations mythologiques. Le motif de l'arbre en fleur et de l'animal (lion) ou l'oiseau apparié était déjà apparu au début de la dynastie Tang, avec un médaillon de perles entourant le motif central, et il évolua avec le temps. Sous la dynastie Liao, l'arbre en fleur et les paires d'oiseaux n'étaient plus placés dans des médaillons, ni dans aucun autre type de cadre. A la place, on commença à voir un arbre en fleur très réaliste au milieu, avec une oie sauvage ou éventuellement un pigeon de chaque côté. Il existe aussi des variations sur ce thème, bien qu'elles soient plutôt minimes : par exemple, des paires d'oiseaux et des lotus dans un cadre en forme de calice de kaki ou des oiseaux appariés sur un piédestal. Le motif de la « joyeuse rencontre » de la dynastie Tang, dans lequel deux animaux forment un cercle en rotation, demeura populaire sous la dynastie Liao. Certaines fleurs et certains oiseaux sont représentés sur des textiles avec beaucoup de vivacité, brodés avec autant de finesse que s'ils avaient été peints (voir Figure 5). Un éventail mis au jour dans la tombe de Daiqin Tala est sans doute le plus ancien éventail peint connu de Chine : il représente deux oiseaux se tenant debout sur un rocher, dans un jardin, avec des arbres en fleur dans le fond.[11] Cette image est associée à l'intérêt que les lettrés Song du Nord portaient aux scènes de jardin – intérêt parfaitement illustré par l'empereur

Figure 5 Motif brodé de fleur et d'oiseau, dynastie Liao (dessiné par Du Xiaofan)

Huizong, qui créa un grand nombre de jardins, pour lesquels des pierres du Lac Tai furent transportées sur de longues distances pour servir de rocaille. Ces broderies n'étaient pas nécessairement créées par de grands artistes, mais la maîtrise de la couture et la fluidité des lignes montrent qu'elles étaient réalisées par des artisans expérimentés.

Le plus grand exemple de motif d'arbre en fleur et d'oiseaux se trouve sur la robe du tombeau de Yelü Yuzhi (voir Figure 6). La robe reconstituée comporte un arbre asymétrique au milieu, avec des

Figure 6 Motif d'arbre en fleur, d'oiseaux et de lions appariés, ornant une robe de damas, dynastie Liao (dessiné par Zhao Feng)

fleurs de grenadier et un oiseau à longue queue au sommet. Si nous comparons cette image avec les peintures de Xiao Rong, artiste de la dynastie Liao, nous pouvons déduire qu'il s'agit ici d'une perdrix. De part et d'autre du tronc d'arbre se trouve un lion avec une balle brodée. Bien que les lions soient apparus très tôt dans les motifs des soieries, la combinaison lion-balle n'est venue que plus tard. Cette robe mesure plus d'un mètre de long et est ornée d'un seul arbre en fleur, ce qui était extrêmement rare sous la dynastie Liao. Sous la dynastie Qing, ce motif s'appelait « un seul rameau ». Lors de la confection de la robe, le motif de l'arbre fut divisé en deux parties asymétriques : la droite et la gauche. Un des côtés présente un dessin complexe, l'autre, un dessin plus simple. La reconstitution a montré que l'agencement suit plus ou moins les dimensions des panneaux antérieurs, avec les deux côtés qui se rejoignent pour former le dessin complet. La pièce entière ressemblerait à une peinture d'oiseaux et de fleurs de plus d'un mètre de haut. Elle a dû être tissée sur un grand métier à la tire.[12]

Un autre motif possède des caractéristiques évidentes de la culture chinoise Han, mais on estime qu'il n'est apparu qu'après la dynastie Yuan, étant donné qu'il est plus fréquemment associé aux décorations de porcelaine bleue et blanche. Le nom de ce motif *jin di kai guang* se traduit par « soie tissée polychrome, s'ouvrant à la lumière », signifiant que la soie tissée polychrome est dotée d'un motif de fond dense qui semble s'ouvrir comme une fenêtre sur des scènes de fleurs épanouies et d'oiseaux chantants (voir Figure 7). Cette façon d'orner le fond de motifs peut aussi être observée sur de nombreux textiles Ming et Qing ; certains spécialistes, dont je fais partie, croyaient que ce style puisait ses racines dans la dynastie Yuan, puisque le calice de kaki, parmi d'autres motifs, apparaît souvent sur la porcelaine bleue et blanche de la dynastie Yuan. Du point de vue de l'histoire de la soie, il n'est pas exclu qu'il ait été populaire sur les textiles de la dynastie Liao, ou même de la fin de la dynastie Tang.

2. Le style du nord

La seconde catégorie est caractérisée par des motifs de montagnes et de forêts de style nordique. En raison du fait que de très nombreux tisserands et artisans avaient été capturés et emmenés en territoire Liao, diverses sortes de soie pouvaient être produites, y compris des soies tissées à l'aide de techniques chinoises Han, mais affichant un

Figure 7 Exemple d'un motif jin di kai guang sur samit, dynastie Liao (dessiné par Du Xiaofan)

style khitan. En particulier vers le milieu de la dynastie Liao, diverses soies spéciales furent présentées à la dynastie Song, dont du *kesi* (tapisserie de soie), de la gaze à motifs, des soies polychromes, des damas en sergé et des broderies exécutées avec des fils d'or en point de couchure sur de la gaze rouge. Ses soies spéciales étaient d'une qualité telle qu'elles surprirent même les empereurs et les officiers de la dynastie Song. Selon les archives historiques, l'empereur Song Zhenzong « montra le présent (de soie) à ses plus proches ministres et, en même temps, il montra à son premier ministre le présent (de soie) offert précédemment. En comparant les deux, ils trouvèrent que l'ancien était plutôt simple et que le nouveau était magnifique. Il y avait une explication à cela : le plus récent avait été fabriqué par des tisserands de Youzhou (région de l'actuelle Beijing).[13]

Le motif du pin et de la grue est un sujet nordique typique. Des motifs de pins et de cèdre furent découverts dans la Pagode blanche, à Qingzhou. Certains des arbres ou des montagnes auraient pu suggérer un style du sud, mais il s'agissait bien, en réalité, d'un motif du nord. Une des scènes favorites parmi les chasseurs du nord était celle d'un cerf courant dans les montagnes. La représentation du cerf est réaliste et, parfois, elle est combinée avec des montagnes baignées de nuages. La plupart des autres motifs de style nordique suivent le thème de la chasse. Par exemple, sur une pièce de gaze rouge brodée de la Pagode blanche, à Qingzhou, on peut admirer un médaillon de perles brodé encerclant un chasseur à cheval, avec deux gerfauts. Le chasseur est vêtu d'un épais manteau de fourrure et coiffé d'un chapeau de fourrure (typiques du costume traditionnel khitan), il porte deux petits gerfauts, un sur chaque main, et de nombreux objets sont suspendus au cheval (voir Figure 8).[14] Le gerfaut (en chinois : *Haidong qing* ; en latin : *Falco rusticolus*) était l'oiseau préféré des Khitans. Généralement blancs et féroces, malgré leur petite taille, les gerfauts proviennent principalement du nord-est de la Chine.

Figure 8 Broderie représentant un cavalier, mise au jour dans la Pagode Blanche, Qingzhou

Un motif de faucon typiquement Liao montre un gerfaut en train d'attaquer un cerf en course, comme sur la broderie du tombeau de Yelü Yuzhi (voir Figure 9). Vu que les tribus Jurchen se situaient au nord-est, les Khitans leur demandaient de leur fournir régulièrement des gerfauts en guise d'hommage et ils ouvrirent même des canaux spéciaux, destinés exclusivement au passage des rapaces envoyés. Les Khitans voyageaient aussi jusqu'à Heilongjiang pour sélectionner eux-mêmes des gerfauts et, pendant qu'ils étaient là-bas, ils prenaient du bon temps en festoyant et en se divertissant aux frais des Jurchen. Avec le temps, les Jurchen en eurent assez. Un jour, ils tuèrent l'envoyé khitan venu choisir des gerfauts et ils déclenchèrent une révolte, qui finit par renverser le pouvoir khitan.

Figure 9 Broderie avec un motif de gerfaut en vol chassant un cerf, dynastie Liao

3. Styles du nord et du sud combinés

La combinaison des styles du nord et du sud est parfaitement illustrée par le sac de soie brodée, offert par la collection Mengdiexuan au Musée national de la soie de Chine (voir Figure 10).[15] Les deux faces du sac reflètent deux styles artistiques différents. La bordure ouverte du sac est faite de soie polychrome et le corps principal de l'objet est couvert de broderie, probablement réalisée sur cuir. D'un côté, nous voyons un motif d'arbre en fleur et d'oiseaux appariés, avec des fleurs éclatant comme des pivoines, des oiseaux ressemblant à des grues en-dessous et des papillons plus gros que les oiseaux. Cela ressemble à un style sudiste. L'autre face du sac est d'un style distinct et dégage une atmosphère totalement différente. On y voit des oiseaux - des cygnes ou des oies sauvages - en vol. Au centre se trouve un lapin, menacé de se faire emporter à tout moment par un gerfaut aux ailes puissantes. Il s'agit d'une scène de chasse typiquement nordique, se déroulant dans le montagnes, à l'automne.

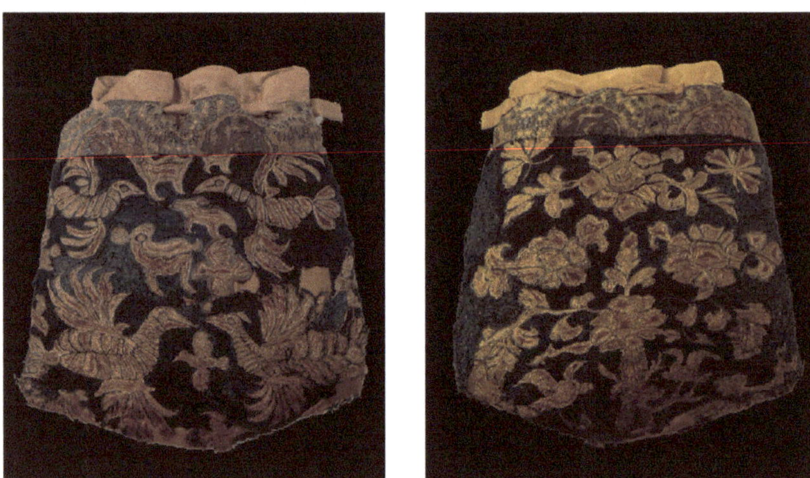

Figure 10 Sac brodé, Musée national de la soie de Chine

Les Khitans s'intéressèrent profondément au bouddhisme et à l'immortalité (taoïsme) dans la période plus tardive. De nombreuses peintures murales, étoffes et broderies de cette époque mettent en avant des motifs liés à ces thèmes, tels que des grues ou des dames tenant des fleurs, en rapport avec le taoïsme. La pièce teinte par réserve par ligature, mise au jour à la Pagode blanche de Yingxian, est une oeuvre bouddhiste, qui porte l'inscription *Namo Sakyamuni Buddha*. Il s'agit du seul exemple connu de soie teinte en trois couleurs, à l'aide de ligatures, et peinte par la suite, sous la dynastie Liao. Une pièce du tombeau de Yelü Yuzhi porte une inscription chinoise imprimée en or, qui se lit « dragon, phénix, tortue de dix-mille ans et cerf » (voir Figure 11). Ce sont tous des symboles de bon augure. Le dragon, le phénix, la tortue et le *qilin* comptent parmi les créatures les plus symboliques de la culture traditionnelle chinoise. Le dragon peut changer de forme ; le phénix connaît l'ordre et le désordre ; la tortue implique longévité et bonne fortune ; et le qilin est fidèle et honnête. Des empereurs et des organisations religieuses ont déifié ces quatre animaux spirituels. De plus, de nombreux motifs ont un rapport avec l'attirail religieux, comme les dais, les lotus, les rubans et les noeuds, associés à l'esprit du taoïsme.

V. Les monts Helan

Finalement, le peuple des Xia de l'Ouest fut anéanti : la quasi-totalité de ses hommes et ses femmes, de tous âges confondus, fut exterminée. Seule une petite quantité de ses reliques culturelles parvint à survivre. Même si ses tombes impériales furent épargnées, elles contenaient très peu de reliques culturelles. Les plus importantes nous viennent de découvertes archéologiques dans les vestiges de la ville de Heishui (Khara-khoto), mais la plupart de celles-ci se trouvent actuellement au Musée de l'Hermitage, à St-Pétersbourg. Au cours des dernières années, des pagodes bouddhistes ont été sévèrement endommagées ou même détruites, à Ningxia, mais des soies et des artefacts bouddhistes de toute beauté ont pu être récupérés dans ces sites.

Heishui (Khara-khoto) était à l'origine une ville Xia de l'Ouest. Elle fut détruite pendant l'invasion mongole et plus tard peuplée de Mongols. L'archéologue russe Kozlov visita le site en 1908 et en retira de nombreux artefacts ; ceux-ci se trouvent aujourd'hui au Musée de l'Hermitage. Dans le cadre de notre étude, la découverte la plus notoire de Heishui fut un thangka (draperie religieuse) de sublime confection, qui présentait la particularité d'être entièrement fabriqué selon la technique du *kesi* (tapisserie) (voir Figure 12).[16] Il est considéré comme une oeuvre typique de la période Xia de l'Ouest et l'on suppose que l'artisan qui l'a fabriqué était un Ouïghour vivant en territoire Xia de l'Ouest.

Figure 11 L'inscription imprimée en or : dragon, phénix, tortue-de-dix-mille-ans et cerf (dessinée par Du Xiaofan)

Figure 12 Thangka de Tara verte, fabriqué selon la technique du kesi, de Heishui (Khara-khoto)

Les pagodes bouddhistes de Ningxia ont subi de lourds dégâts ces dernières années, car elles sont réputées pour contenir d'inestimables trésors. A titre d'exemple, les deux pagodes de Baisikou ont été détruites à cause de cela. Toutefois, quelques vestiges très intéressants en furent extraits, dont certains révélèrent des motifs peu courants, à l'instar de l'étoffe sur laquelle est imprimée l'image d'un bébé jouant avec un lotus. On y trouva aussi des thangkas et des broderies. Malgré cela, dans l'ensemble, un nombre assez restreint de reliques culturelles nous est parvenu des Xia de l'Ouest.

Sous la dynastie Song, les relations entre les Liao et les Xia de l'Ouest se renforcèrent. En tout, trois princesses de la dynastie Liao furent mariées à la famille impériale des Xia de l'Ouest. Puisque ceux-ci n'étaient pas vraiment producteurs de soie, on peut déduire que les textiles découverts dans leurs tombeaux, leurs stupas ou autres ruines étaient importés, pour la plupart de la dynastie Song, pour certains des Liao, et pour quelques uns des Ouïghours. C'est la raison pour laquelle les textiles découverts dans des sites Xia de l'Ouest ressemblent beaucoup à ceux de la dynastie Liao, tel que le samit Liao trouvé dans la tombe 108 du cimetière des Xia de l'Ouest ou le kesi trouvé dans la ville de Heishui. Le taffetas de soie imprimée, découvert dans un stupa des Xia de l'Ouest, présente les mêmes motifs et arrangements que l'étoffe de damas mise au jour dans le tombeau de Yelü Yuzhi. Les motifs de trésor et d'oie sauvage, teints par réserve par ligature sur une soie bleue découverte à Heishui, actuellement conservée au Musée de l'Hermitage, rappelle aussi beaucoup les motifs d'oies sauvages du taffetas de soie teint par réserve par ligature, mis au jour dans la Pagode blanche, à Qingzhou.

VI. Ouïghours occidentalisés

Les relations entre Khitans et Ouïghours étaient très étroites. En effet, l'impératrice Shulü, épouse de l'empereur Taizu de la dynastie Liao, était une Ouïghoure. A cette époque, à Shangjing, il y avait des camps ouïghours hébergeant des commerçants ouïghours. La technique du *kesi* fut introduite par les Ouïghours et témoigne d'échanges de textiles (et peut-être aussi d'une transmission de techniques). De plus, le samit à motif de diamant, qui appartient à la collection du Musée de Lüshun, indique aussi des similitudes entre les Khitans et les Ouïghours. En l'occurrence, sur des étoffes de la dynastie Liao, certains motifs rappelaient la « danse Huxuan » de la dynastie Tang, mais mettaient en scène des danseurs des régions occidentales vêtus de bottes et de robes, dans un style très ouïghour. Des scènes des peintures murales de Dunhuang montrent aussi combien les Ouïghours furent influencés par la culture de Chine centrale. Les Ouïghours Gaochang portent des chapeaux qui se distinguent par des caractéristiques nationales, mais leurs vêtements et leurs motifs sur soie sont très semblables à ceux que l'on retrouve en d'autres endroits. Le motif des deux gerfauts, qui orne leurs vêtements, peut aussi être vu sur des soies de la dynastie Liao ou sur des bannières trouvées dans la grotte de la bibliothèque, à Dunhuang. Ces pièces prouvent qu'il y avait des contacts fréquents entre les Liao, les Tang et les Ouïghours de cette époque.

Cependant, ceci n'est pas vrai pour les reliques culturelles des Qarakhanides. Leur principal territoire se situait en Asie centrale, jusqu'à ce qu'ils annexent le Khotan et agrandissent leur sphère d'influence. Dans les années 1950, la tombe d'un général fut découverte dans une région dépeuplée du Qinghai, très près de la frontière du Xinjiang. Les reliques placées dans la tombe furent toutes très bien préservées, de sorte qu'elles attirèrent l'attention des archéologues. Par exemple, une robe de soie polychrome de cette sépulture fut emportée au Musée du Palais, à Beijing. Cet habit est orné d'une paire d'aigles (ou de vautours), entourés d'un médaillon de perles et de motifs de pièces de monnaie.[17] Une autre robe qarakhanide, à présent conservée dans la collection du Musée du Xinjiang, présente un motif de chèvres et de paons appariés. Lorsque le dessin fut reconstitué, on s'aperçut que le motif de chaque unité était identique et que seule la couleur changeait (voir Figure 13).[18] Par exemple, bien que chaque unité contienne deux chèvres et un paon à deux têtes se tenant sur des fleurs, la couleur des corps et des cornes des chèvres varie. Un motif semblable se retrouve dans des oeuvres d'art occidentales des XIème et XIIème siècle. Le même tombeau révéla aussi un motif plus occidentalisé, dont les chèvres ressemblent énormément aux chèvres qui ornent les miroirs de bronze de style islamique. On y voit également quelque chose à l'intérieur du médaillon qui rappelle le Kufic (style calligraphique du début de la période islamique). Les deux autres empires ouïghours étaient principalement adeptes du bouddhisme et du manichéisme, alors que les Qarakhanides ne croyaient qu'à l'islam.

Figure 13 Reconstitution d'un motif de chèvres et de paons appariés de la période Ouïghoure (dessinée par Wang Le)

L'expansion vers l'ouest des Qarakhanides entraîna l'islamisation de part en part du Xinjiang. Le royaume du Khotan, jadis un centre bouddhiste renommé, périclita. Suite à une longue évolution, les Huihu sont devenus les Ouïghours de nos jours. Certains artefacts des Qarakhanides présentent des caractéristiques orientales, telles que de grands oiseaux et de petits animaux. Les motifs de certaines étoffes sont semblables à ceux qui ornent les bronzes islamiques, notamment les bordures. Un *kesi* qarakhanide fut découvert à Kashgar : il ressemble beaucoup au *kesi* des dynasties Yuan et Song du Nord, laissant à penser que les Ouïghours étaient aussi très doués pour cette technique.

VII. Les derniers jours du Khotan

Le royaume du Khotan était quasiment tombé dans l'oubli. Un jour, de soudaines inondations eurent lieu au Khotan, à proximité des tombes de Shanpula, qui datent du IIIème siècle av. J.-C. au IIIème siècle ap. J.-C. Depuis le cimetière Buzsák, plus haut dans les montagnes, de nombreux cercueils furent entraînes par les flots. Ils possèdent d'évidentes caractéristiques chinoises, avec des motifs décoratifs des esprits des quatre directions – l'oiseau vermeil (devant), le sombre guerrier (la tortue noire et le serpent, derrière), le dragon azur (gauche) et le tigre blanc (droite). A l'intérieur de l'un des cercueils se trouvait une étoffe décorée d'un motif floral,[19] avec l'inscription chinoise *Li Wang er* d'un côté et une inscription khotanaise de l'autre. Peut-être y a-t-il un lien avec Li Shengtian, empereur du Khotan. Le nom de famille Li était accordé par la dynastie Tang à la famille royale du Khotan. Cette famille était attachée à Dunhuang par les liens du mariage, de sorte que des peintures murales de Dunhuang représentent des images de « l'empereur du Khotan, Li Shengtian ». Peut-être l'occupant de la tombe était-il un membre de la famille royale ou d'une autre famille proche des dirigeants. Les motifs sur les chaussures de soie tissée polychrome du défunt semblent très anciens, mais la technique de tissage paraît relativement récente et certaines des chaussures sont ornées de superbes broderies. L'âge d'or du Khotan remonte à très longtemps ; peut-être que le style de ce royaume ressemblait jadis à celui de la dynastie Tang et que l'islamisation lui a apporté de profondes modifications.

Notes

[1] Zhao Feng. *Liao Textile and Costumes*. Hongkong : Muwen Tang Fine Arts Publication Ltd., 2004.

[2] Zhao Feng. "Research on the Samite Robe with Geese Holding Knots in Their Beaks" in *Cultural Relics*, 2002(4) : 73-80.

[3] Wu Yugui. "Investigation on the Mural 'Sending Polychrome Silk' in the Liao Tomb at Baoshan, Chifeng, Inner Mongolia" in *Cultural Relics*, 2001(3) : 92-96.

[4] Institute of Cultural Relics and Archaeology, Inner Mongolia, Chifeng City Museum, Aluke'erqinqi Heritage Management Institute. "Short Report on the Excavation of the Tomb of Yelü Yuzhi of the Liao Dynasty" in *Cultural Relics*, 1996(1) : 4-31; Zhao Feng. "Report on the Identification of Silks Unearthed from the Tomb of Yelü Yuzhi of the Liao Dynasty" in "China National Silk Museum Identification Report No. XI", 1996.

[5] State Administration of Cultural Heritage, Institute of Scientific and Technical Research of Heritage Conservation. "Precious Cultural Relics of the Liao Dynasty Discovered in the Wooden Pagoda of Fogong Temple, Yingxian County, Shanxi" in *Cultural Relics*, 1982(6).

[6] De Xin, Zhang Hanjun and Han Renxin. "Buddhist Cultural Relics of the Liao Dynasty Discovered in the White Pagoda in Qingzhou, Balinyouqi, Inner Mongolia" in *Cultural Relics*, 1994(12) : 4-33; Zhao Feng. "Weaving, Dyeing and Embroidery Techniques of the Silks Unearthed from the Liao Dynasty White Pagoda in Qingzhou" in Cultural Relics, 2000(4) : 70-81.

[7] Wang Dafang. "Identification of the Owner of the Liao Tomb in Turki Hill" in *Inner Mongolia Social Sciences*, 2008(29).

[8] Toqto'a et al. *The History of the Liao Dynasty : Biography of Emperor Taizu*.

[9] Toqto'a et al. *The History of the Liao Dynasty : Geographical Records*.

[10] Voir note 9.

[11] Voir note 1.

[12] Zhao Feng. "Silk Clothing of the Khitan People" in *Noble Riders from Pines and Deserts : The Artistic Legacy of the Qidan*. Hong kong : Art Museum of the Chinese University of Hong Kong, 2004 : 38-49.

[13] Ye Longli. *Records of the Qitan State, 21 : Gifts Offered by the Northern and Southern Dynasties*.

[14] De Xin, Zhang Hanjun and Han Renxin. "Buddhist Cultural Relics of the Liao Dynasty Discovered in the White Pagoda in Qingzhou, Balinyouqi, Inner Mongolia" in *Cultural Relics*, 1994(12) : 4-33.

[15] Zhao Feng and Yu Tingting. "Liao Silk Textiles : The Elegant Lifestyle of the Khitan Royals" in *Orientations*, 2011 : 43-49.

[16] "National Museum of History". *Lost Empire of the Silk Road : Buddhist Art from Khara Khoto* (X —XII). Taipei : "National Museum of History", 1996.

[17] Wei Songqing. "Investigation of the Woven and Embroidered Silks Unearthed from Alar Mummy Tomb" in *Palace Museum Journal*, 1961(2).

[18] Zhao Feng, Wang Le and Wang Mingfang. "On the Two Polychrome Silk Robes Unearthed from Alar, Qinghai" in *Cultural Relics*, 2008(8) : 66-73.

[19] Zhao Feng, Wang Le, Wan Fang, Li Meng. "Textiles and Clothing Unearthed from the Tombs with Coloured Coffins at Buzhake, Khotan" in *Linked Pearls in the Desert — Survey Report of the Clothing Culture on the Silk Road around the Taklimakan.* Shanghai : Donghua University Press, 2007 : 90-99.

Chapitre 11
Mongolie et Goryeo : échanges de soie entre la Chine et la péninsule coréenne, sous les dynasties Jin et Yuan

Les périodes de l'empire mongol et du royaume coréen de Goryeo sont plus ou moins contemporaines. Il y avait alors des échange de soie entre la Chine et la péninsule coréenne, mais pour en comprendre les tenants et les aboutissants, il nous faut remonter un peu plus loin et prendre en considération les interactions entre les Jurchen, les Mongols et les habitants de Goryeo.

I. La dynastie Jin, la dynastie mongol Yuan et le royaume de Goryeo

Le royaume de Goryeo recouvrait toute la péninsule coréenne. Goryeo et la Chine des dynasties Jin et Yuan étaient géographiquement très proches et entretenaient des liens solides. Une peinture murale de la dynastie Tang, découverte à Xi'an, Shaanxi, illustre la réception organisée pour des hôtes étrangers au Honglu Si (une institution équivalente aujourd'hui au département du Protocole, au ministère des Affaires étrangères). Dans cette peinture, un personnage en robe ample est vêtu de manière semblable aux Chinois, mais coiffé d'un chapeau de style différent. On estime qu'il vient de Silla (ancien nom de la Corée, antérieur à Goryeo). Cette oeuvre est un témoignage des échanges qui existaient entre la Chine et les pays et régions d'Asie du Nord-Est à cette époque. Ces relations internationales et interrégionales durèrent fort longtemps.

Avant d'étudier les soies, je vais résumer la situation historique de l'Asie du Nord-Est au cours des périodes des Jurchen, des Mongols et de Goryeo. En Chine centrale, la situation politique était agitée entre le XIIème et le XIVème siècle. Les Jurchen renversèrent les Liao en 1125, occupèrent tout le nord de la Chine et confrontèrent la dynastie Song du Sud. Les Mongols établirent un khanat en 1206 et renversèrent les Jin en 1234 ; Kubilaï Khan établit la dynastie Yuan en 1271 et renversa les Song en 1279. La dynastie Yuan fut à son tour renversée en 1368. La situation politique de la péninsule coréenne était, quant à elle, bien plus stable : en 938, alors que la dynastie Tang commençait à faiblir, le général de Silla, Wang Jian, fonda son propre petit pays, Goryeo. Il renversa Silla en 935 et le Baekje tardif en 936, unifiant ainsi la majorité de la péninsule coréenne. Goryeo fut remplacé par la dynastie Joseon de Yi Songgye (Corée) en 1392. Etant donné que le nom de la famille impériale de Goryeo était Wang, on parle généralement de la dynastie Wang de Goryeo.

En tant que modeste voisin d'une grande puissance, il était inévitable que des menaces pèsent parfois sur Goryeo. Ce royaume était plus ou moins persécuté par les peuples nomades nordiques tels que les Khitans, les Jurchen et les Mongols. En 993, Goryeo fut forcé de faire quelques concessions aux Liao. En 1127, il fut obligé de se soumettre aux Jin. A partir de 1231, il dut se confronter plusieurs fois à l'armée mongole. En 1259, l'empereur Gaozong de Goryeo envoya le prince héritier (qui devint plus tard l'empereur Yuanzong) négocier un traité de paix avec les Mongols. En 1275, l'empereur Yuanzong de Goryeo transféra la capitale à Gaegyeong et Goryeo devint une annexe de l'empire mongol cette même année. En 1260, Kubilaï Khan, l'empereur Shizu de la dynastie Yuan, accéda au trône. Il ratifia alors un décret qui reconnaissait l'identité indépendante et l'intégrité territoriale de Goryeo: « Entretenez votre territoire d'origine, installez vos champs de cultures, veillez sur vos familles ». Néanmoins, Goryeo était tenu de s'acquitter de certaines obligations, en tant qu'Etat vassal : il devait « offrir des otages, du soutien militaire, des provisions de grains, des relais de poste et des registres de foyers » à la dynastie Yuan. En d'autres termes, le royaume de Goryeo était indépendant sur le papier, mais il devait se soumettre à d'autres régimes et rendre hommage tous les ans, en particulier sous la dynastie Yuan. Dans l'intérêt de préserver la stabilité, Goryeo accepta un mariage inter-étatique avec une princesse mongole. Le royaume envoya aussi de nombreuses femmes aux Mongols, en guise de tribut. Lorsque la dynastie Yuan s'éteignit en 1356, Goryeo regagna son indépendance. Les relations entre la Mongolie et Goryeo s'arrêtèrent là.

En termes de coutumes et de mode de vie, les Mongols permirent à Goryeo de « suivre la coutume vestimentaire de sa propre nation ». Cependant, il existait un arrangement qui prenait le pays en otage en obligeant Wang Tian et tous les futurs princes à vivre en territoire mongol. Il résulta de cet arrangement, et des mariages entre aristocrates, que l'influence mongole fut ressentie à Goryeo. En l'occurrence, le prince Wang Tian fut envoyé en otage aux Mongols. Lorsque Goryeo sombra dans le chaos et qu'un autre prince héritier fut destitué, les Mongols renvoyèrent Wang Tian dans son pays afin d'y accéder au trône. Et au cours de son règne, les relations furent harmonieuses.

II. Dictionnaires marchands : le *Laoqida* (Nogeoldae) et le *Piaotongshi*

Des moyens de transports pratiques facilitèrent grandement le développement du commerce entre la péninsule coréenne et l'empire mongol. Toutefois, il fallait surmonter la barrière de la langue : la demande des marchands, qui avaient besoin de recourir à des traducteurs, stimula l'offre d'intermédiaires polyglottes (comme l'actuel peuple de Hong Kong, qui maîtrise deux langues écrites et trois langues orales : le cantonais, le mandarin et l'anglais). Deux guides marchands de l'époque de Goryeo ont survécu : le *Laoqida* et le *Piaotongshi*. Semblables à des manuels de conversation pour voyageurs, ces guides proposaient des échanges, qui permettaient aux marchands de Goryeo de communiquer en chinois dans des situations de la vie courante, en particulier ceux qui se rendaient à Wangjing (connue sous le nom de Dadu, la « grande capitale », sous la dynastie Yuan). Ces deux livres, compilés pendant la période Goryeo, servaient encore sous la dynastie Joseon. Ils furent révisés à plusieurs reprises et, à mesure que de nouveaux contenus y étaient ajoutés à chaque réédition, ils se répandirent progressivement. Les six versions du *Laoqida* et les trois versions du *Piaotongshi* qui ont survécu nous offrent de précieuses informations sur le commerce de la soie de cette époque.[1] J'ai sélectionné plusieurs extraits ci-dessous, à titre d'exemples. Le premier passage concerne du broché doré de Mongolie. Les textiles sont estimés par rouleaux *(pi)* et par poids (*jin* est une unité de mesure de poids), et les prix sont indiqués en argent ; *qian* et *liang* sont toutes deux des unités de mesure de poids.

Conversation extraite du chapitre 10 du *Laoqida* – prix du damas en sergé, du taffetas de soie et du fil de soie floche :

> A : Combien payez-vous dans votre secteur pour du damas en sergé, du taffetas de soie et du fil de soie floche ? A combien les vendez-vous à la capitale ?
> B : Je paye
> 3 *qian* pour un petit rouleau de taffetas de soie, 2 *qian* de plus pour le teindre en rouge
> 2 *liang* pour un rouleau de damas en sergé, respectivement 3 *qian* et 2 *qian* pour le teindre en vert foncé ou en rouge,
> et 6 *qian* d'argent par *jin* de fil de soie floche.
> A la capitale, je vends
> 1 rouleau de taffetas de soie pour 2 rouleaux de fine toile de ramie, valant 1 *liang* 2 *qian*
> 1 rouleau de damas de sergé vert foncé pour 6 rouleaux de fine toile de ramie, valant 3 *liang* 6 *qian*
> 5 rouleaux de damas en sergé rouge pour 5 rouleaux de fine toile de ramie, valant 3 *liang*
> 4 *liang* de fil de soie floche pour 1 rouleau de fine toile de ramie, valant 6 *qian*.

Le chapitre 10 (ci-dessus) nous apprend que les bénéfices étaient considérables. Le Kublai 2 sur l'achat de damas en satin (ci-dessous) donne des informations sur les textiles et leurs motifs :

> A : Salutations, frère. Avez-vous les motifs et les coloris suivants :
> Xiongbei (toile de vêtement supérieur avec des écussons) en bleu-ciel
> Xilan (vêtement inférieur à motifs rayés) en vert-saule
> Des médaillons floraux en vert-saule
> « Les huit trésors » en vert foncé
> Abeille et fleur de prunier en vert
> Fleurs des quatre saisons en vert-cyprès
> Nuages blancs, collier de nuages rose
> Broché rouge et or
> Fleurs de la passion en argent et rouge
> Pivoines en rouge
> Queues de cheval (*Equisetum debile*) en jaune
> Quatre nuages en jaune pâle
> Phénix parmi les fleurs en jaune. . .

Xilan en marron. . .
Avez-vous ces motifs en damas de satin et en gaze ?
B : Souhaitez-vous des étoffes de Nanjing, Hangzhou ou Suzhou ?
A : Frère, les étoffes de Nanjing sont fines et de belles couleurs, mais elles ne durent pas assez dans le temps. Les étoffes de Hangzhou ont de bons fils de chaîne et de trame, bien égaux. Les étoffes de Suzhou sont très fines et bien décorées, mais pas assez solides.

Ce dialogue nous fournit de précieuses informations sur les coloris et les motifs disponibles à cette époque. It mentionne deux types de soies tissées: le « *zhusi* » (que nous connaissons aujourd'hui comme le satin) et la gaze (un tissu fin, léger, principalement produit en Chine du Sud). Le vendeur a demandé à l'acheteur s'il souhaitait du « satin » de Nanjing, Hangzhou ou Suzhou. Ceci prouve que ces trois régions étaient déjà productrices de soie à l'époque et qu'elles furent à l'origine des célèbres « trois ateliers de confection de Jiangnan » des dynasties Ming et Qing. Hangzhou et Suzhou sont encore de nos jours d'importantes régions productrices de soie. Les deux interlocuteurs connaissent suffisamment bien leurs soies pour distinguer celles de Nanjing, de Hangzhou et de Suzhou, pour en connaître les caractéristiques et pour savoir que la soie de Hangzhou était la plus robuste. Le dialogue indique que les soies de ces trois provenances étaient expédiées vers le nord, à Beijing, puis vendues de Beijing à Goryeo. C'est ainsi que le tronçon de la route de la soie au nord-est de l'Asie a été créé.

Le chapitre 73 sur la vente de damas en sergé (ci-dessous) nous renseigne davantage sur le damas en sergé, le taffetas de soie et le fil de soie floche :

A : Avez-vous un bon damas en sergé ?
B : Quel genre de damas en sergé souhaitez-vous ?
A : Je voudrais du damas en sergé officiel. Celui de Jiaxing n'est pas bon.
B : Hôte, voulez-vous aussi du taffetas de soie (*juan*) ? J'ai du bon taffetas officiel du Shandong, du taffetas de Qianliang, du taffetas de Yizhou, du taffetas du Japon, du taffetas de Suzhou, du taffetas de soie chatoyant et du taffetas de soie blanc.

A : Je ne veux que du taffetas de soie officiel, du taffetas blanc, du taffetas de Suzhou et du taffetas chatoyant. Je ne veux aucune autre sorte de taffetas. Avez-vous du bon fil de soie floche ? J'aimerais en acheter beaucoup.
B : Quel genre de fil de soie floche souhaitez-vous ?
A : Je veux du fil de soie floche blanc de Huzhou et du fil de soie floche de Huaju. Je ne veux pas celui de Dingzhou.

Cet article mentionne des soies de différents endroits, y compris du Shandong, de Yizhou, du Japon et de Suzhou. L'acheteur a sélectionné divers types de soies et de fil de soie floche. L'expression « Wu Hu Si » sous la dynastie Yuan fait référence à l'exigence que tous les cinq foyers devaient contribuer une certaine quantité de soie au dirigeant, afin que des étoffes puissent être tissées dans leur intérêt. « La soie blanche de Huzhou » était célèbre depuis la dynastie Song et connaissait une forte demande. Huzhou est toujours connue pour sa soie ; de nos jours, « la soie *Jili* » de Huzhou remporte souvent des trophées dans des Expos en Chine et à l'étranger. L'acheteur plein de discernement ne souhaitait pas de soies de Dingzhou. A Dingzhou, la technique du *kesi* était très avancée, mais la qualité de la soie était inférieure à celle de Chine du Sud.

Dans le chapitre 6 du *Piaotongshi* sur l'achat de damas en satin (ci-dessous), on en lit davantage sur le commerce de la soie et sur la manière dont on mesurait le damas de satin en *tuo* (unité de longueur équivalente environ à deux longueurs de bras):

A : Salutations, frère. Où étais-tu passé ?
B : J'étais à Jiaotou pour acheter du damas de satin.
A : Laisse moi jeter un coup d'oeil. Combien de *tuo* [en as-tu acheté] ?
B : En tout, sept *tuo*. Devines-tu de quel genre de tissu il s'agit ?
A : Je suppose que celui-ci est un dragon à cinq griffes brodé en rouge et le damas de satin n'est pas destiné à la famille royale, mais il n'est pas ordinaire non-plus, donc le prix ne devait pas être en-dessous de douze *liang*.
B : Excellent ! Tu as deviné juste !
A : Cela va sans dire. Les bons articles ne sont pas bon marché. Les articles bon marché ne sont pas bons.

Selon les récits du *Laoqida* et du *Piaotongshi*, les échanges de soie étaient fréquents entre Goryeo et la Chine de la dynastie Yuan. De manière générale, les traces écrites ont mieux traversé les âges que les soies elles-mêmes. De surcroît, la péninsule coréenne étant entourée par la mer, l'air y est très humide. La plupart des soies qui ont survécu datent de la période Joseon, avec seuls quelques exemplaires de la période Goryeo, encore conservés dans des temples bouddhistes. Ces matériaux précieux sont d'une grande importance pour la recherche.

III. *Bokjang* de Goryeo (dépôts de trésors dans des statues bouddhistes de Goryeo)

Le bouddhisme prédominait pendant la période Goryeo. Le fondateur du royaume de Goryeo, Wang Jian, était un fervent bouddhiste. Il décréta le bouddhisme religion d'Etat et s'auto-proclama Dharma Nio bouddhiste, afin de prier pour la paix et la prospérité. Ainsi, le bouddhisme prit une place prépondérante dans la tradition de la famille royale. Un des événements historiques les plus marquants fut l'impression du *Tripitaka Koreana* ; plus de 80 000 blocs de bois du *Tripitaka Koreana*, datant de la période Goryeo, sont conservés dans le temple de Haeinsa, aujourd'hui classé au patrimoine culturel mondial de l'UNESCO.

Le développement du bouddhisme sous la période Goryeo peut, grosso modo, se diviser en deux phases. La première phase (918-1105) se caractérise par l'introduction du bouddhisme depuis la Chine et par la continuité du Kegon-shu, du Popsang Chong et du Zenshu. C'est à cette époque-là que le prince coréen Uicheon (1055-1101) consacra du temps à la pratique du bouddhisme, à Hangzhou. La seconde phase (1106-1392) est marquée par un bouddhisme plus unifié. C'est dans ce contexte que le moine Jinul (1158-1210) fonda l'ordre Jogye.

Le *bokjang* fait référence à la pratique qui consiste à placer de précieuses reliques culturelles à l'intérieur d'une statue bouddhiste, lors de la construction d'un temple. Les collections recèlent principalement des *Huryeongtong* et d'autres objets significatifs, tels que des *Obobyeong*, *Jinsimjongeja*, *Oryunjongja* et le mantra des Quatre Directions. Parmi ceux-ci, le *Obobyeong* contient cinq graines, cinq remèdes, cinq arômes, des bannières à cinq couleurs, cinq soies, cinq plantes aromatiques, etc. Les principaux matériaux utilisés pour le *bokjang* sont des textiles, dont des textiles à armure toile, des damas de sergé, des gazes, des tissus tissés avec des fils d'or, des tissus imprimés et teints, et des costumes tels que *Yoseon-cheollik*, *Dappo*, *Chaksueui*, *Jikryeong* et *Chohansam*.[2] Parmi les autres objets contenus dans ces statues de Bouddha, on trouve le *Sutra du Lotus*, le *Dharma Sutra*, des boîtes cylindriques Sarira en argent ou en cuivre, et des produits agricoles tels que du riz ou des graines de soja. Le *bokjang* est une preuve de ferveur religieuse, mais il nous apporte aussi un témoignage culturel important, qui nous permet, par exemple, de définir l'âge d'une statue.

Le *bokjang* est apparu en Chine à la même époque. Bien que peu d'objets physiques aient été retrouvés, la pratique est fréquemment mentionnée dans les écrits historiques. Chen Shidao (de la dynastie Song) écrivit dans ses *Notes de Houshan* : « Chongjing était le propriétaire de Chongshengyuan. Son nom de famille d'origine était Wang. Alors que la statue du hall était en cours de réparation, une peinture fut découverte à l'intérieur, représentant un homme et une femme face-à-face, tous deux vêtus d'habits et de chapeaux de la dynastie Tang. L'inscription indique 'Donneur Wang Chongjing'.

Cette archive prouve que le *bokjang* existait déjà sous la dynastie Tang. Lang Ying (de la dynastie Ming, 1487-1566) évoqua de petites statues de Bouddha utilisées à ces fins dans « Les sutras placés à l'intérieur de statues de Bouddha », dans son livre *Qi Xiu Lei Gao* : « Il existe un temple bouddhiste appelé Zhengding, situé à l'extérieur de la porte Yongchang, à Hangzhou. Les statues de Bouddha n'y sont pas plus hautes qu'un *zhang* (unité de longueur) et certaines des plus petites ne font qu'un *chi* (également une unité de longueur) de haut ; elles sont toutes bien faites et peintes avec finesse. Un jour, alors que je les admirais avec des amis, nous remarquâmes une légère fêlure dans le bois, à l'arrière de l'une des statues. Lorsque nous la touchâmes avec une épingle à cheveux, le bois s'ouvrit et révéla qu'il s'y dissimulait une liasse de papiers. Nous en prîmes un et le lûmes. Il s'agissait du *Mantra Shurangama*, sur lequel était précisé le nom du donateur et la date, ce qui nous permit d'apprendre qu'il datait de la dynastie Song. Les papiers étaient raides et blancs, couverts d'une écriture solennelle et sereine. Tous semblaient importants. »

Cette description fait référence à un *bokjang* de la dynastie Song, qui contenait principalement des sutras. Zhou Mi (1232-1298) de la dynastie Song nota dans *Enshrinement* (en français : *Consécration)*, chapitre 15 des *Conversations rustiques de l'est de Qi* : « Pendant le troisième mois de la septième année de l'ère Xianchun (1271), au temple Jingde du Sud, à Zhachuan, un incendie partit de la statue de Bouddha. Elle contenait des centaines de rouleaux de sutras, pour la plupart rédigés à la main sous les Cinq dynasties et la dynastie Song, tous sur du papier foncé, d'une écriture dorée et argentée. La plupart des Sarira, des perles et des jades, de l'or et de l'argent, revinrent aux descendants. J'ai vu un serviteur obtenir un *Sutra du Coeur* en écriture dorée et argentée, en dix rouleaux, mesurant tout juste deux *cun* (unité de longueur) de long, avec des statues de Bouddha peintes au début de chaque rouleau avec beaucoup de subtilité et de délicatesse. » Ces détails nous viennent de sources écrites et nous savons donc que la tradition du *bokjang* était connue du bouddhisme chinois, mais rares sont les objets parvenus jusqu'à nous. L'exemple le plus important de *bokjang* en Chine fut trouvé dans la Pagode de bois de la dynastie Liao, dans le Yingxian, où des statues de Bouddha se tenaient au centre de chaque étage de la pagode. Celles-ci furent détruites au cours de la Révolution Culturelle et c'est alors que les sutras et les soies qu'elles cachaient furent découverts. Parmi ces trouvailles, on peut citer les fameuses pièces teintes par réserve par ligature en trois couleurs représentant Sakyamuni.

A l'arrière d'un *bokjang* se trouve une petite plaque détachable, qu'il faut retirer pour révéler les objets à l'intérieur (voir Figure 1). Jusqu'à présent, des *bokjang* ont été découverts dans plus de dix temples de la période Goryeo. La plupart étaient dissimulés dans des statues de Bouddha et quelques autres dans des statues de bodhisattvas. Parmi les contenus, on pouvait trouver des traces écrites de prière (qui citent la raison pour laquelle une prière est adressée à l'une de ces statues, faisant référence à l'événement qui en est à la racine ou précisant l'identité des personnes à l'origine de la prière), des documents bouddhistes, des sutras, des dharanis, des *Huryeongtong*, des *Obobyeong*, divers vêtements et des textiles. En symbolisant toutes les choses en ce monde, l'*Obobyeong* insuffle de la vie aux statues de Bouddha.

Le plus ancien *bokjang* de Goryeo fut trouvé à l'intérieur d'une statue du Bouddha Amitabha, qui date de 1302. Bien que personne ne sache de quel temple la statue est originaire, la collection d'objets qu'elle recelait était intacte. Les fils de cinq couleurs dans le *Huryeongtong* symbolisent les organes internes et les cinq couleurs représentent aussi les cinq éléments. Les vêtements rappellent le style des Chinois de la dynastie Yuan ; ils comprennent des robes à manches longues avec des tresses à la taille et un *dahu* à manches courtes. Une note indiquant le nom du donateur était épinglée à l'un des vêtements (voir Figure 2).[3]

Figure 1 Bokjang dans une statue de Bouddha Amitabha

Figure 2 Vêtement découvert à l'intérieur d'une staute d'Amitabha

Ce *bokjang* comprenait de nombreux fragments de textiles. Tout comme dans les tombes des anciens temps, un petit morceau d'étoffe représente un rouleau entier de tissu. Dans l'antiquité, les textiles étaient une forme de monnaie d'échange, qui pouvait aussi servir à payer les impôts, de sorte que même des petits bouts de tissu étaient des symboles de richesse. Certains pensent que chaque donateur découpait un bout de tissu dans ses propres habits et donc, plus le nombre de fragments d'étoffe était important, plus il y avait de donateurs. En effet, les motifs de ces fragments sont tous différents, indiquant qu'ils proviennent de sources différentes. Les étoffes de ce *bokjang* sont surtout typiques de la dynastie Yuan, notamment le motif du dragon, le motif du « ruisseau serpentant » (un motif géométrique), le motif *jin di kai guang*, les «trois plantes en hiver » (représentant du pin, du bambou et une fleur de prunier) et divers motifs illustrant, entre autres, des phénix, des pivoines, des grues. Il y avait aussi du broché doré, imprimé d'un mantra à six caractères (voir Figure 3).[4]

Figure 3 Broché doré imprimé d'un mantra à six caractères

IV. Soies tissées de fils d'or en Orient

Il est dit que les Occidentaux préféraient l'or et que les Chinois préféraient le jade. Cependant, après l'ouverture de la route de la soie, de plus en plus de textiles chinois furent décorés avec de l'or. De très anciens textiles ornés de feuille d'or, datant des IIIème et IVème siècles, furent mis au jour à Yingpan, Xinjiang. La technique qui consiste à tisser des fils d'or dans les tissus fut inventée sous la dynastie Tang et, à partir de là, il devint de plus en plus courant d'avoir recours à de l'or pour décorer des textiles. Sous les dynasties Liao et Jin, l'or était encore plus amplement utilisé par les peuples minoritaires du nord. Il existait deux techniques qui permettaient d'introduire du fil (ou de la feuille) d'or dans une étoffe : l'orientale et l'occidentale. Je vais ci-après me focaliser sur la technique orientale.

La technique orientale consistait à tisser des fils de métal dans des étoffes telles que le sergé, le damas, le damas de satin ou de soie à armure toile, afin de créer du brocart. Les motifs les plus répandus sur ce genre de textiles sont des fleurs et des oiseaux, communément dans des petits blocs en forme de fleur. Sous la dynastie Yuan, ces blocs étaient appelés *dazi*, qui signifie 'point'. Il s'agit d'un motif utilisé exclusivement sur du broché doré, en Orient. Le *dazi* fut aussi évoqué dans les romans de l'époque.

Un vêtement tissé d'or, trouvé dans la tombe de la dynastie Jin à Acheng, Heilongjiang, est orné d'un *dazi* à motif de nuage et de grue. L'étoffe elle-même est décrite comme étant un « fond libre », signifiant que le fond n'est orné d'aucun motif,[5] en contraste avec le « fond plein », dont le fond est couvert de minuscules motifs. Plusieurs exemplaires à fond plein furent découverts dans la même tombe et leur aspect diffère considérablement. Il y a aussi le célèbre broché doré de la dynastie Yuan, trouvé dans un temple tibétain (voir Figure 4),[6] qui représente une scène printanière : un gerfaut chassant une oie sauvage dans des roseaux. Cette scène se retrouve sur des jades sculptés. Cette pièce possède des fils de trame supplémentaires discontinus, intégrés par tissage dans l'armure de base. Cette technique est la même que celle utilisée pour fabriquer du broché.

Parmi les autres motifs connus, on trouve un cerf allongé ou en course, dans un décor de montagnes ou de fleurs, ou bien des lapins en course. La plupart de ceux-ci apparaissent sous forme de *dazi*. Les lapins en course sont représentés avec la tête tournée, soit vers l'avant, soit vers l'arrière. Le fait que ces lapins aient des oreilles

Figure 4 Broché doré orné d'une scène printanière, Metropolitan Museum of Art, New York

Figure 5 Broché doré orné d'une scène automnale, Metropolitan Museum of Art, New York

courtes suggère qu'ils sont domestiqués. Le *dazi* tissé de fils d'or sur « fond libre » était très populaire sous la dynastie Yuan et aussi dans des régions islamiques. Ce genre d'étoffe peut être considéré comme étant typiquement oriental.

V. Vêtements dans la peinture *A la chasse*

La peinture *A la chasse* du début de la dynastie Yuan, réalisée par Liu Guandao, constitue une remarquable source d'informations sur les textiles Yuan. Liu Guandao était de Zhongshan, Hebei (l'actuel Dingxian). Il avait été officiel au Bureau de l'habillement royal, spécifiquement en charge de la garde-robe de l'empereur. Ses portraits sont saisissants de vivacité.

En 1279 (16ème année de l'ère Zhiyuan), Liu Guandao produisit un portrait de l'empereur Yuzong ; l'année suivante, il peignit l'oeuvre *L'empereur Shizu à la chasse* (ci-après appelée *A la chasse*) (voir Figure 6). Cette peinture importante de l'empereur Shizu (Kubilaï Khan) est un chef-d'oeuvre de la dynastie Yuan.[7] Elle se trouve dans le Musée national du Palais, à Taipei. Elle mesure 182,9 cm de long et 104,1 cm de large.

Figure 6 Personnages principaux de la peinture A la chasse

Kubilaï Khan, petit-fils de Genghis Khan, fut un dirigeant hors-pair. Il renversa la dynastie Song et établit la dynastie Yuan. Il régna sur la Chine continentale et les terres du sud-ouest (aujourd'hui la Birmanie). La dynastie Yuan était fortement sinisée et de nombreux officiels de la cour impériale étaient des Han chinois. Nés dans la région qui correspond aujourd'hui à la Mongolie intérieure, ils héritèrent des traditions de l'Est et s'habillaient à la mode orientale.

En tout, dix personnes sont représentées dans la peinture *A la chasse*. Kubilaï Khan porte une robe rouge et un manteau de fourrure par-dessus ; sa noblesse ne fait aucun doute. A ses côtés se tient l'impératrice Chabi. Les huit autres personnages n'ont pas été identifiés. Kubilaï Khan est coiffé d'un couvre-chef en belette des neiges. Il est vêtu d'un manteau en fourrure de belette sur une robe rouge, qui recouvre une première robe verte, et ses couvre-bottes sont en *kesi*. La robe rouge est faite de broché doré et exhibe un grand dragon sur les parties supérieures et les manches, ainsi qu'un autre dragon sur le genou, avec des tresses à la taille. La robe verte qu'il porte en-dessous est imprimée d'or avec un motif en *dazi* et ses couvre-bottes sont ornés de fleurs entre-mêlées (voir Figure 7). L'impératrice Chabi est vêtue d'un chapeau chaud et d'une longue

Figure 7 Kubilaï Khan portant une robe rouge de broché doré à motifs de dragons (détail de A la chasse)

robe blanche par-dessus une robe verte. La longue robe blanche est faite de broché doré avec un motif de nuages sur la poitrine, ainsi que d'autres motifs sur la partie supérieure des manches. L'ourlet est décoré. Ce genre de robe est appelé « nuages-sur-la-poitrine et autres motifs sur les manches et les genoux » (*yunjian lan xiu*). Ce modèle est apparu pour la première fois en 1273 (10ème année de l'ère Zhiyuan de la dynastie Yuan, qui correspond à la 9ème année de l'ère Xianchun de la dynastie Song du Nord).[8] Ce style n'était pas si courant sous la dynastie Yuan, mais on le retrouve sur les robes impériales de la dynastie Ming. Un des hommes de la peinture a le visage noir. Il porte une écharpe et un chapeau sur la tête, une robe rouge avec un motif de cerf sur le torse, le dos et les épaules, et une paire de couvre-bottes à motif de « nuages rouges ». Tous les motifs cités ci-dessus furent créés en fil d'or et ils ornent généralement les épaules, les manches et les ourlets, sous forme de *dazi* sur fond libre (voir Figure 8). Ce sont donc des exemples de motifs typiques pour les brochés dorés produits en Orient.

Figure 8 Haiqingyi dans la peinture A la chasse

Dans *A la chasse*, on peut observer trois costumes populaires typiques de la dynastie Yuan : le *bianxian'ao*, le *haiqingyi* et le *dahu*. La section « Chars et vêtements » de l'*Histoire des Yuan* rapporte que le *bianxian'ao* était une « robe à manches étroites, dotée d'un ornement tressé à la taille ». Les *Archives de Mongolie* expliquent : « Tordez des soies rouge-pourpres en fils et cousez-les horizontalement au niveau de la taille. C'est ce que l'on appelle le tour de taille. » Le *haiqingyi* était une robe longue avec des fentes coupées dans le dessous des manches, exposant ainsi les vêtements portés en-dessous. En réalité, ce design permettait au porteur d'étendre plus facilement les bras, ce qui s'avérait particulièrement utile pour tirer à l'arc. Pour les nomades à cheval, il n'était pas pratique d'avoir à ajuster leurs vêtements. Par conséquent, à l'arrière des épaules, des boutons assuraient que les manches ne se sépareraient pas du corps. C'était une conception ingénieuse. Le *haiqingyi* était répandu à travers les steppes, le long de la route de la soie. D'autres peuples nomades le portaient aussi, mais ce genre de robe n'était pas tant apprécié par les sédentaires. C'était un type de vêtement bien connu, dont il existe de nombreuses références écrites. Par exemple, Zheng Suonan (de la dynastie Song) écrivit dans sa collection de poèmes *Xinshi* : « Le *haiqingyi* est considéré comme un costume très formel. Il possède une ouverture entre l'avant-bras et l'épaule, afin que le porteur puisse étendre le bras sans savoir à le retirer de la manche. Les manches sont attachées à l'arrière, comme quatre bras. »

Le *dahu* était un vêtement supérieur, généralement fait de peau de mouton ou de tissu sherpa, mais parfois aussi de matériaux plus coûteux tels que l'hermine ou la martre. L'*Histoire des Yuan* décrit la robe Jisun comme étant « un manteau d'hermine, communément appelée *dahu.* » Des recherches effectuées en Corée rapportent des descriptions différentes du *dahu*, qui est alors « une robe sans manches ou à manches courtes »[9], très populaire de la période Goryeo à la période Joseon, et qui demeure en vogue de nos jours.

VI. L'écusson *xiongbei* se répand vers l'ouest

Le *xiongbei* était un tissu à motif carré tissé sur le devant et l'arrière d'un vêtement. La section « Costumes », au chapitre 9 du *Système général*, fait mention d'un décret passé en 1297 (12ème jour du 3ème mois de la 1*ère* année de l'ère Dade): « Le *xiongbei* à motif de dragon peut être tissé. Mais le brocart avec un grand motif de dragon, tel que nous le portons, est interdit partout et ne peut être tissé. »

Diverses administrations avaient rapporté à l'empereur que le broché doré disponible sur le marché était très semblable au broché doré avec un grand motif de dragon qui lui était réservé, à la seule différence près qu'à ce dragon-là, il manquait une patte. Le Premier ministre répondit avec un décret qui permettait aux gens du peuple de tisser des *xiongbei* avec un motif de dragon, à l'exception du grand motif de dragon qui s'enroulait autour du corps et qui était réservé à l'usage exclusif de l'empereur et des officiels de haut rang. Il exigea que l'ordre soit affiché partout où les gens pourraient le voir. Dans le *Piaotongshi*, on peut lire la description d'un achat de *xiongbei* en brocart dans la ville de Dadu :

> A : Eh, toi, l'homme qui vend des *xiongbei* en brocart ! Laisse-moi jeter un coup d'oeil. Viennent-ils vraiment du Shaanxi cette fois?
> B : Oserai-je tisser une étoffe de mauvaise qualité ? Ce sont de bons *xiongbei* authentiques.
> A : Ne me trompe pas. Je ne suis pas un Tartare ou un Hui ignorant. Et même eux ne sont plus si ignorants, de nos jours. Comment peux-tu prétendre duper un homme de Goryeo ?
>
> Une autre section du *Piaotongshi*, dans le chapitre *Se connaître l'un l'autre*, raconte l'histoire de deux frères qui s'échangent des habits en souvenir :
>
> A : Nous nous connaissons et nous entendons comme des confidents depuis de nombreuses années, mais nous ne parlons jamais de fraternité. Et si on s'échangeait quelque chose?
> B : Mais que pourrions-nous échanger ?
> A : Nous pourrions échanger ma robe marron à broderies colorées et ta robe rouge à *xiongbei* en brocart.
> B : Ma robe ne vaut pas autant que la tienne.
> A : Peu importe. Les hommes n'ont que faire de ce genre de choses. Dorénavant, nous sommes comme des frères de la même mère – dans la joie et l'adversité, nous serons ensemble. C'est merveilleux !

D'autres sections du *Piaotongshi* nous en apprennent davantage sur les textiles : par exemple, la section *A cheval* décrit deux hommes habillés pour partir à cheval, détaillant chaque vêtement, y compris le *xiongbei* et la selle.

Cui Shizhen (1515-1517) de la période Joseon fit une annotation sur le *xiongbei* : « Cela fait référence au motif broché coloré sur le devant et l'arrière de robes faites de gaze ou de damas. »

Les *xiongbei* étaient comme les *buzi* (écussons carrés aux motifs symboliques, indicateurs de rang) sur les robes officielles chinoises des époques ultérieures. A ce jour, les *buzi* sont appelés *xiongbei* en Corée du Sud. Une robe à manches courtes mise au jour dans la tombe de Li Yu'an de la dynastie Yuan, découverte à Shangdong, est un *dahu* typique de la dynastie Yuan, avec un motif carré brodé représentant des fleurs de prunier et cinq pies au milieu. Ce genre d'étoffe était autrefois considéré comme du damas en sergé, mais je crois qu'il s'agit plutôt de broché doré dont l'or a disparu avec le temps.[10] Une autre robe à *xiongbei* (voir Figure 9), présentée au public lors de l'exposition « Or, soie, et porcelaine bleue et blanche » au Musée national de la soie de Chine, en 2005, présente aussi un motif broché d'or, où l'or a été complètement délavé et où seule la base blanche demeure. Le motif est net : un gerfaut attrapant un lapin en course sur fond bleu, avec un autre oiseau à côté.[11]

Figure 9 Xiongbei à motif d'aigle et de lapin sur fond bleu

Une autre robe à *xiongbei,* avec des manches larges, fut intégrée dans cette même exposition. Il s'agissait d'une robe de femme, avec des manchettes étroites et des manches très larges. En plus des nombreux petits *dazi* de broché doré sur le corps, des motifs symboliques et décoratifs viennent orner la poitrine et les épaules. Sur l'une des épaules est représenté un oiseau à trois pattes (associé au soleil) et sur l'autre épaule, un lapin pilonnant des herbes (associé à la lune). Sous ces deux motifs se trouvent deux dragons, l'un tenant le soleil et l'autre, la lune. Les dragons sur l'avant et sur l'arrière ont cinq griffes (voir Figure 10).[12] Sous la dynastie Yuan, la plupart des dragons étaient représentés avec trois griffes, sachant que le dragon à cinq griffes était exclusivement réservé à l'empereur. Cette robe dut appartenir à une femme de la noblesse. En effet, la coiffe Gugu et la robe ample étaient caractéristiques chez les femmes aristocratiques mongoles. Cependant, nous ne savons pas pourquoi elle est ornée de dragons à cinq griffes.

Figure 10 Motif de dragon sur robe xiongbei à manches amples

Pour en revenir au tableau *A la chasse*, trois des Figures portent des robes à *xiongbei*, chacune avec un motif différent. La première a un motif de dragon. La seconde présente une scène d'« automne dans les montagnes », avec un cerf au repos regardant derrière lui, et un motif de « pierres et cerf » sur les épaules. La troisième affiche une « scène printanière » ou une « scène automnale » sur la poitrine et les épaules. Ce modèle-là est mentionné dans l'*Histoire de la dynastie Jin* : « La plupart des robes sont blanches ; elles sont noires pour les officiels de troisième rang, brodées de motifs de «scène printanière» ou de «scène automnale» sur les épaules et les manches. La «scène printanière» représente généralement un gerfaut attrapant une oie parmi les fleurs et la «scène automnale», un ours et un cerf dans les montagnes. Les robes de ce type-là ne sont pas trop longues, pour faciliter les déplacements à cheval. »[13] Les Jurchen se sont transmis des robes aux décorations brodées ou tissées sur la poitrine et les épaules jusqu'à la période de Kubilaï, et leur usage était largement répandu.

Il est intéressant de constater que le *xiongbei* apparaît aussi dans les miniatures persanes. Ces peintures miniatures datent toutes d'après la dynastie Yuan. Les Jurchen commencèrent à faire usage des *xiongbei* au XIIème siècle. On peut en déduire que les motifs décoratifs des *xiongbei* se répandirent vers l'ouest à l'époque où l'occupation mongole progressait rapidement en Eurasie. La peinture *Bizhan tue les sangliers d'Irman*, dans la collection du Metropolitan Museum of Art, date d'environ 1300. On y voit un chasseur vêtu d'un *dahu* de broché doré à manches courtes, qui se tourne pour tuer un sanglier (voir Figure 11). Cette robe exhibe un *xiongbei* carré sur le torse, avec un motif de lapin ou de cerf au milieu et des ornements triangulaires sur les épaules.[14] Il s'agit sans doute de la plus ancienne illustration de *xiongbei* dans une peinture d'Asie occidentale. Une autre miniature, dans une édition de 1314 de *l'Histoire mondiale de Rashid al-Din*, montre au moins trois soldats au combat, vêtus de robes *dahu* ornées de *xiongbei* en broché doré.[15] Au XVème siècle, il y eut encore plus de peintures de ce genre, telles que les miniatures persanes du temps de Tamerlan, représentant de nombreuses personnes portant des robes à *xiongbei*, également avec des motifs brochés d'or au niveau des genoux. En termes d'ornement, les robes de Chine centrale avaient généralement un motif en forme de nuages autour du cou (Yunjian) et des motifs sur les genoux. Les robes des régions occidentales

Figure 11 Peinture de chasse persane, Metropolitan Museum of Art, New York

avaient, quant à elles, un motif sur la poitrine, sur le dos et sur les genoux. Ainsi, lorsque nous observons ces peintures, nous pouvons immédiatement identifier si les robes sont de style oriental ou occidental.

L'oeuvre picturale la plus connue est *Prisonniers devant Khosrow*, datant de 1410, au Musée d'art de Cleveland. On y voit une scène de banquet, avec des invités venus d'Asie occidentale et de pays plus à l'ouest encore, ainsi que trois émissaires de la dynastie Ming. Ils portent tous trois des robes à *xiongbei* en broché doré,[16] suggérant que cette tenue était alors très populaire, autant en Orient qu'en Occident. En vérifiant les témoignages pertinents, dans *Archives historiques de la dynastie Ming*, j'ai trouvé qu'en 1443 (8ème année de l'ère Zhengtong), l'empereur Ming offrit aux Khan des présents qui comprenaient quatre rouleaux de broché doré destiné à faire des *xiongbei*, avec quatre motifs différents : le *qilin* (créature mythique), le *baize* (monstre blanc), le lion et le motif du tigre et du léopard. Il donna à deux des concubines des Khan 16 rouleaux de damas de satin avec des motifs raffinés de *baize,* de tigre et de léopard. Les quatre rouleaux de broché de soie étaient de la même qualité que les étoffes destinées aux officiels des plus hauts rangs. Au Premier ministre, il remit quatre rouleaux de soie aux motifs de *qilin*, de tigre, de léopard et d'hippocampe.[17]

Lorsque l'on pense aux écussons carrés symboliques des robes officielles chinoises, c'est le terme *buzi* qui nous vient. Mais ceci est une appellation plus tardive ; au début, le terme employé était *bufu.* Alors qu'un *buzi* était un carré de tissu appliqué sur une robe déjà complète, le *bufu* était tissé à même la robe et en faisait partie intégrante. Selon les témoignages historiques chinois, le *bufu* intégra le système d'uniformes officiels chinois en 1391 (24ème année de l'ère Hongwu). A partir de la dynastie Yuan, les *bufu* étaient conçus, à l'instar du broché, comme des éléments constitutifs du dessin et leurs positions sur une robe étaient prévues avant que le tissage commence. Au milieu de l'époque Ming, cette méthode de tissage fut re-baptisée *huayang,* même si on l'appelait parfois encore *xiongbei*, et les motifs décoratifs étaient principalement liés aux rangs officiels. Toutefois, les artistes qui créèrent les miniatures persanes n'étaient pas Chinois et les motifs sur les robes des officiels chinois ne sont donc pas toujours rigoureusement reproduits.

Ainsi, la méthode ornementale du *xiongbei* fut appliquée des Jurchen jusqu'à la dynastie Yuan et, au cours des périodes Jin, Yuan et Goryeo, elle se répandit vers l'est jusqu'à Goryeo et vers l'ouest jusqu'en Perse. Elle eut un impact monumental sur les textiles et les vêtements, et elle resta d'usage jusqu'après la dynastie Yuan. Le *xiongbei* était connu dans les guides linguistiques *Laoqida* et *Piaotongshi*, utilisés par les marchands qui voyageaient de Goryeo jusqu'en Chine pour se procurer des soies. Plus tard, le système des uniformes officiels de la période Joseon prit pour modèle le système des *bufu* chinois. La conception, l'esthétique et la technique de tissage du *xiongbei* appartenaient aussi au système oriental.

Notes

[1] Ces dernières années, de nombreuses recherches ont été menées sur le *Laoquida* et le *Piaotongshi* et plusieurs éditions ont été publiées. La plus complète est *Chinese Textbook Series in Joseon Period*, en quatre volumes, compilée par Wang Weihui, Zhonghua Book Co.,

2005. J'utilise généralement *Laoqida and Piaotongshi Comparison Materials of the Original Text and Annotation*, corrigé et amendé par Piao Zaiyuan, Sun Moon University, Chinese and Korean Literature Translation Institute, 2003.

[2] Sim Yeon-Ok. "The Textiles of Buddhist Statue Enshrinements in the 14th Century Korea" in *Textiles in Art : from the Bronze Age to the Renaissance*, Early Textiles Study Group - 12th biannual conference, London, 5th-6th December 2008.

[3] Lee Sun-Yong and Sim Yeon-Ok. "The Costumes and Textiles Found in Buddhist Statue of Goryeo Dynasty" in *Silk Road and Mongol-Yuan Art*. Hong Kong : ISAT/Costume Squad Ltd, 2005 : 279-296.

[4] Sim Yeon-Ok. *2000 Years of Korean Textile Design*. Seoul : I.S.A.T., 2006 : 82-95.

[5] Zhao Pingchun et al. *Costumes of the Jin Dynasty : Research on the Costumes Unearthed from the Tomb of Prince Qi of the Jin Dynasty*. Beijing : Cultural Relics Press, 1998.

[6] James C.Y. Watt and Anne E. Wardwell. *When Silk was Gold : Central Asia and Chinese Textiles*. New York : The Metropolitan Museum of Art, in cooperation with the Cleveland Museum of Art, 1997.

[7] *Age of the Great Khan : Pluralism in Chinese Art and Culture under the Mongols*. Taipei : National Palace Museum, 2001.

[8] *Gongbu* "The Ministry of Works" in Institutions of the Yuan Dynasty.

[9] Ahn In-sil. "Reconstruction of Men's Robe in the Goryeo Period Based on the 13th Century's Yoseon-Cheollik and Dappo" in *Silk Road and Mongol-Yuan Art*. Hong Kong : ISAT/Costume Squad Ltd, 2005 : 318-327.

[10] Shandong Zouxian Heritage Preservation Institute. "Brief Report on the Clearing of the Tomb of Li Yu'an, of the Yuan Dynasty, in Zouxian, Shandong" in *Cultural Relics*. 1978(4) : 14-19.

[11] Zhao Feng and Jin Lin (ed.). *Gold, Silk, and Blue and White Porcelain : Fashionable Art in Marco Polo Period*. Hong Kong : ISAT/ Costume Squad Ltd, 2005 : 50-51.

[12] Zhao Feng. "Type and Role of Dragon Robes in the Yuan Dynasty", in *Cultural Relics*. 2006(7).

[13] "Carriages and Costumes" in *History of the Jin Dynasty*.

[14] Marie Swietochowski and Stefano Carboni. "Bizhan Slaughters the Wild Boars of Irman" in *Illustrated Poetry and Epic Images : Persian Painting of the 1330s and 1340s*. New York : the Metropolitan Museum of Art, 1994 : 77.

[15] Roderick MacFarqubar. "The Forbidden City" in *Newsweek*. New York, 1972.

[16] Basil Gray. "Prisoners before Khusrau" in *Persian Painting*. Booking International, 1995 : 77.

[17] "Records of Emperor Yingzong of the Ming Dynasty", Vol.100.

Chapitre 12
Nasij doré : échanges entre tisserands chinois et perses, sous la dynastie Yuan

Il est dit que les Mongols sont les descendants du peuple Xianbei, qui vécut principalement sur le plateau mongol sous la dynastie Tang et qui se soumit aux Liao, Khitans et Jurchen du Xème au XIIème siècle. Au XIIème siècle, avec le déclin progressif des forces des Jurchen, les Mongols gagnèrent en puissance et commencèrent à se révolter contre eux. En 1206, Genghis Khan rassembla de nombreuses tribus mongoles et s'auto-proclama leur dirigeant, le Khan. Il commanda ensuite aux armées mongoles d'avancer en multipliant les conquêtes. Les Mongols firent exactement cela et parvinrent ainsi jusqu'en Europe, étendant la route de la soie par-delà le désert, les prairies et la mer. Historiquement, ce fut l'époque la plus spectaculaire de la route de la soie.

I. Les cinq khanats et Marco Polo

Genghis Khan régnait au départ sur un territoire qui correspond aujourd'hui à la Mongolie et à la Mongolie intérieure, en Chine. Ses voisins étaient les Jurchen, les Tangouts, les Ouïghours, les Liao de l'Ouest et d'autres régimes aux forces considérables. Une fois que Genghis Khan (né Temüjin) fut devenu Khan, il déclara souvent la guerre aux régions environnantes. En 1205, il lança la première d'une série de trois attaques contre les Xia de l'Ouest. En 1211, la cavalerie mongole attaqua la dynastie Jin et occupa le Zhongdu. En 1218, afin d'éliminer leur ennemi Kuchlug, les troupes mongoles furent envoyées pour renverser le régime des Liao de l'Ouest, que Kuchlug avait usurpé. En 1226, Genghis Khan, alors gravement malade, envoya de nouveau ses troupes aux Xia de l'Ouest et les renversa l'année suivante.

Après l'expédition de Genghis Khan, la géographie politique de l'Asie commença à changer, à mesure que de petits territoires s'alliaient ou fusionnaient avec leurs voisins, devenant ainsi des entités plus grandes, dotées de plus de pouvoir. Khwarezmia, petit pays de l'empire perse, fusionna avec ses voisins et gagna en puissance. A un certain stade, il proposa une alliance au khanat mongol, impliquant une amitié et une protection réciproques, qui leur permettrait de régner conjointement sur l'Eurasie, avec Khwarezmia à l'ouest et le khanat mongol à l'est. Cependant, lorsqu'une équipe d'émissaires et de marchands mongols arriva à Khwarezmia en 1219, elle subit un raid et les traîtres dirigeants de Khwarezmia n'intervinrent pas pour mettre fin aux violences. Cet événement déclencha une guerre entre les deux parties concernées. Trois ans plus tard, en 1222, Khwarezmia fut détruit et le sultan Muhammad alla se réfugier sur une île de la mer Caspienne, où il tomba malade et mourut.

En 1227, Genghis Khan fut emporté par la maladie dans les monts Helan. A cette époque, l'empire mongol s'étendait du plateau mongol aux régions situées au nord-ouest, au nord-est et au nord de la Chine, et à une grande partie de l'Asie centrale et occidentale. Les quatre fils de Genghis Khan héritèrent de l'ambition de leur père et ils menèrent des troupes pour livrer bataille plus à l'ouest. Ils conquirent de nombreux pays eurasiatiques et établirent cinq khanats de statut historique important : le khanat d'Ögedeï (la principale partie de la Mongolie fusionna avec le nord de la Chine) ; le khanat de Chagatai (Xinjiang et Asie centrale) ; la Horde dorée ou Qipchaq ulisi (Russie) ; l'Ilkhanat (régions arabes) ; et le khanat de Kubilaï Khan (basé sur le khanat d'Ögedeï).

Le khanat d'Ögedeï (1225-1309) se situait dans le territoire anciennement occupé par les Liao (actuellement, le Xinjiang et l'Asie centrale). En 1229, Ögedeï (empereur Taizong de la dynastie Yuan), troisième fils de Genghis Khan, hérita de la position de Khan et légua son ancien manoir à son fils aîné Guiyou. Guiyou hérita du trône en 1246, mais mourut deux ans plus tard. Le poste de Khan fur transféré de la faction Ögedeï à la faction Tolui. En 1251, le nouveau Khan Möngke supprima les rois de la faction Ögedeï. Il en tua certains et en transféra d'autres, mais surtout, il divisa le territoire du khanat d'Ögedeï pour le céder aux descendants individuels des rois destitués, réduisant ainsi sa force collective. En 1310, le khanat d'Ögedeï fut vaincu par le khanat de Chagatai. Le khanat d'Ögedeï commença à décliner et celui de Chagatai fut établi.

Le khanat de Chagatai (1227-1369) était le fief de Chagatai, second fils de Genghis Khan (empereur Shengzong de la dynastie Yuan). Son territoire d'origine avait précédemment été la terre des Liao du Nord, qui comprenait les versants nord et sud de la chaîne montagneuse du Tianshan, ainsi que les terres situées entre les fleuves Amou Darya et Syr Darya (en actuel Ouzbékistan), avec sa capitale à Almalik (l'actuelle Huocheng, Xinjiang). En 1310, le khanat de Chagatai absorba la majorité du territoire du khanat d'Ögedeï. Au milieu du XIVème siècle, le khanat de Chagatai se scinda en deux parties. Le khanat de Chagatai de l'Est couvrit l'ancien territoire du khanat d'Ögedeï, avec sa capitale à Shufu (précédemment la capitale des Liao de l'Ouest). Une nouvelle scission s'ensuivit et il fut absorbé par la dynastie Ming au XVIème siècle. Le khanat de Chagatai de l'Ouest occupa la région de Hezhong, avec sa capitale à Samarcande. Né vers Samarcande, dans l'actuel Ouzbékistan, Tamerlan était du khanat de Chagatai de l'Ouest. Il unifia le pays entier et établit l'Empire timouride en 1370.

De son vivant, Genghis Khan céda l'immense steppe Kipchak, située au nord des mers Caspienne et d'Aral, à son fils aîné Juchi, en tant que fief. En 1235, Juchi et son fils Batu envahirent la Russie et l'Europe de l'Est, achevant leur expédition en 1243. Batu installa une nouvelle capitale à Sarai, en aval du fleuve Volga, et il établit le khanat Kipchak (1219-1502), qui couvrait la zone bordée par le fleuve Ienisseï à l'est, en aval du Danube à l'ouest, avec le Caucase au sud et la Russie au nord. Les Européens font souvent référence à ce khanat sous le nom de Horde dorée, parce que la yourte du Khan était dorée. Le centre de la Horde dorée se trouvait dans l'actuelle ville de Kazan, en Russie. Au XVème siècle, la Horde dorée fut divisée en plusieurs parties : le khanat de Kazan, le khanat de Crimée, le khanat d'Astrakhan, la Sibérie et la Grande horde.

L'Ilkhanat (1256-1388) fut établi par Hulagu, fils de Tolui, au cours de son expédition en Asie occidentale. En 1264, Kubilaï Khan canonisa officiellement Hulagu, dirigeant de l'Ilkhanat, dont le territoire s'étendait jusqu'au fleuve Amou Darya à l'est, à la Méditerranée à l'ouest, au Caucase au nord et à l'Océan indien au sud, et qui incluait les régions de Baghdad et de la Syrie. L'Ilkhanat entretenait de bonnes relations avec le khanat de Kubilaï Khan.

Kubilaï Khan (1215-1294) était le petit-fils de Genghis Khan et le fils de Tolui. Il hérita du titre de Khan à Kaiping et établit le système Yuan en mars 1260. Il renversa les Jin, envahit le Sichuan, et même la

Birmanie, et il fonda la dynastie Yuan (1271-1368). Il s'auto-proclama empereur Shizu de la dynastie Yuan et renversa la dynastie Song du Sud en 1279. Le khanat de Kubilaï Khan était nominalement le plus grand. Kubilaï devint par la suite le Grand Khan (de tous les khanats), mais il n'était pas reconnu par tous. Il régna principalement sur les régions de l'est, notamment sur la Chine actuelle.

C'est à cette époque que le célèbre marchand vénitien Marco Polo visita la Chine. Il est né à Venise, en 1254. Son père et son oncle étaient tous deux des marchands, qui avaient voyagé en Chine à leurs débuts. Selon une déclaration de Marco Polo lui-même, en 1271, alors qu'il n'avait que 17 ans, il accompagna son père et son oncle qui, munis d'une lettre du Pape et de présents, se mirent en route en direction de l'est avec une douzaine de compagnons. Depuis Venise, ils traversèrent la Méditerranée, puis la Mer noire, puis ils passèrent par la Mésopotamie, atteignirent l'ancienne cité de Baghdad, continuèrent vers l'est à partir d'Hormuz, franchirent le désert iranien et les montagnes du Pamir, et entrèrent enfin au Xinjiang, en Chine. Ensuite, ils franchirent le désert du Taklamakan et le corridor Hexi, et ils finirent par arriver à Shangdu (Xanadu), où ils rencontrèrent Kubilaï Khan.

En 1275, après que le père et l'oncle de Marco Polo eurent remis à Kubilaï Khan la lettre du Pape et les présents, Kubilaï les raccompagna à Dadu. Marco Polo saisit cette opportunité pour parcourir toute la Chine. Il voyagea dans les actuels Xinjiang, Gansu, Mongolie intérieure, Shanxi, Shaanxi, Sichuan, Yunnan, Shangdong, Jiangsu, Zhejiang, Fujian, Beijing et d'autres encore. Il fut aussi envoyé en mission diplomatique au Vietnam, en Birmanie et à Sumatra. Il servit même en tant qu'officiel à Yangzhou, pendant un certain temps (voir Figure 1). Il visita aussi Hangzhou, qui l'impressionna profondément et dont il chanta les louanges dans son *Livre des Merveilles*. Une statue de Marco Polo se dresse au bord du lac de l'Ouest, à Hangzhou (voir Figure 2), et de nombreuses autres statues de lui furent érigées à travers la Chine.

En 1292, après avoir vécu en Chine pendant 17 ans, Marco Polo voulut retourner en Italie. Commissionné par Kubilaï, Marco Polo et sa famille escortèrent une princesse mongole jusqu'en Perse pour un mariage, puis rentrèrent chez eux en 1295. Lorsqu'il arriva à Venise, personne ne savait qui il était et on lui refusa l'entrée. Après avoir pris le temps de tout expliquer patiemment et de montrer de nombreux trésors, il eut enfin le droit d'entrer dans la ville qui l'avait vu naître.

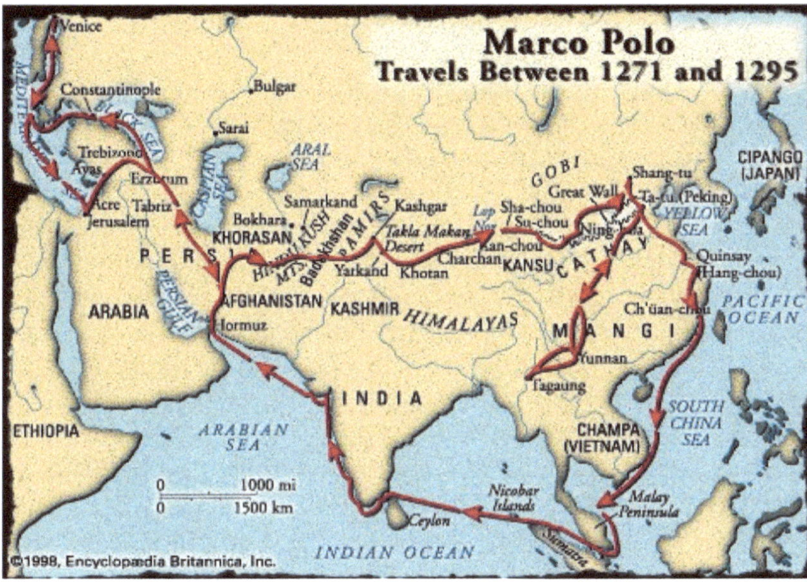

Figure 1 L'itinéraire emprunté par Marco Polo

Figure 2 Statue de Marco Polo au bord du Lac de l'Ouest, Hangzhou

En 1298, Marco Polo participa à la guerre qui opposa Venise à Gênes, finançant même la construction d'un navire. Mais Venise fut vaincue et Marco Polo fut capturé. En prison, il rencontra Rustichello. *Le Livre des Merveilles* fut dicté par Marco Polo et écrit par Rustichello pendant qu'ils se trouvaient enprisonnés.

Le Livre des Merveilles est le premier récit de voyage d'un Européen qui donne une description détaillée de l'histoire de la Chine, de sa culture et de son art. Il fut publié en 1299. Ramusio, collectionneur et géographe italien du XVIème siècle, raconta qu'en l'espace de quelques mois après la publication, *Le Livre des Merveilles* fut disséminé dans toute l'Italie. Lorsque Marco Polo expira en 1324, son livre avait déjà été publié dans plusieurs langues européennes. Aujourd'hui, il existe en 119 versions différentes et il est connu dans le monde entier. Maurice Collis, un érudit qui étudie Marco Polo, considère que cet écrit « n'est pas simplement un carnet de voyage, mais un livre d'éveil spirituel. Pour les Européens isolés du reste du monde, il n'est que stupéfaction, mettant à leur portée un champ de connaissances et un point de vue totalement nouveaux. L'importance de ce livre réside dans le fait qu'il a entraîné une renaissance généralisée des lettres européennes. »

Une fois *Le Livre des Merveilles* publié, nombreux furent ceux qui en questionnèrent l'authenticité. Ils pensaient que Marco Polo était un menteur et, arrivé à un âge avancé, il fut forcé d'admettre qu'il avait menti. Cependant, il insista sur le fait que ce qu'il raconta ne représentait que la moitié de ce qu'il savait. A l'époque, il fut affublé du surnom moqueur de « Marco Millions » : indigne de confiance, mais extrêmement riche.

Après avoir analysé l'itinéraire du voyage de Marco Polo, la plupart des historiens croient qu'il voyagea vers l'Orient par voie terrestre, puis de la Chine du Nord à la Chine du Sud, et qu'il explora aussi des régions relativement reculées, avant de rentrer enfin en Italie par la mer, en suivant la route de la soie maritime. Marco Polo parcourut la quasi-totalité du monde oriental. Les récits de ses voyages rapportent en partie ses expériences personnelles et en partie des histoires qu'il a entendues. Si l'on étudie le parcours de cet explorateur à la lumière de documents contemporains et de reliques culturelles, on constate que les échanges entre le monde oriental et la Perse, d'une part, et l'Asie occidentale, d'autre part, étaient très fréquents. Je vais illustrer ce constat de manière plus détaillée, en prenant le *nasij* pour exemple.

II. Le bureau du *nasij*

Le terme *nasij* fait référence à un textile, décrit comme un « lampas tissé de fils d'or », mais il n'en existe que peu de traces écrites pertinentes. L'*Histoire de la dynastie Yuan* nous apprend que plusieurs institutions importantes tissaient du *nasij* en Chine. Le ministère des Travaux était responsable de trois bureaux qui en produisaient, dont deux se situaient à Beshbalik (Bishbaliq). Les deux bureaux dédiés à la laine avaient leur propre département chargé de la confection du *nasij*. Le ministère Exécutif disposait aussi de deux bureaux : le bureau de *nasij* de Hongzhou et le bureau de *nasij* de Xunmalin.[1]

Le renommé bureau de Beshbalik fut établi à Dadu en 1276 (13ème année de l'ère Zhiyuan), avec des artisans de Beshbalik, qui produisaient du « nasij pour les cols et les manches utilisés par l'empereur ». Il est fait mention d'un autre bureau de Beshbalik dans l'*Histoire de la dynastie Yuan*. Ces « Archives d'officiels » rapportent qu'il y avait un officiel dans ce bureau, mais elles ne donnent aucun autre détail. Néanmoins, étant donnée sa place dans ces « Archives d'officiels », on peut supposer qu'il s'agissait d'un atelier de teinture et de tissage, produisant du *nasij* dans le sud de la province du Zhongshu et employant des artisans de Beshbalik. De nos jours, Beshbalik correspond à la ville moderne de Jimusar, au Xinjiang, et on la surnomme la « ville ruinée ».

Le bureau de *nasij* de Hongzhou (l'actuelle Yangyuan, Hebei) était l'un des deux bureaux qui produisaient alors du *nasij* et des textiles de laine. Tel qu'il est indiqué dans les « Archives d'officiels », il détenait « une présidence », poste établi au cours de l'époque d'Ögedeï. Situé à Hongzhou, il fut d'abord géré par la famille Zhenhai. Zhenhai (1169-1251), dont le nom d'origine était Shawuti, était un Ouïghour et comptait parmi les officiels méritants de Genghis Khan. L'histoire officielle raconte qu'il était nestorien, mais certains affirment qu'il était musulman. Lorsque Genghis Khan fut vaincu par Wang Khan et qu'il fuit vers la prairie de Hulun Buir, sur les hauteurs de la rivière Baljuna, Zhenhai partagea avec lui de la viande de cheval et de l'eau douce, et il lui fit don de toutes ses possessions à titre de fond militaire. En tant que général ayant juré loyauté aux troupes, il participa aux expéditions de l'armée à Naiman, Jin, Kuchlug et Kipchak, et il accomplit de grands exploits. Après que Genghis Khan eut renversé Khwarezmia, Zhenhai transforma une terre en friche, au sud-est de l'Altai, en une base militaire appelée « ville de Zhenhai ». L'empereur Yuan Taizong

(Ögedeï) le nomma premier ministre à sa droite. Zhenhai était si important qu'il eut droit à sa propre biographie dans l'*Histoire des Yuan*. On peut y lire que, sous le règne de l'empereur Taizong, des garçons, des filles et des artisans du monde entier étaient rassemblés dans les bureaux établis à Hongzhou. Plus de trois cents familles des régions occidentales, douées pour confectionner des textiles tissés de motifs au fil d'or, ainsi que trois cents familles compétentes dans le tissage des étoffes de laine, furent installées à Hongzhou. Zhenhai fut nommé à la tête du bureau de manière héréditaire. Une fois que Möngke eut hérité du trône, Zhenhai fut tué en raison de ses liens étroits avec Ögedeï.

Les bureaux de *nasij* de Hongzhou (l'actuelle Yangyuan, Hebei) et de Qianmalin (l'actuelle Ximalin, à l'ouest de Zhangjiakou, Hebei) furent tous deux établis en 1278 (15ème année de l'ère Zhiyuan) et se trouvaient sous la juridiction du ministère Exécutif. Le bureau de Hongzhou était le plus grand des deux ; il était administré par le maître *Huihui* Husanwuding. Ici, le terme « *Huihui* » est à prendre au sens très large puisqu'il se réfère aux adeptes de l'Islam de manière générale, incluant les adeptes ouïghours. Le bureau de Xunmalin était plutôt petit et se trouvait administré par un Chinois Han du nom de Yang. Pendant environ quinze ans, de 1279 à 1294 (16ème à 31ème année de l'ère Zhiyuan), le bureau de Qianmalin était fusionné avec celui de Hongzhou. Husanwuding fut nommé « commandeur général » et il « remplit aussi la fonction de contrôleur général », une fois que les deux bureaux furent séparés. Ceci indique que les concepteurs, les artisans et les gérants provenaient tous des régions occidentales.

Les chapitres traitant de Baghdad et de Tiandezhou dans *Le Livre des Merveilles* évoquent tous deux la production de *nasij*.[2] Dans le Livre 1, chapitre 24, on peut lire sur Baghdad : « Baudas (Baghdad) est une grande cité, qui était jadis le siège du calife de tous les Sarrasins, de la même manière que Rome est le siège du pape de tous les chrétiens... A Baudas, on tisse toutes sortes d'articles de soie et de brochés d'or, tels que le nasich, le nac et le cramoisi, ainsi qu'une foultitude de tissus magnifiques, richement ornés de Figures d'animaux et d'oiseaux. » (Cette citation est traduite à partir de la traduction anglaise de Henry Yule, 1871, vol. 1, p. 60).

Et au sujet de Tiandezhou, dans le Livre 1, chapitre 73, Marco Polo écrit : « Et une fois que vous avez traversé cette province, chevauchant vers l'est pendant sept jours, vous arrivez vers les provinces du Khitan.

Au cours de ce voyage de sept jours, vous passez par moult villes et villages, dont les habitants sont des mahométans (musulmans), mais auxquels se mêlent aussi des idolâtres (hindouistes) et des nestoriens chrétiens. Ils gagnent leur vie grâce au commerce et à la production, tissant ces fines étoffes d'or que l'on appelle *nasiques et naques*, en plus de soieries de bien d'autres sortes. En effet, tout comme nous avons, dans notre pays, des étoffes de laine fabriquées de nombreuses manières différentes, ils ont, dans ces régions-là, des étoffes de soie et d'or tout aussi variées. » (*NdT* : cette citation est traduite à partir de la traduction anglaise de Henry Yule, 1871, vol. 1, p. 250).

Baghdad était bien loin de Tiandezhou. Les Européens savaient que Baghdad était le centre de l'islam, mais ils ne savaient pas où se trouvaient les Khitans. Ils ne comprenaient pas que, quand Marco Polo parlait du Khitan, c'est de la Chine qu'il parlait. Cette erreur de compréhension ne fut corrigée que plus tard, lorsque des missionnaires acquirent une connaissance plus approfondie de la Chine, notant que Tiandezhou se situait en Chine et que cette ville était proche de Hongzhou, citée dans l'histoire officielle.

Marco Polo dit que le *nasij* était tissé tant à Baghdad qu'à Tiandezhou, ce qui indique qu'il existait un lien entre les artisans de ces deux sites. En effet, on trouve des références écrites aux artisans dans de nombreuses oeuvres historiques. Pendant leurs expéditions, à chaque fois que les Mongols occupaient un lieu, ils ramenaient des artisans locaux vers l'est, afin d'y continuer leur activité de spécialisation. L'historien persan Ata-Malek Juvaini (1226-1283) rapporte dans l'*Histoire du conquérant du monde* que, lorsque Chagatai et Ögedeï conquirent Otrar (à la confluence de la rivière Arys et du fleuve Syr Darya, dans l'actuel Kazakhstan), « les gens ordinaires et les artisans qui survécurent à la guerre furent capturés par les Mongols afin de servir dans l'armée ou de se dédier à leur profession artisanale. » A Samarcande (la seconde plus grande ville de l'actuel Ouzbékistan), « les Mongols trièrent les survivants et trente mille artisans furent sélectionnés par Genghis Khan pour être offerts à ses fils et aux membres de sa famille. » A Guranj, capitale du Khorezm (dans l'actuel Ouzbékistan), l'armée mongole « sépara plus de 100 000 artisans du reste des gens et éloigna les femmes et les enfants, en les traînant, pour en faire des esclaves. » Lorsque Ögedeï envahit le territoire Ghaznavid (aujourd'hui Ghazni, Afghanistan), « les artisans et leurs semblables étaient mis à part alors que tous les autres étaient tués. » Après que Tolui eut conquis Merv (aujourd'hui au Turkmenistan), il donna l'ordre « d'éliminer toutes les personnes restantes, y compris les femmes et les enfants, mais de choisir quatre cents artisans et des esclaves, garçons et filles. » Plus tard, lorsqu'il occupa Nishapur (au nord-est de l'Iran), « il tua tout le monde, à l'exception de quatre cents personnes qui furent mises à part en raison de leurs compétences et qui furent envoyées au Turkestan (c.-à-d. au Xinjiang), où l'on peut encore trouver leurs descendants. »

Dans de nombreuses oeuvres historiques de cette époque, ces artisans étaient appelés *Huihui*. Ils étaient principalement des musulmans d'Asie centrale et occidentale, tout particulièrement du Khorezm, qui contribuèrent grandement au développement de l'empire mongol, notamment en termes de technique artisanale. En 1217, à son apogée, le Khorezm recouvrait la Transoxiane, la majeure partie de l'Afghanistan et quasiment toute la Perse, s'étirant au nord jusqu'au Syr Darya et à l'est jusqu'au Pamir et au Waziristan. Lorsque les Mongols vainquirent le Khorezm, ils capturèrent un grand nombre d'artisans qualifiés, afin de mettre leurs talents au service de l'empire mongol. Dans *Archives de Mongolie*, Xu Ting écrivit : « Ensuite, après avoir exterminé les *Huihui*, ils obtinrent des propriétés, des artisans et des outils. La technique artisanale des *Huihui* était extrêmement raffinée et les outils pour attaquer le mur de la ville étaient particulièrement bons. » C'est donc dans ce contexte que des tisserands d'Orient et d'Occident furent amenés à se rencontrer. Les artisans *Huihui* mentionnés dans les témoignages historiques étaient généralement des Perses et les *Huihui* qui géraient les bureaux de *nasij* en Chine étaient surtout d'origine perse.

III. Le *nasij* et d'autres textiles tissés de fils d'or

Nasij est la translittération d'un mot perse. Dérivé de la langue arabe, il connut diverses transcriptions, dont *nakeshi* sous la dynastie Qing. Les voyageurs étrangers continuèrent à l'appeler par son nom d'origine, mais avec de légères variantes dans la prononciation ou l'orthographe : *nasich, nasic, nachiz, naciz* et *nasis*, qui font tous référence au même *nasij*.

En ce temps-là, le *nasij* était utilisé par les Mongols dans tous les aspects de la vie courante, mais ceux qui y recouraient le plus étaient l'empereur, l'impératrice et leurs clans. L'empereur offrait aussi du *nasij* aux officiels et aux invités étrangers. Tout comme les soies ordinaires, le *nasij* servait à faire des vêtements et des chapeaux, des tours de lit et des couvre-lits. Avec ses somptueux motifs, ses couleurs vives et son excellent effet décoratif, il était souvent utilisé pour confectionner les bordures des vêtements. En effet, la principale fonction du bureau de Beshbalik était de produire des bordures en *nasij*. Le *nasij* servait aussi pour les vêtements portés au banquet Jisun, qui était un événement unique sous la dynastie Yuan, rassemblant plus de mille participants - dont l'empereur, des officiels, des musiciens et des gardes - qui étaient tous priés de porter des habits d'une même couleur, mais distinguables par leur finesse et leur hiérarchie. L'*Histoire des Yuan* rapporte que les vêtements Jisun étaient classés selon diverses catégories, qu'il y en avait 26 sortes pour l'empereur en hiver et en été, 23 sortes pour les officiels, et que les habits Jisun des rangs les plus élevés étaient tous faits de *nasij*. L'historien Shang Gang pense que les dirigeants mongols ne se contentaient pas de se vêtir de *nasij*, mais qu'ils l'utilisaient pour recouvrir leurs cercueils et décorer leurs carrosses. Il existe une autre raison pour laquelle les empereurs aimaient autant cette étoffe : une histoire raconte que Genghis Khan était assis au sommet des monts de l'Altai et qu'il jura de ne « vêtir ses femmes et ses filles que d'habits tissés de fils d'or ». Il en résulta que, dès que les Mongols eurent une industrie de la soie, ils commencèrent à confectionner leurs robes avec des soies tissées de fils d'or. Bientôt, le *nasij* ne fut plus le privilège de l'impératrice, des concubines et des princesses impériales, et il devint très populaire.[3]

Le broché d'or mentionné au chapitre précédent est différent du *nasij*. Selon l'*Histoire de la dynastie Yuan* : « Le *nasij* est un textile tissé avec des fils d'or. » Une autre source, la *Collection d'essais de la dynastie Yuan* de Yuji, explique que : « Le *nasij* est un textile avec des motifs tissés en fils d'or. » Toutefois, tout textile tissé de fils d'or n'était pas nécessairement un *nasij*. Les textes de la dynastie Yuan font référence à deux sortes, donc il devait y avoir des caractéristiques spécifiques qui permettaient de les distinguer. Dans *Un livre de référence avec des histoires populaires de diverses sources*, on peut lire que, lorsqu'arrivait un festival, tous les bureaux du gouvernement devaient rendre hommage à l'empereur ; par exemple, à l'occasion du festival du printemps, l'offrande du secrétariat exécutif comprenait « neuf *pi* de *nasij* » et « quarante cinq *pi* de broché d'or. »[4] Il y avait donc clairement quelque différence entre le *nasij* et le broché d'or. Dans *Le Livre des Merveilles*, en plus des textiles tissés de fils d'or appelés *nasij*, il est question de toiles ordinaires faites d'or et de soie. La plupart de celles-ci provenaient de Chine centrale et de la dynastie Song, comme par exemple :

> A Hanbali (Beijing) : ce genre de soie était utilisé pour faire de nombreux textiles tissés de fils d'or et taffetas de soie.
> A Zhuozhou (aujourd'hui dans la province du Hebei) : on tissait des textiles tissés de fils d'or, des taffetas de soie et les plus belles gazes.
> A Haqiangfu : on tissait divers textiles tissés de fils d'or.
> A Hahanfu : il y avait une abondance de soie pour la production de textiles et de gazes tissés de fils d'or, en très grande quantité.
> A Nanjing : il y avait une abondance de soie pour la production d'excellents textiles tissés de fils d'or et divers taffetas de soie.
> A Zhenjiangfu : de grandes quantités de soie étaient produites pour fabriquer divers textiles tissés de fils d'or et des taffetas de soie.
> A Suzhou : d'abondantes soies étaient produites pour fabriquer, entre autres, des textiles tissés de fils d'or.
> A Xiangyangfu : une abondante soie grège était produite dans cette ville, ainsi que les plus sublimes textiles tissés de fils d'or.

On peut étudier les différences entre le *nasij* et les autres textiles tissés d'or en se penchant sur les preuves archéologiques. Si l'on se base sur les structures du tissage, on peut classer les textiles tissés de fils d'or de la dynastie Yuan en deux catégories. La première consiste en des textiles tissés selon une méthode traditionnelle chinoise, connue sous le nom de « patterning » – soit le fait d'orner de motifs – sur une armure de base avec des fils de trame supplémentaires (en attachant des bandes dorées plates sur un fond de toile ou de sergé, en guise de fils de trame supplémentaires). Cette technique était celle du broché doré, avec un *dazi* doré et des motifs dorés sur la poitrine, le dos et les manches des robes. En d'autres termes, il s'agissait d'un textile du système oriental. La seconde catégorie était le lampas, tissage nouvellement développé, qui possédait une série supplémentaire de fils de chaîne de liage pour lier des bandes dorées plates ou des fils enveloppés de feuille d'or (servant de fils de trame pour les motifs), afin de créer le motif sur une armure de base formée d'une trame de base et d'une chaîne de base. Cette méthode permettait de fabriquer le *nasij* du système occidental. Le Tableau 1 détaille les différences entre le *nasij* et le broché doré :

Tableau 1 : Détail des différences entre le *nasij* et le broché doré

Catégorie	*Nasij*	Broché doré
Structure	Lampas	Broché
Motif	Style des régions occidentales, avec un fond empli de motifs	Style de Chine centrale, avec un fond libre
Fil d'or	Fils enveloppés de feuille d'or	Bandes couvertes de feuille d'or
Largeur	Grande largeur du métier à tisser, 80-90 cm	Petite largeur du métier à tisser, 60-70 cm
Technique de tissage	Les fils de trame et de chaîne sont continus	Les fils de trame supplémentaires sont discontinus
Prix	Cher	Bon marché

Sous la dynastie Tang, la méthode du broché doré n'était pas très répandue. Elle est devenue plus courante sous la dynastie Liao et était largement utilisée sous la dynastie Jin. Par exemple, le tableau *A la chasse* de Liu Guandao montre que les vêtements de Kubilaï Khan et d'autres personnages étaient faits de soies tissées de fils d'or selon la méthode orientale (c.-à-d. brochées d'or), alors que les vêtements de l'impératrice, tout particulièrement son col et ses manches, étaient fait selon les modèles des deux systèmes : en broché doré et en *nasij*. Le portrait de l'impératrice Ningzong au Musée national du Palais, à Taipei, montre aussi que les parties larges du col et des manches étaient brochées d'or, avec des *dazi* à motifs dorés sur fond pourpre. Les parties plus étroites étaient faites en *nasij* sur fond doré, avec des contours rouges et pourpres. Un autre exemple est celui du portrait de l'impératrice Mingzong, où un motif de champignon Lingzhi en forme de larme orne le col sur fond libre et les parties étroites sont en *nasij* (voir Figure 3). Cette régularité nous permet de conclure que, lors de la production des vêtements, les cols et les manches étaient assortis.

IV. Vestiges archéologiques de *nasij*

Peu de sites ont révélé des soies de la dynastie Yuan. En tout, on en compte entre vingt et trente, et elles datent toutes d'époques différentes. Nous allons en étudier quelques unes ci-dessous.

Figure 3 Motif de nuage en forme de champignon lingzhi en broché doré (intérieur) et motif d'aigle en nasij (extérieur) sur les cols de l'impératrice Mingzong

Le temple Shuangta, à Beijing : ce site contenait des textiles du début de la dynastie Yuan.[5] Ces textiles étaient des brochés dorés et d'autres étoffes du système oriental, semblables à celles des dynasties Liao et Jin, indiquant que les Mongols et les Perses n'avaient pas de fréquents échanges. Le temple Shuangta n'existe plus ; toutes les reliques culturelles de ce site sont conservées au Musée de la capitale.

Sites du nord : les textiles mis au jour dans les sites de la dynastie Yuan situés au nord sont, pour la plupart, des *nasij.* Les pilleurs de tombes font des ravages en Mongolie intérieure et il paraît que certaines reliques culturelles significatives du XIIIème siècle furent détruites : à titre d'exemples, le cimetière Mingshui, à Xianghuangqi, et le cimetière de Siziwangqi. Fort heureusement, des vestiges de sites anciens furent bien préservés, y compris notamment, un grand nombre de *nasij*.[6] Selon les dires, la tombe de la concubine impériale Xiao se trouvait à Guifeitai, Huyuan, dans la province du Hebei, non loin de la Mongolie intérieure. Au cours des récentes restaurations de Guifeitai, une tombe du XIIIème siècle fut découverte. Elle avait probablement été occupée par une femme et contenait une robe à manches larges en *nasij.*

La grotte des pigeons (Gezi dong) à Longhua, Hebei : cette grotte se trouve dans les hauteurs des montagnes. A l'origine inaccessible, elle doit son nom aux colombes qui volent alentour. Elle fut découverte par hasard par des enfants, qui tombèrent par chance sur un grand couvre-lit, qu'ils rapportèrent chez eux. Ils jetèrent les objets qu'ils estimèrent inutiles dans la rivière en contrebas. Cet événement se produisit en hiver 1999, alors que la rivière venait de geler. De retour au village, le chef du village vit le couvre-lit, reconnut son importance et appela le Bureau des reliques culturelles. C'était juste avant le festival du printemps. Après les fêtes, les chercheurs spécialisés découvrirent d'autres reliques culturelles et, ayant méticuleusement étudié des documents, ils conclurent que ces textiles venaient de la dynastie Yuan et remontaient au XIIIème siècle. Ils n'avaient pas été conservés dans des tombes et étaient tous en très bon état de conservation, y compris des étoffes brodées de couleurs vives et des patchworks présentant de petites pièces de *nasij*. Cet indice nous apprend que le *nasij* était très coûteux à cette époque (voir Figure 4).[7]

District de Zhang, Gansu : les études et les fouilles du cimetière de la famille Wang, dans le district de Zhang, Gansu, à l'ouest de la Mongolie intérieure, débutèrent dans les années 1980. On suppose que la famille Wang descend de la tribu Wanggu. Au début de la période Yuan, cette tribu soutint les Mongols à la guerre et, plus tard,

Figure 4 Patchwork de la dynastie Yuan, mis au jour dans la grotte 'Dove Cave', à Longhua (avec du nasij au centre)

le Khan lui céda des territoires, dont un à Gansu. Les vestiges découverts datent de la période entre la dynastie Yuan et la dynastie Ming. Parmi les trouvailles, une pièce de *nasij* fut identifiée par les archéologues comme la traîne d'une couronne *gugu*, avec des médaillon en forme de fleur sur un fond géométrique et des motifs de « fenêtre ouverte » sur un fond de soie tissée polychrome. Bien que l'or se soit partiellement écaillé, la pièce est toujours scintillante et magnifique.[8]

Figure 5 Nasij de la dynastie Yuan, de la région située au nord de Dunhuang

Les grottes de Mogao, à Dunhuang : bien qu'un grand nombre de documents et de textiles aient été découverts dans ces grottes, ils sont rarement plus anciens que le début des Song. Ceci s'explique par le fait que la grotte de la bibliothèque fut scellée lorsque les Xia de l'Ouest envahirent Dunhuang. Puisque les Xia de l'Ouest, puis les Mongols, occupèrent Dunhuang pendant longtemps, on pouvait s'attendre à en trouver quelque trace dans les peintures murales de Dunhuang. Mais ces deux peuples avaient installé leurs logements dans la zone nord des grottes de Mogao, qui fut ensuite négligée et sévèrement endommagée. Dans les années passées, l'Académie de Dunhuang y mena des fouilles minutieuses et découvrit alors un grand nombre de soieries de la dynastie Yuan (du XIIIème au XIVème siècle). Celles-ci n'avaient malheureusement pas été bien préservées. Parmi elles se trouvaient des textiles tissés, des textiles brodés, des textiles imprimés et teints, avec du *nasij* (voir Figure 5), des motifs de pivoines (voir Figure 6) et des médaillons en forme de larme.[9]

Figure 6 Nasij à motifs de pivoines sur fond géométrique

La tombe du lac de sel (Yanhu), vers Turfan : l'occupant de cette tombe était un général mort à la guerre, probablement au cours du XIIIème siècle. Les articles funéraires comprennent un vêtement avec un col bordé de *nasij*, dont le motif humain d'une grande rareté attira l'attention de spécialistes du monde entier (voir Figure 7).[10]

Russie : de nombreuses étoffes de la dynastie Yuan furent découvertes en Russie ; on y trouva aussi bien plus de *nasij* que dans les actuelles Mongolie intérieure et Mongolie.

Figure 7 Nasij de la dynastie Yuan, du tombeau du lac salé, Xinjiang

Beaucoup de textiles tissés de fils d'or, dont de nombreuses pièces de *nasij*, furent découverts dans les vallées de la rivière Don et dans le bassin de la Volga. Les spécialistes russes, en particulier les restaurateurs de textiles et les chercheurs du Musée historique d'Etat de Moscou, ont beaucoup travaillé dessus. Ils ont restauré les étoffes trouvées dans les tombes de deux femmes à Astrakan, ainsi que de nombreux textiles tissés de fils d'or mis au jour à Saratov et dans d'autres sites de Russie.[11] Leur travail indique que des pièces de *nasij* se trouvent vraisemblablement dans la plupart des sites au long de la route de la soie, où les conditions environnementales auraient permis leur conservation. En contraste, aucun *nasij* n'a été découvert parmi les textiles de la dynastie Yuan mis au jour dans les tombes du sud, ce qui concorde avec les faits historiques pertinents.

V. Motifs sur *nasij*

Il est difficile de faire des recherches sur les motifs de *nasij*, parce qu'ils contiennent énormément d'éléments de religion, de folklore, de coutumes nationales, de cadre géographique et de préférence artistique. L'arrière-plan culturel est complexe, beaucoup de langues sont impliquées et peu d'archives historiques sont disponibles. Cependant, en unissant leurs efforts, les spécialistes internationaux ont fait des progrès considérables dans leurs recherches sur l'historique des motifs et des techniques de tissage.

Les motifs des *nasij* ont tendance à se centrer sur le faucon et le gerfaut. Au chapitre précédent, j'ai mentionné l'étoffe ornée du motif de l'oiseau à deux têtes, mise au jour à Alar, Qinghai. Il s'agissait d'un paon à deux têtes. Cependant, l'oiseau à deux têtes apparaît déjà dans des broderies chinoises des dynasties Han et Jin et il est associé aux cultures occidentales. La pièce de *nasij* au motif de l'aigle à deux têtes, à présent conservée au Metropolitan Museum of Art, représente un aigle saisissant la tête d'un dragon qui regarde derrière lui (voir Figure 8). Certains érudits pensent que cette image d'oiseau à deux têtes est typique du style d'Asie centrale.[12] Ce motif était très populaire en Europe autour du XIIème siècle ; il est récurrent sur la porcelaine d'exportation produite plus tard à Macao. L'aigle à double tête peut immédiatement être reconnu comme un indice que ces produits étaient destinés au commerce extérieur. Les motifs d'aigles ou de faucons appariés étaient aussi très courants. Il en existe notamment un exemple très connu au Musée du textile allemand (Deutsches Textilmuseum), à Krefeld, en Allemagne. Cette pièce de *nasij* exhibe des dragons typiquement chinois à l'extérieur et deux aigles à l'intérieur. Sur les ailes des oiseaux, on voit des cercles et, dans ces cercles, des marques qui pourraient être des scripts kufiques islamiques. Cette pièce témoigne de l'intégration des anciennes cultures islamique et persane.[13]

D'autres motifs animaliers sur des étoffes de la dynastie Yuan ont tendance à avoir un lien avec le lion. A la fin du siècle dernier, de nombreux textiles issus de temples tibétains furent répandus à travers le monde. Il s'agissait essentiellement de pièces de *nasij* à motifs de lions. Un bon exemple est le *nasij* bien préservé au motif de lion et de griffon, qui se trouve actuellement au Musée d'art de Cleveland, USA. Le motif principal de cette pièce est un médaillon contenant une paire de lions ailés, dont chacun a une tête de dragon au bout de la queue. Ceci est considéré comme une caractéristique majeure des motifs de style centre-asiatique. A l'extérieur du médaillon se trouve une autre paire d'animaux qui ressemblent à des lions, si ce n'est pour leurs becs d'aigles qui suggèrent que ce sont plutôt de griffons.[14]

Une robe mise au jour au cimetière de Mingshui, en Mongolie intérieure, contient aussi une pièce d'étoffe avec ce qui semble être un motif de lions appariés, mais dans ce cas précis, les lions sont des sphinx (voir Figure 9).[15] C'est une pièce carrée avec un médaillon entourant une paire de sphinx. La combinaison du corps d'un lion avec un visage humain apparaît aussi dans les ornements de miroirs de bronze persans.

Figure 8 Nasij à motif d'aigle à deux têtes, Metropolitan Museum of Art, New York

Figure 9 Nasij (mais façonné à trames multiples) à motif de lions appariés sur la robe comportant des tresses à la taille, du cimetière de Mingshui, Mongolie intérieure

Une autre robe ample, tissée avec des fils d'or, appartenant à une collection privée de Mongolie intérieure, fur un jour exposée à l'Université de Pékin. Elle est ornée d'un spectaculaire médaillon consistant en un griffon au centre, disposé dans un cercle de fleurs et de signes, qui pourraient être des lettres kufiques. Le même motif apparaît aussi sur des miroirs de bronze d'Asie centrale.

Les motifs de lion, de griffon et d'aigle sont représentatifs du style occidental. Des motifs différents sont caractéristiques du style oriental, comme la scène de la « rivière au printemps » ou la scène des « montagnes en automne ». Un motif typique est celui du gerfaut chassant une oie sauvage, un lapin ou un cerf dans les montagnes. Les motifs de lapin et de cerf sont les plus représentatifs des dynasties Liao et Jin. Les étoffes avec des *dazi* tissés de bandes dorées, qui apparaissent au début de la dynastie Yuan, représentent des lapins et des cerfs dans des médaillons en forme de larme, qui trouvent leur origine dans la période Jurchen. Il existe une pièce de *nasij* au Metropolitan Museum of Art, USA, avec un motif de quatre lapins courant dans un médaillon. Ils sont arrangés en cercle de manière compacte et astucieuse, afin que leurs oreilles (dont quatre seulement sont visibles) forment un carré au centre (voir Figure 10).[16]

Figure 10 Nasij avec un motif de quatre lapins, Metropolitan Museum of Art, New York

Les robes en *nasij* de style occidental et les robes à dragon de style oriental ont en commun de posséder des motifs décoratifs sur les épaules. Une fois, alors que je restaurais des pièces d'une robe en *nasij* complète, je me suis aperçu que le textile d'origine mesurait environ 90 cm de large et que les motifs des épaules avaient été, dès le départ, positionnés avec grand soin. Une robe en *nasij* d'une collection du Royaume-Uni possède un motif de médaillons en forme de larmes, des tresses à la taille et des plis en-dessous. Toutefois, la zone des épaules est ornée d'un grand motif, qui rappelle l'effet géométrique des inscriptions islamiques. La plus ancienne robe en *nasij* découverte en Chine est aussi dotée de différents motifs aux épaules et aux genoux. Comme ces motifs ne sont pas chinois, ils ont dû venir d'ailleurs.

Il semblerait que le motif des épaules ait souvent différé du motif principal. Voici quelques exemples qui illustrent cette constatation. Sur le *nasij* orné de médaillons d'animaux appariés, au Metropolitan Museum of Art, il y a un motif différent sur l'épaule. Et sur le *nasij* avec un motif de médaillon mis au jour dans le site de la Horde dorée, en Russie, le motif de l'épaule diffère de celui du médaillon ; en réalité, il ressemble aux motifs qui ornent les articles d'orfèvrerie et d'argenterie de la Horde dorée ou les céramiques contemporaines d'Asie centrale (voir Figure 11). Le plus ancien vêtement doté d'un

Figure 11 Motif de noeuds sur nasij ornant une épaule, mise au jour en Russie

motif à l'épaule découvert en Chine est une robe tissée avec du fil d'or, mise au jour dans la tombe de la dynastie Jin à Acheng, Heilongjiang. L'étoffe fut tissée de fil d'or selon la méthode orientale. Les motifs des épaules et ceux des genoux sont identiques aux décorations qui ornaient les édifices et les créations artisanales de style islamique, à la même époque. Il semble donc que les motifs des textiles des périodes Liao et Jin aient été influencés par la culture islamique.

Sous la dynastie Yuan, le motif du dragon et du phénix se répandit en Asie centrale. Par exemple, on peut l'observer sur des textiles mis au jour dans le site de la Horde dorée, en Russie, aux côtés de motifs de dragon, de grue, de fleurs et de boules de feu. Pour comprendre comment les vêtements en *nasij* étaient portés, les chercheurs procédèrent à une reconstitution grâce à une simulation en 3D. Les images de la simulation montrèrent des habitants locaux vêtus de soie polychrome au motif de dragon et de soie polychrome au motif de phénix entre des pivoines, une rangée de phénix à longue queue volant vers la gauche et une autre volant vers la droite, parmi des pivoines et des lotus (voir Figure 12). Au Musée national de la soie de Chine, une autre pièce est aussi décorée de pivoines, de grenades et de phénix à longue queue, rappelant la pièce mise au jour en Russie. Les motifs chinois de dragon et de phénix furent aussi largement appliqués aux édifices de la Horde dorée et des variantes de ce motif furent découvertes sur un grand nombre d'ustensiles et d'objets artisanaux. Les motifs floraux ressemblaient aussi à ceux de l'Orient. Des robes en *nasij* de la Horde dorée présentent les mêmes motifs de fleurs et d'herbe que ceux que l'on peut admirer sur des textiles de la dynastie Song, souvent accompagnés d'oiseaux ou de lapins pour créer une atmosphère paisible. La diversité des formes artistiques démontre la fréquence des échanges entre les cultures d'Orient et d'Occident à l'époque.

Le motif *jin di kai guang* (mentionné plus haut) prend son origine dans la dynastie Liao. Il s'adapte très bien au *nasij* et fut largement utilisé pour des pièces de ce type. Lorsque l'on concevait un *nasij*, afin de souligner la magnificence des fils d'or sans trop serrer le textile (en raison de fils d'or trop longs, flottant sur la trame de base), une attention toute particulière était portée à l'agencement des points d'intersection et il était important que le motif du fond soit fin et dense. Le motif *jin di kaiguang* apparut d'abord en Orient. Les textiles de la tombe de Yelü Yuzhi révèlent qu'un grand nombre de tissus ornés de ce motif furent produits dans des pays orientaux à partir de

Figure 12 Nasij avec un motif de phénix parmi des pivoines, mis au jour en Russie

la dynastie Liao. Il est dit qu'ils se propagèrent vers l'ouest lorsque le Khitans fondèrent le régime Liao de l'Ouest. La pièce la plus complète de *nasij* de la dynastie Yuan est une série de panneaux d'un paravent montrant des dragons et des phénix dans des médaillons sur un fond de motifs denses et raffinés.

Nous avons vu de nombreux motifs au sein de médaillons ou de médaillons aux bordures festonnées. L'encadrement pouvait aussi se faire avec des éléments en forme de larme. En réalité, le célèbre « motif Paisley » persan (aussi connu sous le nom de « motif du jambon ») évolua à partir du cadre en forme de larme, ce qui donna au dessin un ressenti étranger. Le *panchang* (noeud chinois), qui est l'un des huit trésors de bon augure, apparaît aussi dans les motifs *jin di kaiguang* de la dynastie Yuan, parfois couplé à un dragon. Il doit être considéré comme un motif du système oriental, dans la même veine que les motifs des damas, des gazes et des satins des dynasties Song et Yuan.

VI. Le *zandaniji*

Comme il est mentionné au Chapitre 6, le *zandaniji*, célèbre samit de la dynastie Tang, était produit à Zandana. L'histoire de l'Asie centrale est ponctuée de nombreux récits en rapport avec lui. J'ai découvert le terme de « soie Shasha'na » dans les documents de Dunhuang, datant de la fin des Tang aux Cinq dynasties, et j'ai supposé qu'il pouvait s'agir d'une autre traduction du mot *zandaniji*, parce que les spécificités de l'étoffe appartenaient au système centre-asiatique. Dans des archives historiques des périodes Liao et Jin, on peut lire le terme « zandanning », qui semble être une autre traduction de *zandaniji*. Des traces écrites de la dynastie Yuan évoquent un textile appelé « sadalaqi », qui fut identifié comme étant du *zandaniji*. L'*Histoire des Yuan* note qu'il existait des institutions spécifiquement dédiées à la production de *zandaniji* sous la dynastie Yuan.[17] Il y a des témoignages de personnes de Samarcande qui payaient leur tribut de deux rouleaux (*pi*) de sadalaqi, sous le règne de Hongwu de la dynastie Ming.[18] Au cours de mes recherches vers Boukhara, j'ai appris que les locaux continuèrent à exporter du *zandaniji* en Russie jusqu'à la Révolution d'Octobre (1917), date à laquelle l'Etat bannit l'économie privée et les ateliers de tissage furent fermés, mettant un terme à la production. On observe donc que le *zandaniji* de la dynastie Tang partage les mêmes origines lointaines que celui de la dynastie Yuan et qu'il continua à être fabriqué jusqu'au début du XXème siècle.

J'ai aussi trouvé des textiles de la dynastie Yuan qui possèdent les caractéristiques du *zandaniji* de la dynastie Tang, mais qui sont tissés avec des fils de soie colorés. Ils furent mis au jour à Alar, Qinghai, un site des XIème et XIIème siècles. Nous avons analysé ces tissus et déterminé qu'il s'agissait de sergé façonné à trames multiples, soit exactement le même tissage que le *zandaniji*. Ceci est digne d'intérêt, car, à mesure que cette technique de tissage se répandait en Chine, elle était progressivement modifiée : vers la fin de la dynastie Tang, elle s'était développée jusqu'à devenir ce que nous appelons le samit Liao (sergé façonné à trames multiples des deux côtés). Ceci dit, en Asie centrale et dans les régions les plus occidentales de Chine, la technique du samit traditionnel persistait : seuls les motifs changeaient, pas la technique. Le même tissage traditionnel se pratiquait encore sous la dynastie Yuan. La plupart des motifs de *zandaniji* ont des caractéristiques d'Asie centrale, que l'on peut retrouver sur des porcelaines ou d'autres articles artisanaux en Asie centrale à cette époque, avec des lettres kufiques à côté des fleurs. Une pièce similaire, au Musée national de la soie de Chine, est faite selon le même tissage, avec des lettres kufiques autour du médaillon et des griffons appariés comme motif central dans le médaillon (voir Figure 13).[19] Le fameux couvre-lit de la dynastie Yuan, découvert à Jining (Mongolie intérieure), est aussi orné de griffons. Ceux-ci ont d'abord été pris pour des agneaux, mais l'erreur fut rectifiée quand l'examen de leur bouche permit de les identifier correctement comme des griffons. Il semble donc que l'image du griffon se soit adoucie avec le temps : le féroce gardien de l'or s'est changé en une créature aussi douce qu'un agneau. Toutefois, la technique de tissage de ce couvre-lit est le lampas, qui est généralement de structure identique au *nasij*. Mais étant donné que la majorité des gens n'est pas spécialiste en matière de structure de tissage, je suppose que cette étoffe de lampas, fabriquée avec des fils de soie colorés sur un métier à tisser de *nasij*, peut facilement avoir été méprise pour une sorte de *zandaniji*.

La technique du *nasij* n'est pas née en Chine, mais fut importée par des tisserands de Perse ou par les *Huihui*. Elle se répandit en Chine, en particulier sous la dynastie Yuan, quand elle servit à confectionner les vêtements Jisun (symbolisant le statut et l'identité des dignitaires). Cette technique de tissage fut également utilisée à des périodes ultérieures, principalement pour des lampas de style Song sous les dynastie Ming et Qing, bien qu'alors, le tissage officiel le plus courant soit devenu le broché. En résumé, il y avait des contacts rapprochés et des échanges conséquents entre les civilisations de l'Est et de l'Ouest. Nous associons souvent la dynastie Yuan à une ère de guerres et de conflits perpétuels, et nous considérons les Mongols comme les vaillants et féroces conquérants d'un vaste territoire, mais il n'en demeure pas moins vrai que ce peuple sut aussi promouvoir l'intégration de multiples cultures et favoriser les échanges entre le bouddhisme, l'islam et le christianisme. Même si le *nasij* et le *zandaniji* puisent leurs racines en des endroits précis de la route de la soie, presque tout le monde portait des robes faites de ces tissus et leur influence ne doit pas être sous-estimée.

Figure 13 Motif reconstitué de griffons appariés, encerclés de médaillons, Musée national de la soie de Chine

Notes

[1] Shang Gang. *History of Arts and Crafts of the Yuan Dynasty*. Shenyang : Liaoning Education Press, 1999 : 116-122.

[2] *The Travels of Marco Polo*, translated by Feng Chengjun. Shanghai : The Commercial Press, 1936.

[3] Shang Gang. *History of Arts and Crafts of the Yuan Dynasty*. Shenyang : Liaoning Education Press, 1999 : 116-122.

[4] "Offerings at Spring Festival" in *A Reference Book with Folk Materials from Various Sources*.

[5] Beijing Municipal Bureau of Culture, Heritage Survey and Research Group. "Textiles and Embroideries in Silk and Cotton Unearthed from the Qingshou Twin-Pagoda Temple, in Beijing" in *Cultural Relics*, 1958(9).

[6] Gai Shanlin. *The Wanggu of the Yin Mountains*. Hohhot : Inner Mongolia People's Publishing House, 1991.

[7] Zhao Feng (ed.). *Recent Excavations of Textiles in China*. Hong Kong : ISAT/Costume Squad Ltd., 2002 : 153.

[8] Lin Jian. "New Exploration of the Costumes Unearthed in the Wang Family Tombs of the Yuan Dynasty, in Zhangxian County" in *Silk Road and Mongol-Yuan Art, Proceedings of the International Conference on the Silk Road and Yuan Dynasty Arts*, Hong Kong : ISAT/Costume Squad Ltd., 2005 : 183-189.

[9] Peng Jinzhang and Wang Jianjun. "Caves in the Northern Area of the Mogao Grottoes, Dunhuang", Vols 1-3. Beijing : Cultural Relics Press, 2000 and 2004.

[10] Wang Binghua. "An Ancient Tomb on Salt Lake" in *Cultural Relics*, 1973(10).

[11] Zvezdana Dode. *Medieval Costume of the Peoples of the North Caucasus*. Moscow : East Literature Press, 2001.

[12] James C.Y. Watt and Anne E. Wardwell. *When Silk Was Gold : Central Asia and Chinese Textiles*. New York : Metropolitan Museum of Art, in cooperation with the Cleveland Museum of Art, 1997 : 127-140.

[13] Zhao Feng. *Treasures in Silk*. Hong Kong : ISAT/Costume Squad Ltd., 1999 : 274.

[14] James C.Y. Watt and Anne E. Wardwell. *When Silk Was Gold: Central Asia and Chinese Textiles*. New York : Metropolitan Museum of Art, in cooperation with the Cleveland Museum of Art, 1997 : 142-143.

[15] Xia Hexiu and Zhao Feng. “Silks Unearthed from Mingshuixiang in Damaoqi, Wulanchabumeng, Inner Mongolia” in *Cultural Relics and Archaeology in Inner Mongolia*, 1992 (1-2).

[16] James C.Y. Watt and Anne E. Wardwell. *When Silk Was Gold : Central Asia and Chinese Textiles*. New York : Metropolitan Museum of Art, in cooperation with the Cleveland Museum of Art, 1997 : 158-159.

[17] “Records of Officials” in *History of the Yuan Dynasty.*

[18] *Records of the Hongwu Period.* 1392 (3rd month of the 25th year of the Hongwu period).

[19] China National Silk Museum. *Road of Silk — 5000 Years of the Art of Silk*. St. Petersburg : ROSIZO, 2007 : 109.

Chapitre 13
Motifs floraux étrangers : échanges de soie entre l'Orient et l'Occident, sous les dynasties Ming et Qing

Les échanges entre l'Orient et l'Occident via la route de la soie furent marqués par diverses particularités selon les époques. Parfois, l'attention se portait sur un mariage impérial avec un Etat voisin, dans le but d'assurer la paix. D'autres fois, les relations commerciales dominaient le devant de la scène. A partir de la dynastie Yuan, les missionnaires commencèrent à jouer un rôle important dans les échanges culturels de soie. Ils parcouraient la grande distance qui les séparait de la Chine, apportant des missives du pape, investis d'une mission qui les motivait à dispenser leurs enseignements religieux à une échelle sans précédent, sous les dynasties Ming et Qing.

I. L'ère des missionnaires

Giovanni da Pian del Carpine (1180-1252) était un missionnaire typique de la dynastie Yuan. Né à Perugia, en Italie, il fut un bon ami de Saint-François et l'un des fondateurs de l'ordre des franciscains. Saint-François l'envoya en Allemagne, en Espagne et en d'autres endroits en 1221. Plus tard, il fut envoyé par le pape Innocent IV à Karakorum, capitale de l'empire mongol, afin d'y rencontrer le Khan mongol Guyuk (fils d'Ögedeï Khan) en 1246, mais il ne parvint pas à convertir ce dernier au catholicisme. Il rentra dans sa patrie l'année suivante et écrivit un rapport sur ses voyages, intitulé *Histoire des Mongols* (que nous appelons les Tartares). Il fut un pionnier des échanges entre l'Orient et l'Occident au cours des XIIIème et XIVème siècles.

Guillaume de Rubrouck (env. 1220-1293), missionnaire français, était prêtre chez les franciscains français. En 1252, le roi de France Louis IX l'envoya jouer le rôle d'ambassadeur auprès des Mongols.

Lorsqu'il arriva à la capitale Karakorum, il lui fut accordé une entrevue avec Möngke Khan. Plus tard, il relata son périple dans *Le voyage de Guillaume de Rubrouck en Orient.*

En décembre 1338, l'Italien Giovanni de Marignolli se mit en route pour Dadu (Khanbaliq, aujourd'hui Beijing) en tant qu'envoyé du pape. Il arriva à Armalec (Al-maliq, aujourd'hui Huocheng, Yili, Xinjiang), capitale du khanat de Chagatai, en septembre 1341. Il y demeura pendant trois mois, puis se rendit à Dadu en passant par Hami. En août 1342, Marignolli présenta la missive du pape à l'empereur Shundi de la dynastie Yuan. Il passa ensuite quatre ans à Dadu, à débattre avec des juifs. En 1346, il rentra chez lui par la mer, via Hangzhou, Ningbo et Quanzhou. En 1353, il arriva en Avignon où il remit une lettre de l'empereur Shundi au pape Clément VI (pontificat de 1342 à 1352) et, l'année suivante, il termina son livre *Chronique universelle*, dans lequel il relate, entre autres, ses voyages en Orient.

Les croisades occidentales eurent lieu au cours de la dynastie Yuan. De nombreux Occidentaux visitèrent l'Orient et, dans leurs récits, ils décrivirent cet endroit comme un royaume fantastique. Sous la dynastie Ming, ils furent de plus en plus désireux de comprendre l'Orient. Une mine d'informations et de documents historiques fut amassée, et des livres sur tout un panel de sujets furent publiés, puis traduits. Par exemple, la première édition de l'*Histoire des choses les plus mémorables, des rites et coutumes du grand royaume de la Chine* par l'écrivain Juan González de Mendoza (1540-1617) fut d'abord publiée en espagnol en 1586, puis des traductions en italien, français (sous le titre *Histoire du grand empire de la Chine*), anglais et néerlandais furent successivement publiées dans la décennie suivante. Avant la fin du XVIème siècle, ce livre, connu en anglais sous le titre *The History of the Great and Mighty Kingdom of China and the Situation Thereof*, avait été réimprimé 46 fois car il représentait pour les Européens une introduction majeure au système politique chinois, aux techniques, à la culture et à la moralité de ce pays, fournissant des informations fiables pour les futurs missionnaires envoyés vers l'Est.

Les plus célèbres missionnaires furent les jésuites. La Société de Jésus (précédemment connue sous son nom latin Societas Jesus, S. J.) était l'une des principales sociétés catholiques. Elle fut fondée par l'Espagnol Ignace de Loyola, le 15 août 1535, avec pour objectifs principaux d'éduquer et de prêcher, ainsi que d'établir des universités.

Elle exista pendant plus de 200 ans avant d'être obligée de se dissoudre. La Société de Jésus avait une structure organisationnelle stricte. Le président était en fonction à vie et siégeait à Rome. 77 provinces religieuses furent mises en place dans le monde entier, chacune dotée de son propre président. Les jésuites de chaque province voyageaient pour prêcher leur religion afin d'établir des missions locales sous la juridiction du gouvernement provincial. Chaque jésuite devait jurer allégeance au président, connu sous le nom de « pape noir ». En plus de prononcer des voeux de pauvreté, de chasteté et d'obéissance, les jésuites devaient aussi promettre obédience au pape. Les jésuites parcouraient le monde entier, y compris l'Extrême Orient. Le 15 août 1549, François Xavier, l'un des fondateurs de la Société de Jésus, arriva à Kagoshima, au Japon. Il fut le premier missionnaire catholique à fouler le sol japonais, mais il ne parvint pas à aller jusqu'en Chine et il mourut au large des côtes de Guangdong en 1552. Matteo Ricci arriva à Guangdong en 1583 et entra à Beijing 18 ans plus tard. Son érudition supérieure fut reconnue par les classes dirigeantes, en particulier ses connaissances dans les domaines des mathématiques, de l'astronomie et des documents chinois anciens. A partir de 1644, l'empereur Qing Shunzhi puis l'empereur Kangxi placèrent des missionnaires occidentaux à des postes importants. Adam Schall von Bell (nom chinois : Tang Ruowang) et Ferdinand Verbiest (nom chinois : Nan Huairen) servirent successivement en tant qu'astronome impérial. Les adeptes jésuites présents en Chine atteignirent le nombre de 270 000. Par la suite, l'empereur Yongzheng bannit le catholicisme à travers tout le pays, mais il garda un groupe de jésuites, dont Giuseppe Castiglione (Lang Shining) et Michel Benoist (Jiang Youren). Le Vatican annonça la dissolution de la Société de Jésus en juillet 1773. Durant 190 ans, de la fin de la dynastie Ming au début de la dynastie Qing, 472 jésuites servirent en Chine.

Matteo Ricci (1552-1610) (nom chinois : Li Madou ; surnom chinois : Xitai) était un missionnaire italien. Il arriva à Macao, Chine, en 1583 (11ème année de l'ère Wanli). On le respectait et, comme il lui fut octroyé le prénom de courtoisie Taixi, les érudits officiels l'appelaient le « Taixi confucéen ». Il était pionnier en matière de prosélytisme du catholicisme en Chine et il fut aussi le premier érudit occidental à étudier les classiques chinois (voir Figure 1). Il était connu d'un grand éventail d'officiels chinois et de personnages célèbres, avec qui il partageait son savoir en astronomie occidentale, en mathématiques, en géographie et en sciences. Ses travaux contribuèrent énormément aux échanges entre l'Orient et l'Occident, mais ils accrurent aussi considérablement la compréhension des civilisations occidentales dans des pays tels que le Japon et la péninsule coréenne.

Figure 1 Le missionaire italien Matteo Ricci

Ayant débarqué en Chine en 1583, la permission fut accordée l'année suivante à Ricci de s'installer à Zhaoqing, dans la province du Guangdong, avec le père Michele de Ruggieri. Cinq ans plus tard, sa résidence fut occupée par le nouveau gouverneur de Guangdong et il se relocalisa à Shaozhou (l'actuelle Shaoguan). En 1595, il obtint la permission de s'installer à Nanchang et fut nommé à la tête de la Société de Jésus en Chine l'année suivante. Ricci se faisait une joie d'emménager à Beijing, mais à cause des restrictions imposées par le gouvernement de la dynastie Ming, il n'y resta que quelques semaines avant de retourner à Nanjing. Après bien des péripéties, il fut enfin autorisé à rester à Beijing en 1600. Il s'habillait comme un érudit chinois, apprenait la culture chinoise et diffusait ses connaissances en mathématiques, en biologie et en d'autres sciences. Il entretenait de bonnes relations avec ses homologues chinois. Très apprécié, il fut nommé par les dignitaires à des postes importants.

Pendant la résidence de Ricci à Nanchang, entre 1595 et 1598, il entretint de bonnes relations avec le gouverneur du Jiangxi et les descendants royaux locaux. Il leur fit découvrir le prisme, le système occidental de notation, les horloges et les contenus de livres occidentaux. Aux érudits locaux, il clarifia des problèmes mathématiques et expliqua la mesure du temps par les cadrans solaires. En septembre 1596, Ricci réussit à prédire une éclipse de Soleil, ce qui consolida encore sa réputation. Pendant cette période, il fréquenta un vaste réseau de confucéens et de dignitaires ; il fut même invité par Zhang Huang, président de l'Académie de la Grotte du cerf blanc (Bailudong), à donner des conférences.

Le district de Nancheng à Nanchang, où résidait Ricci, avait été le fief du Seigneur Yi de la dynastie Ming. En 1964, une tombe de la dynastie Ming fut découverte à Nancheng et une liste de vêtements fut mise au jour. Sur cette liste se trouvent, entre autres, une robe blanche et un vêtement blanc d'une seule couche, faits tous deux de textiles occidentaux. Cette liste est datée de 1593 (6ème mois de la 21ème année de l'ère Wanli), donc la tombe doit être celle d'un membre de la famille du Seigneur Yi de ce temps-là.[1] Cette découverte laisse à penser que des étoffes occidentales arrivèrent en Chine avant Ricci.

En 1979, l'équipe archéologique provinciale du Jiangxi mit au jour une autre sépulture, datée de 1603 (31ème année de l'ère Wanli). Il s'agissait de la tombe du Seigneur Yixuan et de ses deux concubines, mais seul le cercueil de Yixuan pouvait être considéré plus ou moins intact. Les vêtements révélés par ce tombeau sont d'une grande importance. La rapport indique que l'une des étoffes mesurait 13 m de long sur 0,75 m de large et qu'elle était imprimée de trois caractères, *xi yang bu*, qui signifient « étoffe étrangère de l'ouest ». C'est la seule pièce connue de tissu de coton importé sous la dynastie Ming.[2] Les étoffes de coton étaient courantes après la dynastie Yuan mais, à l'exception de celle-ci, toutes les pièces contemporaines qui avaient été importées de l'ouest furent perdues.

Ricci arriva à Beijing en 1601. Il rencontra l'empereur et lui soumit une liste faisant acte de ses dons honorifiques, parmi lesquels figuraient « 4 ceintures occidentales de diverses couleurs, un total de 5 rouleaux de tissu occidental et de tissu de chanvre. »[3] Ceci n'est pas la seule preuve d'un lien entre Matteo Ricci et des textiles occidentaux. Pendant qu'il prêchait en Chine, il récupérait des cadeaux de la part des autres missionnaires, afin de pouvoir enchanter les bureaucrates-érudits et les officiels avec des trésors époustouflants. Un grand nombre de ses lettres font référence à des étoffes occidentales. Nous pouvons donc déduire que celles-ci étaient un article-cadeau prédéfini, qu'il utilisait pour établir et entretenir des relations interpersonnelles à Nanchang. Les dates aussi sont significatives et renvoient à l'ère Wanli (1563-1620). De plus, la tombe de la dynastie Ming se situe non loin de l'ancienne résidence de Ricci et il n'est pas inconcevable que l'étoffe occidentale qui y fut découverte ait été apportée en Chine par Ricci lui-même, mais nous ne pouvons pas en être sûrs. Puisque de nombreux marchands portugais commerçaient alors à Macao, il est peut-être plus logique de penser qu'ils importèrent eux-mêmes cette étoffe et qu'elle fut ensuite emportée à Jiangxi. Il est dit que, lorsque l'empereur Ming Wuzong (1506-1522) confisqua la propriété du prince Ming à Nanchang, une cache de poivre fut découverte. Le commerce du poivre entre la Chine et les pays d'Asie du Sud-Est est une indication de la prospérité du commerce extérieur en ces temps-là.

En 1601, Ricci, parmi d'autres, se vit accorder la résidence permanente à Beijing par l'empereur Ming Shenzong (1572-1620). Cet événement eut en Chine des répercussions de grande portée. Ricci dessina notamment la plus ancienne mappe-monde encore existante dans le pays.

Matteo Ricci mourut en mai 1610 (38ème année de l'ère Wanli). Il fut enterré à Beijing dans un cimetière dédié aux étrangers. Appelé le cimetière Zhalan, il constitue un témoignage important de la communication entre les cultures d'Orient et d'Occident.

Un autre missionnaire italien du nom de Martino Martini (nom chinois : Wei Kuangguo) était un sinologue de renom, géographe, historien et théologien. Il arriva à Macao en été 1643. Grâce aux résultats remarquables de ses recherches sur l'histoire et la géographie chinoises, il fut, au même titre que Marco Polo et Matteo Ricci avant lui, un personnage historique marquant qui contribua de manière exceptionnelle aux échanges culturels entre la Chine et l'Italie. Il demeura longtemps à Hangzhou avant d'y mourir en juin 1661.

Giuseppe Castiglione (nom chinois : Lang Shining, 1688-1766) était un artiste italien de grande renommée, qui se rendit en Chine sous la dynastie Qing. Il quitta l'Europe en 1714 (53ème année de l'ère Kangxi), atteignit Macao l'année suivante, puis voyagea en direction du nord jusqu'à la capitale, Beijing. Il servit en tant qu'artiste de la cour pendant des décennies, à la fin de l'ère Kangxi. Il peignit des scènes historiques reflétant des événements significatifs et de nombreux portraits pour l'empereur, ainsi que des tableaux d'animaux, de fleurs et d'oiseaux. Il introduisit la perspective en Chine et il aida l'érudit chinois Nian Xiyao à terminer son travail intitulé *L'étude de la vision*. Castiglione mourut à Beijing le 16 juillet 1766 (31ème année de l'ère Qianlong), à l'âge de 78 ans.

Les missionnaires occidentaux jouèrent un rôle clé dans la promotion du développement de la compréhension culturelle, du savoir et du commerce.

II. Le velours

Le velours est un textile bien connu. Il est né en Italie autour du XIème siècle. En Chine, les textiles à poil antérieurs à cette date lui ressemblent visuellement, mais furent fabriqués grâce à des techniques différentes. C'est le cas, par exemple, du taffetas à chaînes multiples, endroit chaîne, avec un dessin bouclé par la chaîne, qui fut mis au jour dans la tombe Han de Mawangdui, Hunan.

Le mot *qiemianli* est un terme chinois qui désigne un tissu à poil coupé, comme le velours. Il apparaît dans des archives de la dynastie Yuan, où il est classé second après le *nasij*. Dans la section « Chars et vêtements » de l'*Histoire des Yuan*, il est écrit qu'il existait onze catégories de robes d'hiver Jisun (costumes d'occasion spéciale de la dynastie Yuan) pour l'empereur. La catégorie de premier rang était celle du *nasij* et au second rang venait le *qiemianli*. Ce nom provient peut-être des régions occidentales, mais aucune recherche sur ses origines n'a été menée pour le confirmer. Selon l'*Histoire des Yuan*, « *qiemianli* » signifie « poils coupés ». Cette dénomination pourrait d'abord nous faire penser au tapis, qui a des poils créés avec des noeuds, mais le tissu du tapis est trop épais pour en faire des vêtements. En attendant, nous supposerons simplement que le *qiemianli* était une sorte de tissu à poils.

Etant donné qu'il y a peu d'occurrences du terme *qiemianli* dans l'*Histoire des Yuan*, nous nous demandons s'il ne s'agirait pas d'un tissu importé. En tout cas, avant 2010, nous n'avons rien trouvé qui puisse être du *qiemianli* parmi les objets légués par la dynastie Yuan. En 2010, le Musée national de la soie de Chine fit l'acquisition d'un capuchon doté d'une bordure en velours. Il s'agit du plus ancien velours connu en Chine. Une datation au carbone 14 le situe entre 1255 et 1290 (95,4%). Il fait partie d'un assemblage, dont les autres éléments sont faits de *nasij*, de gaze complexe à 4 bouts, de damas sur toile et de broché sur du damas en sergé avec un motif de lapins en course (broché d'or). Cette pièce fut probablement importée d'Occident.[4]

Nous disposons de bien plus d'informations sur le velours de la dynastie Ming. En 1392 (3ème mois de la 25ème année de l'ère Hongwu), Timur de Samarcande envoya un tribut qui comprenait 84 chevaux, six chameaux, six rouleaux (*pi*) de textile à poils, neuf rouleaux de *qingshuobu*, deux rouleaux de *sadalaqi* rouge et vert, des épées de fer, de l'armurerie et d'autres articles. Le tissu à poils était probablement du velours provenant d'Europe. Dans *Voyages chez les Ming* (publié en 1392), l'écrivain japonais Masahiko rassembla les listes des cadeaux que le gouvernement Ming fit au Japon entre 1403 et 1464 (de la 1ère année de l'ère Yongle à la 8ème année de l'ère Tianshun). Le velours y apparaît en 1406 et en 1407 (4ème et 5ème années de l'ère Yongle) et les deux entrées font mention de « costumes faits de velours blanc ». Ce sont les plus anciennes références chinoises au velours.[5]

Matteo Ricci écrivait souvent des lettres à l'Eglise, à son père et à ses amis. En 1592 (12ème jour du 11ème mois de la 20ème année de l'ère Wanli), il écrivit à son père depuis Shaozhou : « Les Chinois ont aussi appris à tisser le velours, il y a quelques années, avec une technique assez raffinée. »[6] Ceci constitue peut-être le plus ancien témoignage sur la production de velours en Chine. Il est probable que les Chinois aient appris à tisser cette étoffe dans les régions côtières du Guangdong : de nombreux Portugais y étaient installés et il y a de fortes chances que ce soient eux qui aient transmis le savoir du tissage du velours aux Chinois.

Il est également possible que du velours ait été produit dans la province du Shaanxi, sous la dynastie Ming. Le pashmina du Shaanxi est bien connu depuis l'antiquité. Les archives historiques nous apprennent que le gouverneur du Shaanxi ordonna que les ateliers de teinture soient ranimés, que des métiers à tisser soient achetés et que des artisans soient recrutés, afin de tisser ce duvet. Un officiel du Shaanxi, Jia Shiwen, dit : « Au cours de la 25ème année de l'ère Wanli (1597), la province entière produisit un total de 5450 rouleaux (*pi*) de robes dragon et phénix (ceci est une référence à des motifs spécifiques, ornant des robes de style nouveau). A l'origine, il y avait 534 métiers à tisser, avec 534 tisserands et 1602 tireurs de lacs. (A présent) il y a 350 métiers à tisser nouvellement acquis, avec 350 tisserands et plus de 4200 artisans à d'autres postes ».[7] Les tireurs de lacs étaient les artisans chargés de tirer les lacs sur le métier à la tire afin de soulever les lisses pour créer les motifs pendant le tissage. En général, les textiles de laine ne sont pas ornés de motifs, donc le tissu à poils pour la robe de dragon et de phénix ne peut être que du velours. En résumé, l'histoire écrite indique que le tissage du velours en Chine a commencé pendant l'ère Wanli de la dynastie Ming et que la technique s'est peu à peu répandue dans toute la Chine.

Deux vestiges archéologiques importants, prouvant l'existence de velours sous la dynastie Ming, furent mis au jour dans la tombe de Wang Xijue à Suzhou et au mausolée Dingling de Beijing. Né à Suzhou, Wang Xijue devint un très riche ministre pendant l'ère Wanli. Un chapeau de velours fut découvert dans sa tombe ; ses détails techniques indiquent qu'il fut tissé en Chine. La robe de velours découverte au mausolée de Dingling est en velours double-face, avec un poil de 6,5-7 mm de haut des deux côtés, ce qui diffère du velours ordinaire.

Il existe de nombreuses pièces de velours dans des collections à l'étranger, qui appartiennent à différentes catégories. L'une des catégories comprend l'étoffe pour les robes dragon et d'autres textiles traditionnels chinois – il en existe une collection significative au Musée royal d'Ontario, à Toronto. L'une des étoffes pour robe dragon appartenant à cette collection présente un style typiquement Ming, avec des poils créés avec des noeuds, puis partiellement coupés selon les besoins du motif (voir Figure 2).[8] Les poils dans la partie jaune pâle ne sont pas coupés. Les poils dans la partie jaune foncé sont coupés. Le motif du dragon est brodé. Une autre catégorie comprend

Figure 2 Velours jaune brodé pour robe dragon, Royal Ontario Museum, Toronto

les costumes chrétiens, collectionnés dans le monde entier. Bien que le motif soit parfois réalisé en broderie, les fonds sont tous en velours. Après avoir fait des recherches sur le velours chinois, les archéologues Harold B. Burnham et Yoshida Masako, respectivement du Canada et du Japon, pensent tous deux que la production de velours en Chine a probablement commencé avant 1592.

Le velours eut aussi un rôle à jouer dans les relations entre la Chine et le Japon. Des écrits historiques de la fin de la dynastie Ming et Qing, ainsi que des récits contemporains, citent les noms chinois du velours comme étant *zhangrong* ou *zhangduan* (signifiant tous deux textile à poils de Zhang), ou *woduan* (textile à poils de Wo). Zhang, qui correspond à l'actuelle Zhangzhou, se situe dans la province du Fujian. Wo est l'ancien nom du Japon. Bien qu'une grande quantité de velours ait été tissée dans les régions de Nanjing et de Suzhou, sous la dynastie Qing, le terme « zhangrong » persista. Ceci suggère que le velours est probablement venu des zones côtières de Chine, en particulier du Fujian, et que c'est là-bas que furent confectionnés les premiers velours chinois.

L'ouvrage du milieu du XVIIème siècle intitulé *L'exploitation des oeuvres de la nature*, de Song Yingxing, contient la première trace écrite de production de velours à Zhangzhou et Quanzhou, au Fujian :

« Le *woduan* est né au Japon. Zhangzhou, Quanzhou et d'autres régions côtières ont ensuite appris à le produire, en utilisant de la soie venue du Sichuan. Des marchands venaient de loin pour troquer ce textile contre du poivre et la technique de tissage venait aussi d'au-delà des frontières chinoises. Le tissu était d'abord teint et les fils censés être coupés étaient cachés à l'intérieur du tissage. Après avoir tissé quelques centimètres, quelqu'un coupait en travers du tissage et ceci produisait les effets d'ombre et de lumière. Les commerçants du nord appréciaient ce textile, mais il était périssable et se tachait facilement, de sorte que les chapeaux faits de cette matière se salissaient vite et ne tenaient parfois pas plus d'un jour. Aujourd'hui, ni les Chinois ni les Japonais sont amateurs de ce tissu et ils l'abandonneront à l'avenir. Sa méthode de tissage ne mérite donc pas d'être transmise à la prochaine génération. »

Autrement dit, Song Yingxing croyait que le velours venait du Japon et que les Chinois apprirent à le fabriquer grâce aux Japonais. Song Yingxing servit en tant que Jiaoyu (commissaire) au district de Fenyi, dans la province du Jiangxi, en 1634 (7ème année de l'ère

Chongzhen), et il écrivit *L'exploitation des oeuvres de la nature* à cette époque, c'est-à-dire une dizaine d'années avant la chute de la dynastie Ming. En réalité, les matières premières venaient du Sichuan et la méthode de tissage, de pays occidentaux. En tous cas, cet ouvrage contient la première description détaillée en chinois sur les tissus à poils en Chine.

Le chapitre concernant la « Propriété » dans *Archives de Zhangzhou sous l'ère Qianlong (*chapitre 39) défend aussi le point de vue que le velours produit à Zhangzhou puisait ses origines au Japon. Les historiens conclurent donc que le velours fut introduit en Chine par la route de la soie maritime. En japonais, le velours est appelé « birodo » et le dictionnaire portugais-japonais, compilé par les Portugais, comprend ce terme. Cependant, les Japonais ne l'utilisent que pour écrire en *kana* (soit principalement en phonétique et pour indiquer un mot étranger). Ils utilisent le terme chinois *tian'e rong* (duvet de cygne) lorsqu'ils écrivent « velours » en caractères chinois, ce qui montre que le velours fut introduit au Japon dans des temps très anciens. En 1577 (5ème année de l'ère Tensho), le célèbre jésuite Luis Frois observa que : « Ces païens de haut rang avaient hâte de recevoir des cadeaux dignes de leur position. Pour autant que nous en sachions, les cadeaux qu'ils chérissaient comprenaient des chapeaux portugais, de l'ambre, des doublures en velours, des sabliers, du verre, du superbe Cordoba, des sacs à main de velours ou d'autre qualité supérieure, des serviettes brodées d'excellente faction, des bonbons dans des bouteilles, des conserves de haute qualité, du miel et des capes de laine portugaises. Ils aimaient les articles de soie rayée, le sucre en boîte, les pâtisseries et les dessert en conserve, les tapis et les lainages de Flandres, etc. »[9]

En clair, les Japonais voulaient recevoir des présents à la hauteur de leur statut et le velours en faisait partie. A cette époque, le commerce était plus développé au Japon qu'en Chine, ce qui n'était pas surprenant étant données la géographie et la situation du Japon, et le fait que la Chine avait interdit le commerce extérieur sous la dynastie Ming. Pour cela, il serait assez raisonnable de penser que les Japonais connurent le velours avant les Chinois.

Mais, en réalité, la production de velours démarra au Japon cinquante ans plus tard qu'en Chine, sous les ères Shoho et Keian (1644-1651), équivalentes au début de la dynastie Qing. En 1639, les Japonais importèrent de Chine un rouleau de velours avec une baguette et des poils non-coupés, apprenant ainsi le secret de ce tissu. Les Japonais ne produisirent pas de velours de qualité avant 1712, mais jusqu'à cette date, ils continuèrent à importer des velours chinois en grande quantité.

En bref, sous la dynastie Yuan, le velours était principalement utilisé en guise de cadeau. Ce tissu et sa production furent apportés en Chine par les Portugais, qui développèrent le commerce en Asie orientale. Des missionnaires furent témoins de l'intégralité du processus en Chine, depuis les commerçants chinois jusqu'aux tisserands chinois qui apprirent à maîtriser les techniques. Le velours put ainsi devenir un produit de soie en vogue vers la fin de la dynastie Ming.

III. Broché occidental au palais

De nombreuses soieries occidentales étaient collectionnées au palais chinois. Ainsi que le démontrent de fréquentes entrées dans les *Archives du département des Affaires intérieures du palais Qing*, l'Occident entretenait d'étroites relations avec la Chine. De plus, beaucoup de missionnaires furent nommés à des postes officiels au début de la dynastie Qing, ce qui permit d'apporter directement des soieries occidentales en Chine. Ainsi eut lieu la rencontre entre soies occidentales et soies orientales.[10]

Parmi les objets occidentaux que les missionnaires introduisirent en Chine, on compte des brochés. Les tissus utilisés et restants étaient enregistrés chaque année dans l'*Inventaire de stockage du bureau de production du hall Yangxin durant la première année de Qianlong*. On y trouve les entrées suivantes (où 1 *zhang* vaut 3,333 m) :

> Grand brocart occidental : 2 *zhang*, 2 *chi* et 4 *cun*
> Broché étranger : 77 *zhang* 1 *chi* et 9 *cun*
> Broché : 944 *zhang* 2 *chi* et 7,1 *cun*
> Lampas de style Song : 1 pièce (7 x 7 *chi*), 1 pièce (5 x 5 *chi*) et 1 pièce (4 *chi* x 1 largeur de métier à tisser)
> Soie Wo (japonaise) : 20 *zhang* 7 *chi* et 3,5 *cun*
> Fils de soie : 6 *chi*
> Ceinture de fil d'or tressé : 12 *zhang* 9 *chi* et 2,9 *cun*
> Emballage en kesi : 10 pièces
> Damas en sergé : 36 *pi*, 4 *zhang* et 8 *chi* (endommagé par les vers)

Sur cette liste, le « grand brocart occidental » fait référence à du broché doré à grands motifs ; le « broché étranger », à du broché sans bandes ou fils dorés ; « la soie *Wo* », au velours. Ces textiles étaient surtout utilisés pour fabriquer des rouleaux, comme support d'écriture, et la consommation moyenne variait d'année en année. Une vérification des inventaires avait lieu chaque année.

En plus des traces écrites, nous pouvons aussi nous pencher sur certains des textiles survivants. Au Musée du Palais se trouve un broché appelé « la grande fleur étrangère ». Il y a quelques années, l'Institut de recherche sur le brocart Yun de Nanjing organisa une exposition dans laquelle furent présentés certains brocarts Yun de leur fabrication, ainsi que des tissus prêtés par le Musée du Palais, considérés comme des exemplaires plus anciens de brocart Yun. Ayant vu cette exposition, je crois que les pièces prêtées par le Musée du Palais ne sont pas des brocarts Yun, mais bien des textiles occidentaux. Il s'agissait de brochés tissés de différents fils d'or, témoignant d'un travail artisanal exceptionnel, mais ornés de motifs très différents des motifs traditionnels chinois. Certains ont appelé ces brochés « brocarts *Huihui* », mais sous la dynastie Qing, le brocart *Huihui* faisait référence au broché introduit depuis l'Asie centrale ; donc les brochés aux grands motifs floraux étrangers de la collection du Musée du Palais, tout particulièrement ceux de l'ère Qianlong, étaient sans doute tous importés d'Europe.

Des motifs de ce genre peuvent aussi être observés dans des peintures illustrant la vie à la cour. Par exemple, le tableau *Patrouille chassant le cerf* de Castiglione représente l'empereur Qianlong dans l'enclos Mulan, au cours de la sixième année de son règne. La troisième personne dans le rang de devant, chevauchant un cheval blanc et portant un *sa dai* en broché rouge (sac d'archer), est l'empereur Qianlong (voir Figure 3). Une observation minutieuse nous permet de distinguer que l'étoffe du sac d'archer appartient clairement au style européen.

De surcroît, le tissu de la selle de l'empereur, tout comme d'autres selles de ce tableau, est en broché occidental typique (voir Figure 4A). Il présente exactement le même motif qu'un autre broché occidental, avec des fleurs rouges sur fond jaune, gardé dans la collection du Musée du Palais (voir Figure 4B). Castiglione peignit ce tableau sur ordre de l'empereur, lorsque celui-ci alla chasser pour la première fois dans l'enclos Mulan en 1741 (6ème année de l'ère Qianlong). L'oeuvre

Figure 3 L'empereur Qianlong dans le tableau Patrouille chassant le cerf de Castiglione

Figure 4 A et B. Broché occidental à motif de fleur rouge sur fond jaune, Musée du Palais

est d'un style très réaliste et les illustrations reproduisent précisément les modèles originaux. Un autre tableau, *La chasse au cerf*, attribué au prince Yonglu, sixième fils de Qianlong, représente Xiangfei (la concubine impériale parfumée) accompagnant Qianlong à la chasse. Selon la légende, un jour, alors que Qianlong était en train de chasser dans l'enclos Mulan, il tira sur un cerf en course, puis il partit avec Xiangfei à la poursuite de l'animal blessé. Au moment où celui-ci allait disparaître dans la forêt, la concubine décocha une flèche meurtrière et tout le monda l'acclama. Dans le tableau en question, Qianlong est montré comme étant l'archer et la concubine lui tend la prochaine flèche. Elle porte des vêtements dorés (voir Figure 5) et l'agencement des motifs suggère qu'il s'agit de broché de style occidental.

Je me suis rendu au Victoria and Albert Museum, à Londres, où se trouve une importante collection de textiles européens du XVIIIème siècle. Une étoffe à fond bleu intense et à effet de motifs présentait un intérêt tout particulier. A l'origine, cette caractéristique était chinoise, mais elle se popularisa en Europe au XVIIIème siècle. Les fils d'or et d'argent et les fleurs pourpres sont d'un style plus européen. Il existe des textiles semblables dans la collection du Musée du Palais : ils présentent des motifs et des couleurs très similaires, des fils d'or et d'argent, et le même motif sur le fond. Il est donc probable qu'ils aient été fabriqués en Europe.

Un autre indicateur de style occidental est l'usage de motifs en dentelle. Ceux-ci étaient très en vogue en Europe et largement utilisés sur des textiles, surtout en France au début du XVIIIème siècle. Des motifs en dentelle peuvent être admirés sur les selles de la peinture *La chasse au cerf* (Figure 4A). Le motif de la rose apparaît aussi fréquemment sur des tissus et des porcelaines européens ; des motifs de rose arrangés de façon symétrique sont très courants sur les brochés de la collection du Musée du Palais (voir Figure 6). Les textiles de cette collection ressemblent beaucoup à ceux des collections européennes, notamment pour ce qui est de la disposition des motifs, des dessins eux-mêmes, des fleurs et des couleurs, et surtout de l'ombre et de la lumière. Les premiers créateurs de motifs chinois ne prêtaient pas beaucoup d'attention à l'ombre et à la lumière, ni aux demi-teintes. En revanche, les textiles de la collection du Musée du Palais ont une façon significativement différente de traiter la lumière sur les fleurs et les feuilles, suggérant qu'ils furent exportés d'Europe et très vraisemblablement apportés par des missionnaires.

Figure 5 L'habit de Xiangfei (la concubine impériale parfumée) dans La chasse au cerf

Figure 6 Broché occidental à motif de rose, collection du Musée du Palais

IV. Chinoiseries

A partir des XVIIème et XVIIIème siècles, le commerce entre l'Orient et l'Occident devint de plus en plus soutenu et il se développa en Europe une mode pour les choses chinoises. Depuis l'époque de Marco Polo et d'autres explorateurs, qui avaient décrit la richesse et la beauté de l'empire khitan, les occidentaux rêvaient de le voir de leurs propres yeux. Les Portugais furent les premiers à lever les voiles et à arriver en Orient ; ils eurent ainsi la priorité aux débuts du commerce entre l'Est et l'Ouest. Toutefois, la situation changea et, avec le temps, le commerce fut dominé par les Britanniques. Macao, Guangzhou et toute la zone côtière de la Chine du Sud devinrent d'importants ports de commerce et de nombreux articles fabriqués en Chine furent envoyés en Europe, pour y être vendus. Les Européens s'intéressaient tout particulièrement à la porcelaine et aux papiers peints chinois, qui représentaient souvent des édifices et des scènes de la vie courante ; ils appréciaient plus que tout les scènes de production de thé et de soie. Ils étaient aussi attirés par les soies chinoises qui dégageaient une puissante atmosphère « orientale ». En vue de l'énorme demande de ce genre d'articles, les Européens commencèrent à imiter les produits chinois en masse, créant ainsi la tendance des chinoiseries. Ces articles chinois de fabrication européenne présentaient généralement une ou plusieurs des caractéristiques suivantes : premièrement, ils ressemblaient aux produits venus de Chine en termes de couleurs et de motifs ; deuxièmement, les images des Chinois correspondaient à un point de vue européen (par exemple, sur des tapis ou des tentures murales) ; troisièmement, les techniques étaient étudiées et des améliorations y étaient apportées (notamment en porcelaine). Nous pouvons observer, notamment sur des soieries confectionnées à Lyon, les représentations magnifiques de natifs orientaux, vus par le prisme de l'imagination française, qui les parait de chapeaux de paille ou de bambou, de moustaches ou de barbes (voir Figure 7). De telles scènes fantaisistes apparaissent souvent sur des textiles de coton imprimé et des peintures murales de la cour, sans aucun doute influencées, à un moment ou à un autre, par des Européens ayant voyagé en Orient.

De la fin du XVIIème siècle au début du XVIIIème, le style chinois fut principalement intégré aux styles européens du baroque et du rococo. Il existe des pagodes de style chinois en de nombreux endroits d'Europe (par exemple au Royaume-Uni et en Allemagne) ; le Royal Pavilion à Brighton, au Royaume-Uni, demeure un palais royal de style oriental très connu. A la fin du XVIIIème siècle, la société

Figure 7 Textile occidental de style chinois

européenne connut des changements et le grand pays de l'Extrême-Orient commença à passer de mode aux yeux des Européens. Combinées à la montée du néo-classicisme, ces raisons entraînèrent le déclin progressif des chinoiseries. Néanmoins, au cours de cette période marquée par l'imitation et l'imagination, l'influence chinoise sur le design et le style occidental est indéniable.

V. Motifs floraux étrangers sur brochés chinois

L'imitation chinoise du broché occidental se basait sur le broché tissé de fils d'or, importé d'Occident. Ainsi que le rapportent les archives du palais Qing, l'empereur envoyait des échantillons de broché occidental au département de tissage de Jiangnan et, quelque temps plus tard, il récupérait les produits copiés.

Dans les *Archives de brochés tissés par les trois départements de tissage au cours de la première année de l'ère Yongzheng* (1678-1679), il est inscrit :

« Le 12ème jour du 7ème mois lunaire de la première année de l'empereur Yongzheng (1679), le prince Yi ordonna à chaque (département) de tisser 5 rouleaux de soie en fonction de 27 échantillons à motifs différents. Ainsi, les trois départements tissèrent un total de 405 rouleaux de soie. »

Les échantillons comprennent :

> Un échantillon de brocart avec un motif occidental de fleur et d'oiseau, tissé avec des fils d'or sur fond jaune ;
> Un échantillon de brocart avec un motif occidental de fleur, tissé avec des fils d'or sur fond pourpre ;
> Un échantillon de brocart avec un motif occidental de fleur, tissé avec des fils d'or sur fond vert ;
> Un échantillon de brocart avec un motif occidental de fleur et de fruit, tissé avec des fils d'or sur fond bleu ;
> Un échantillon de brocart avec un motif occidental de fleurs dorées et de fleurs d'abricotier sur fond doré ;
> Un échantillon de brocart avec un motif occidental de fleur et de fruit, tissé avec des fils d'or sur fond blanc.

Les échantillons à motif occidental de fleur et d'oiseau étaient de toute évidence des textiles occidentaux, généralement ornés de fleurs, d'oiseaux ou de fruits, tissés avec beaucoup de fil d'or sur des fonds dorés, bleus, pourpres ou verts. Les artisans reçurent les échantillons distribués par l'empereur Yongzheng et ils produisirent les articles suivants, prenant pour modèles les échantillons de brocart avec un motif occidental de fleur, tissé de fil d'or sur fond vert :

> « L'atelier de tissage de Suzhou envoya 2 rouleaux de brocart le 20ème jour du 9ème mois lunaire et encore 3 rouleaux de brocart le 30ème jour du 10ème mois lunaire de la 2ème année de l'ère Yongzheng (1680) ;
> L'atelier de tissage de Hangzhou envoya 4 rouleaux de brocart le 7ème jour du 9ème mois lunaire et 1 rouleau de brocart le 30ème jour du 9ème mois lunaire de la 2ème année de l'ère Yongzheng ;
> L'atelier de tissage de Jiangning envoya 1 rouleau de brocart le 9ème jour du 8ème mois lunaire, 1 rouleau de brocart le 5ème jour du 11ème mois lunaire de la 3ème année de l'ère Yongzheng, 2 rouleaux de brocart le 27ème jour du 4ème mois lunaire et 1 rouleau de brocart le 14ème jour du 5ème mois lunaire de la 4ème année de l'ère Yongzheng. »

Les trois ateliers de tissage imitaient le même broché occidental, ce qui suggère qu'il existait entre eux une sorte de compétition, peut-être aux fins de placer des paris. Selon les archives, Suzhou, Hangzhou et Nanjing produisirent 5 rouleaux de broché avec quatre motifs. Ces brochés étaient des imitations fabriquées dans le respect des requêtes de l'empereur. Parmi les motifs reproduits, on voyait des fleurs et des oiseaux occidentaux, ou bien des fleurs et des fruits occidentaux. Dans la littérature, l'expression consacrée était « motif floral occidental », mais dans la vie courante, on disait plutôt « grand motif floral étranger ». Des textiles ornés de ce genre de motifs peuvent assurément être trouvés dans le palais Qing, mais, sans une observation minutieuse, il est très compliqué de différencier le broché fabriqué en Europe et celui copié en Chine. Cependant, il est certain que ce processus d'imitation contribua grandement au futur développement de la Chine dans le domaine de la technologie du tissage au fil d'or. Par exemple, certaines caractéristiques du brocart Yun (abordé plus haut) furent influencées par le brocart au motif occidental de fleur dorée et fleur d'abricotier sur fond doré.

Dans la collection du Musée du Palais, il y a une sorte de broché avec un motif floral étranger entrelacé, dont deux rouleaux furent prêtés pour une exposition à l'Institut de recherche sur le brocart Yun de Nanjing, en 2006. L'un est un damas de satin broché bleu foncé et l'autre est un damas de satin broché jaune. Les motifs floraux sont quasiment identiques et tous deux possèdent très peu de fils d'or (voir Figure 8). Une autre pièce avec le même motif floral étranger

Figure 8 Broché à motif étranger de fleurs entrelacées sur fond bleu, Musée du Palais

Figure 9 Broché à motif étranger de fleurs entrelacées sur fond rouge, Fondation Abegg, Suisse

entrelacé, mais sur un damas de satin broché cramoisi, se trouve dans la Fondation Abegg, en Suisse (voir Figure 9). Et une étoffe semblable apparaît sur le costume d'un homme dans la collection du Victoria and Albert Museum – il fut réalisé d'après le moulage et le modelage en 3D, avec des manchettes rigides au bout des manches (voir Figure 10). Il est dit que ce smoking fut fabriqué à Londres, parce que le lilas dans la partie supérieure du motif était un signe distinctif des biens d'exportation. Cependant, il existe des différences de taille entre les techniques de tissage chinoise et européenne. Les vêtements confectionnés en Europe sont pour la plupart en toile brochée, alors que ceux faits en Chine sont surtout en satin broché. Ce constat est fondé sur le fait que les étoffes découvertes en Chine sont en satin broché et que davantage de textiles de ce type furent découverts au Tibet. Pour cette raison, je suis parvenu à la conclusion que la toile brochée avec un motif floral étranger était fabriquée en Europe, alors que le satin broché avec un motif floral étranger était très probablement fabriqué en Chine. En d'autres termes, il s'agit d'un cas où les Chinois ont imité les textiles européens.

Figure 10 Habit de cérémonie à motif floral étranger, Victoria and Albert Museum, Londres

Deux exemples d'imitations de brocarts étrangers produits par des artisans de Jiangnan furent aussi présentés lors de l'exposition de brocart Yun de Nanjing. Tous deux appartiennent à la collection du Musée du Palais. L'un fut tissé avec des motifs symétriques de belle-de-jour grimpante (voir Figure 11) et l'autre, qui date de l'ère Daoguang de la fin de la dynastie Qing, fut tissé avec des motifs occidentaux, probablement du genre communément appelé « fond de trésor d'or », qui trouve ses origines dans le broché doré occidental (pas le *nasij*) de la dynastie Yuan. La disposition des motifs et les couleurs de ces deux pièces suivent le modèle de brochés occidentaux, qui existe encore aujourd'hui. De telles imitations apparurent d'abord dans les ateliers appartenant à l'Etat, puis elles furent aussi réalisées par des ateliers privés, sur commande de la famille impériale. Ceci indique que les brochés de style occidental faits en Chine étaient en réalité destinés au palais impérial.

Après que le Royaume céleste de Taiping eut fait de Nanjing sa capitale (Tianjing, « capitale céleste »), l'atelier de tissage de Jiangning dut cesser de tisser. Le gouvernement Qing commissionna alors des ateliers privés pour servir la famille impériale et la noblesse. Certains des textiles de la collection du Musée du Palais furent ainsi produits dans des ateliers privés. La plupart des textiles des collections chinoises actuelles sont des brochés de style occidental. Il existe peu de

Figure 11 Broché à motifs d'herbes et de belles-de-jour appariées, Musée du Palais

« soies d'exportation » (c.-à-d. de soies fabriquées spécialement pour le commerce extérieur) en Chine. En effet, celles-ci appartiennent malheureusement en majorité à des collections étrangères. Certains spécialistes pensent que les soies d'exportation étaient produites à Macao, mais rares sont les personnes qui étudient les soies d'exportation et trop peu de recherches sont menées sur ce sujet. De nombreuses soies de ce type servaient dans les églises. L'aigle à deux têtes couronnées sur une pièce du Musée royal d'Ontario, au Canada, est un motif occidental typique. En réalité, on connaît un nombre conséquent de pièces ornées de ce genre de motif ; j'ai même eu l'opportunité d'étudier un lot de textiles semblables dans un musée de New York. En termes de technique de tissage, ils ne correspondaient ni au système chinois, ni au système européen. Je pense qu'ils furent fabriqués quelque part entre l'Europe et la Chine.

Une autre méthode permettant d'identifier l'origine des brochés consiste à en étudier le tissage. Bien que certains brochés soient ornés de motifs de style européen, leurs techniques de tissage appartiennent au système chinois. Ceci s'avère pour les soies d'exportation. Par exemple, le Musée national de la soie de Chine a récemment fait l'acquisition d'un damas jaune à motif européen (voir Figure 12). Grâce à l'inscription écrite à la main, à l'encre, au dos de cette pièce sur sa longueur, nous pouvons la considérer comme une soie d'exportation fabriquée en Chine, car c'est la manière typiquement chinoise de noter des informations.

La broderie était également un important produit d'exportation. De nombreuses broderies furent réalisées sur du velours fabriqué en Orient, avec des motifs de style oriental – parmi ceux-ci, les animaux sont très semblables à ceux qui ornent les robes officielles de la dynastie Ming. Puisque les mêmes dessins peuvent être admirés sur les porcelaines d'exportation de l'époque, ces broderies étaient aussi considérées comme des soies d'exportation. De nos jours, la plupart d'entre elles sont conservées en Europe. Leurs origines peuvent être identifiées à l'aide des inscriptions chinoises marquées sur certains produits.

Les étoffes peintes à la main étaient également des produits d'exportation populaires, à cette époque. La plupart représentaient des scènes de vie quotidienne des habitants de l'Orient. Elles offraient des représentations typiques d'hommes chinois sous la dynastie Qing, que les Européens appelaient « Mandarins ». Ces textiles peints servaient souvent de rideaux, ce qui explique pourquoi les occidentaux étaient particulièrement attirés par les motifs de fleurs et d'oiseaux de grande taille, très décoratifs. Des soies d'exportation peuvent aujourd'hui être achetées sur des marchés de collectionneurs, mais elles sont difficiles à trouver en Chine. Récemment, des recherches ont été initiées en Chine autour des biens d'exportation, dont les soies, et cette évolution est la bienvenue. Ces dernières années, diverses expositions furent organisées à Guangzhou et à Beijing sur le thème des objets d'exportation datant des dynasties Ming et Qing, mais

Figure 12 Damas à grand motif floral étranger, Musée national de Chine

tous les articles exposés durent être empruntés à des collectionneurs étrangers. A présent, nous sommes en train d'essayer de dresser une liste des motifs et des données en lien avec les soies d'exportation, afin que quiconque qui s'intéresse à la route de la soie et aux soieries chinoises puisse participer à la recherche. Dans un domaine d'une telle envergure mondiale, la coopération internationale est la manière la plus efficace d'approfondir notre compréhension du sujet.

Notes

[1] Xue Yao. "Cultural Relics Unearthed from the Ming Tomb in Nancheng, Jiangxi" in *Archeology*, 1965(6).

[2] Jiangxi Cultural Relics Work Team. "The Tomb of Zhu Yiyin, Prince of Yixuan, Ming Dynasty, and His Wife, in Nancheng, Jiangxi" in *Cultural Relics*, 1982(8).

[3] Matteo Ricci. *Letters in Complete Works of Matteo Ricci*, translated by Luo Yu. Taipei : Guangqi Press and New Taipei : Fu Jen Catholic University Press, 1986.

[4] Zhao Feng. *Velvet*. Suzhou : Suzhou University Press, 2012 : 95.

[5] Masahiko. *Travels in the Ming in Revised Records of National Treasures from Neighboring Countries*. Tokyo : Bunkyudo Shoten, 1932.

[6] Matteo Ricci. *Letters in Complete Works of Matteo Ricci*, translated by Luo Yu. Taipei : Guangqi Press and New Taipei : Fu Jen Catholic University Press, 1986 : 117.

[7] *Chronicle of Emperor Shenzong of the Ming dynasty* (2nd month of the 23rd year of the Wanli period).

[8] Harold B. Burnham. *Chinese Velvets : A Technical Study*. Toronto : The University of Toronto Press, 1959 : 14.

[9] Li Leisi et al. *Important Notes about the West*. Beijing : Zhonghua Book Co., 1985 : 46-47.

[10] The First Historical Archives of China and the Cultural Relics Museum of the Chinese University of Hong Kong (Les premières Archives historiques de Chine et le Musée de reliques culturelles de l'Université chinoise de Hong-Kong). *Consolidated Archives of the Production Office of the Internal Affairs Department of the Qing Palace*. Beijing : People's Publishing House, 2005.

[11] Yuan Xuanping. *Chinese-Style Design in Europe in the 17th-18th Centuries*. Beijing : Cultural Relics Press, 2006.

La soie chinoise et la route de la soie

Auteur	Zhao Feng
Traductrice	Yanette Barbaroux
Relecteur	Zhang Zhenhua

Printed in the USA
CPSIA information can be obtained
at www.ICGtesting.com
JSHW040310080224
56755JS00006B/37